模范刑法典导论

基于三阶层的解读

本书系国家社科基金重点项目
"基于裁判说理的中国特色刑法教义学话语体系构建研究"
(21AFX009)的阶段性成果

模范刑法典导论

基于三阶层的解读

（第二版）

[美]马库斯·德克·达博
Markus D. Dubber 著

潘星丞 陈芹 译

中国政法大学出版社

2024·北京

An Introduction to the Model Penal Code, Second Edition
by Markus D. Dubber

Copyright © Oxford University Press 2015

An Introduction to the Model Penal Code, Second Edition was originally published in English in 2015. This translation is published by arrangement with Oxford University Press. China University of Political Science and Law Press is solely responsible for this translation from the original work and Oxford University Press shall have no liability for any errors, omissions or inaccuracies or ambiguities in such translation or for any losses caused by reliance thereon.

《模范刑法典导论》（第二版）的英文原版首次出版于 2015 年。此中译本经牛津大学出版社授权出版。中国政法大学出版社对中译本翻译的准确性负责。牛津大学出版社对中译本的翻译质量以及因翻译质量问题所造成的任何损失概不负责。

版权登记号：图字 01-2024-4738 号

图书在版编目（CIP）数据

模范刑法典导论：基于三阶层的解读：第二版 /（美）马库斯·德克·达博著；潘星丞，陈芹译.
北京：中国政法大学出版社，2024. 10. -- ISBN 978-7-5764-1831-6

Ⅰ．D971.24

中国国家版本馆CIP数据核字第2024U9S726号

出 版 者	中国政法大学出版社
地　　址	北京市海淀区西土城路 25 号
邮寄地址	北京 100088 信箱 8034 分箱　邮编 100088
网　　址	http://www.cuplpress.com（网络实名：中国政法大学出版社）
电　　话	010-58908289(编辑部) 58908334(邮购部)
承　　印	固安华明印业有限公司
开　　本	880mm×1230mm　1/32
印　　张	10
字　　数	230 千字
版　　次	2024 年 10 月第 1 版
印　　次	2024 年 10 月第 1 次印刷
定　　价	50.00 元
声　　明	1. 版权所有，侵权必究。 2. 如有缺页、倒装问题，由出版社负责退换。

序　言

本书是《刑法：模范刑法典》（*Criminal Law: Model Penal Code*）这本短篇书籍（Foundation 出版社 2002 年版）的第二版。当前版本保留了第一版原有的目标、方法和结构，作为《模范刑法典》（Model Penal Code）的配套书籍，它反映了《模范刑法典》试图以通俗易懂、全面系统的方式阐述美国刑法的努力，并对此进行了深入的思考。通过这种方式，本书旨在充分发挥《模范刑法典》作为美国刑法关键参考书籍的潜力，为法律专业的学生和教师，以及任何对美国刑法基本轮廓感兴趣的人提供重要的指导。

赫伯特·韦克斯勒（Herbert Wechsler）的《模范刑法典》，尽管美国法律协会（American Law Institute）最近努力重新考虑其中的一些条款（特别是关于量刑和性犯罪的条款），但自1962年出版以来，它基本上保持不变。鉴于美国最高法院一直不愿将实体刑法的基本原则宪法化，《模范刑法典》仍然是连接五十多个美国刑事法辖区的共同纽带，而每个司法辖区都有其独特的——或保守或激进的——刑法典。

同时，《模范刑法典》也是世界上最复杂的刑法典之一，它为比较分析提供了极好的平台，特别是与法典化的民法体系进行比较，因为这些体系通常很难与基于判例的普通法体系相提并论。尤其是，《模范刑法典》中关于犯罪心态的经典条款——包括蓄意、明知、轻率和疏忽四种心理状态——已经引起了美国以外许多司法管辖区的关注，因为它试图澄清任何刑法体系中都至关重要但又令人困惑的问题。[1]

虽然本书的基本研究方法没有变化，但内容已经得到了全面修订，文本各处均有改动，改动幅度大小不一。一手资料和二手资料的引用已经经过仔细核对、更新，并在需要的地方进行了补充。原书中偶尔出现的比较分析也在一些地方得到了扩展，以提供更加丰富的背景信息。

虽然美国法律协会一直在修订《模范刑法典》中关于量刑和性犯罪的条款，但这些修订对本书的方法或内容几乎没有什么影响，因为修订内容并不涉及《模范刑法典》的整体结构，更具体地说，不涉及《模范刑法典》总则部分（第一部分）的结构和内容。这一部分规定了刑事责任的"一般条款"，这些条款几乎是所有刑事法入门课程（以及大部分刑事法研究）的重点，因此，自然而然也成为本书的重点。

---

[1] See, e. g., Thomas Weigend, Zwischen Vorsatz und Fahrlässigkeit, 93 ZStW 657 (1981) （德国）; Bernd Schünemann, Geleitwort, in Markus D. Dubber, Einführung in das US-amerikanische Strafrecht vii (2005)（德国）; Codifying the Criminal Law 10, 20-21, 49 (2004)（爱尔兰）; Ian Leader-Elliot, "Benthamite Reflections on Codification of the General Principles of Criminal Liability: Towards the Panopticon", 9 *Buff. Crim. L. Rev.* 391, 397 (2006)（澳大利亚和英国）; Martin L. Friedland, *My Life in Crime and Other Academic Adventures* 175, 281 (2007)（加拿大）。

致 谢

我很高兴能够感谢那些帮助我撰写这本书的人。在本书第一版中,盖尤拉·宾德(Guyora Binder)、罗莎娜·卡瓦拉罗(Rosanna Cavallaro)、卢茨·艾达姆(Lutz Eidam)、莎拉·法赫蒂(Sara Faherty)、舒巴·高士(Shubha Ghosh)、斯图尔特·格林(Stuart Green)、托马斯·A. 格林(Thomas A. Green)、肯特·格林沃尔特(Kent Greenawalt)、塔贾娜·霍恩勒(Tatjana Hörnle)、科尼利厄斯·内斯特勒(Cornelius Nestler)、保罗·罗宾逊(Paul Robinson)、罗伯特·斯坦菲尔德(Robert Steinfeld)、路易斯·斯沃茨(Louis Swartz)、罗伯特·威斯伯格(Robert Weisberg)和利奥·扎伯特(Leo Zaibert),以及我在安阿伯(Ann Arbor)和布法罗(Buffalo)的刑法学生,都给出了有益的评论、建议和鼓励。在第二版中,德拉加娜·拉基奇(Dragana Rakic)提供了杰出的研究上的协助,而瓦妮莎·张(Vanessa Zhang)则提供了卓越的行政上的支持。

第一版是献给赫伯特·韦克斯勒的纪念之作,他是《模范刑法典》等众多成就背后的推动力量。第二版是献给我父亲的纪念之作。

译者序

为了使读者能更快捷地对本书的内容及其翻译情况有一个大体的了解，我们（译者）提供以下序言：

一、本书的特点

该书的目的在于为《模范刑法典》提供配套注解，并以《模范刑法典》作为理解美国刑法的钥匙。鉴于《模范刑法典》对美国刑法理论及实务的影响力，它实际上已成为绝大多数英美刑法教科书的核心内容。而本书对于《模范刑法典》的解读方式，使之更适合作为英美刑法研究的工具书或入门必读书。因它，它不是从浩如烟海的判例中归纳、介绍英美刑法学原理，而是直接对《模范刑法典》的核心法条进行解读，在解读法条的过程中，以判例作为法条解释的辅助材料。这使读者不至于迷失在判例的森林中，而是可以获得一条更为安全的捷径，可以快速入门并找到问题的关键所在。

而且，更为重要的是，由于本书原著作者马库斯·达博教授谙熟大陆法系的刑法理论，他按照三阶层架构对《模范刑法典》进行解读，让人耳目一新，使得两大法系的刑法理论可以抛开概念称谓的差异而展开更深层次的比较研究。该书第一版即获两大法系刑法学者的欢迎，第二版更新了相关的引注资料与参考文献，将《模范刑法典》的修订也纳入其中，对刑法理论的比较分析也更深入、更全面。

二、本书对于我国刑法学研究的意义，主要在于以下三个方面：

第一，理论方面。英美刑法学以判例为主要研究素材，这对于我国研究者是极为陌生的；我国研究者更熟悉大陆法系的刑法理论，习惯于"由一般到具体"的思维模式。而本书按照大陆法系的刑法理论（三阶层）来解读英美刑法学，因此，极大地方便了我国研究者，这相当于为我们提供了一把了解英美刑法学的钥匙，使得我们可以从长篇累牍的裁判说理中轻易找到关键所在，从而使得我国刑法学的比较研究有可能摆脱"言必称德日"的窠臼，获得更广阔的视野。

第二，实践方面。我国司法实践提倡裁判说理、推行案例指导制度，但一直以来，裁判说理质量难以提高；而英美法系精于裁判说理，只是由于思维模式不同，难以被我国法律同行理解。本书的解读方式有助于克服这一障碍，从而有助于通过借鉴而提升我国司法中裁判说理的质量，增强案例指导制度的有效性。

第三，刑法学话语体系建设方面。构建中国特色刑法学话语体系，既是学术任务，也是时代使命，但"移植"并"改造"国外概念只是使得我国刑法学充斥德日概念，却无法落实到司法实践。而本书提供了一个新的思路：《模范刑法典》的刑事责任分析架构（犯罪论体系）与德日三阶层完全对应，但却用自己特有的话语来展开,即,德日三阶层是"构成要件—违法—有责",而《模范刑法典》三阶层则是"行为—正当—免责",两种体系架构讨论的问题完全相同,但讨论的方向完全相反。这表明,刑法学知识在实质内容上具有普适性,在话语形式上坚持本土概念(而非移植国外概念),深入挖掘其中的普适性内容,就能形成具有本土特色的、易于被本土实践所接受的刑法学话语体系。

三、本书的目标人群或适用范围,大体有如下三类:

第一,法科学生。本书适合作为《英美刑法学》《比较刑法学》等课程的参考用书。一方面,《模范刑法典》是英美刑法学研究的最核心内容,本书不但以《模范刑法典》为研究对象,而且,它集中反映了英美刑法长期探讨的热点问题与最新研究成果;另一方面,作者是两大法系刑法比较研究领域最负盛名的学者之一,本书按大陆法系的三阶层架构对《模范刑法典》进行解读,易于被我国的法科学生所理解和接受。

第二,法学研究者。长期以来,我国的刑法学比较研究对德日刑法关注较多,对于英美刑法的了解停留在一些陈旧的(甚至是不正确的)观念上,例如,英美是判例法国家,不太注重制定法;英美重个案思维,不重体系思维,等等。法律思维模式的不同,也使我们对英美刑法望而却步,而本书可作为探索、研究英美刑法的钥匙,既适合初学者,也能满足深入研究的需要。

第三,法律工作者。司法实务经常要面临的问题是:如何进行案例分析。我国最高司法机关也在推行指导案例制度、强调裁判说理,但成效不大。而这正是英美刑法的"强项",英美刑法最有价值的学术贡献也集中体现在判例说理中,但由于思维模式的差异,我们至今未能从英美判例说理中获得有益的吸收借鉴。本书刚好契合了这一实践需要,它揭示了英美判例说理背后的逻辑架构,并且是从我们所熟悉的大陆法系的思维模式来揭示这一架构,这将有助于我国的法律工作者通过学习借鉴而提升判例分析及说理的技巧。

四、关于本书的翻译

首先,本书的原著作者马库斯·达博教授对于比较刑法的研究,尤其是两大法系的对比研究,极负盛名,从内容看,本书可以作为我国读者理解英美刑法的工具书或入门指南,为此,我们要感谢马库斯·达博教授的翻译授权,并感谢他在这个过程中对我们所提的相关问题的解答与指点。

其次,我们在此要感谢中国政法大学出版社对本书出版的大力支持,在此过程中,编辑老师对译稿进行了细心编排和反复校对,并数次与我们核实确认,其细致认真的程度,超乎我们想象;这些编校工作,大幅提升了译稿的质量,我们将珍藏这些来往的校对稿件,上面黑色、蓝色、红色的手写笔迹,以及扫描版上的批注,都使我们感到温暖与感动。我们还要特别感谢冯琰编辑,她全程跟进了本书的选题、翻译、编校、出版工作,多次与我们进行沟通,在很多具体的工作细节上提供了热忱、无私的帮助。编辑部同仁的辛勤付出,让我们真切地感受到,翻译的过程不仅是痛着的,更是快乐着的。

最后,作为译者,我们想借此机会,说说我们对于翻译本书的一些想法与做法。

我国的刑法译著中,德日译著不仅是数量还是影响力,都远甚于英美译著,即使是著名的英文原著,在译入我国后,也难以获得较高的引注率。原因主要有二:一是法系不同导致的思维模式差异,我国属于广义的大陆法系,英美法系的判例思维对我国法律同行来说,显得零散杂乱,毫无章法可循;二是因为话语体系的差异,例如,英文的"act""action""behavior""conduct""deed""*actus reus*",都可译为"行为",但在英文刑法语境中,这几个行为概念的涵义是截然不同的,有些多用于存在论语境,有些则多用于规范论语境;有些是包含了主观心态的行为,有些则仅指客观行为;有些是刑法评价之前的行为,有些则是作为刑法评价对象的行为。如果都以"行为"来指代,虽然看起来似乎很简单,但各种不同的行为概念所附带的刑法意义与逻辑关系就被遮蔽了,难以让人发现其中的学术价值,甚至难以理解。

为了呈现原著所蕴含的学术价值,我们在翻译时本着"从语义学到语用学"的初衷,遵循两个原则:第一个原则是力求用词精确。通俗的英文翻译并不难,困难在于,如何将英美刑法概念翻译为对应的中文刑法概念。这种翻译与其说是语言性的,不如说是学术性的。为了做到精确,我们不得不大量阅读原著作者在书中提及的参考文献。其间,译者陈芹博士还翻译了原著作者达博教授的论文"The Legality Principle in American German Criminal Law: An Essay in Comparative Legal History"(中文译名:《美国与德国刑法中的罪刑法定原则:以比较法律史为视角》,发表于《刑事法评论》2023年第1期);为确定某个字词的含义,译者除向原著作者请教外,还曾查阅相关法哲学著作,以了解个别概念的语用学背景。

第二个原则是便于学术理解。由于概念和语境的差异,不少著名的英文刑法学作品，在我国的引注率并不高，甚至存在误解。为了克服不同法系的语境障碍，本书在翻译过程中，对于一些从表述上看较为生僻的英美刑法理论添加了"译者注"，以中国刑法话语对之进行比照对接式的说明。由于原著作者达博教授的研究常在美国刑法与德国刑法两种语境中穿梭，我国研究者也比较熟悉德国刑法的概念术语，因此，为了便于理解，对于一些因话语差异而可能误解的英文概念，我们在提供中文翻译后，还以"译者注"的形式提供了对应的德文概念及其常见的中文翻译，尝试为读者的理解及进一步思考提供一些力所能及的辅助材料。

当然，由于时间仓促，加之我们自身的学识浅薄，错漏在所难免，诚请批评指正。对作品的批评，就是对作者（当然，我们只是翻译作品的作者）的嘉奖。

2024 年 10 月 15 日

目 录

序　言 …………………………………………… Ⅰ
致　谢 …………………………………………… Ⅲ
译者序 …………………………………………… Ⅳ

引 言

第1章　《模范刑法典》与美国刑法学之钥 ………………… 005
第2章　《模范刑法典》的起源：美国法律协会、
　　　　法律程序及治疗主义 ……………………………… 012
　第1节　犯罪倾向 ………………………………………… 016
　第2节　模范刑罚与矫正法典 …………………………… 019
　第3节　《模范刑法典》的结构 …………………………… 022
第3章　《模范刑法典》的精髓：第1.02条 ………………… 029
　第1节　刑事责任的先决条件：犯罪与犯罪人 ………… 029
　第2节　刑事责任分析：三阶层式探究 ………………… 032

第一篇　犯罪行为

第4章　"行为……" ················· 040
　第1节　犯罪的客观行为 ················ 040
　第2节　犯罪的主观心态与罪行要素 ········ 050
　第3节　醉酒与错误 ···················· 088
　第4节　对他人行为的责任 ·············· 107

第5章　"……造成或可能造成……" ······ 125
　第1节　因果关系 ······················ 125
　第2节　未完成罪 ······················ 137

第6章　"对个人或公共利益的重大损害" ··· 165
　第1节　重大损害 ······················ 165
　第2节　个人或公共利益 ················ 168

第二篇　正当事由

第7章　抗辩事由概述 ·················· 174
第8章　紧急避险 ······················ 181
第9章　人身（自己或他人）防卫与财产防卫 ··· 188
　第1节　自　卫 ························ 189
　第2节　财产防卫 ······················ 198
　第3节　致命武力 ······················ 202

第 10 章　法律执行 ………………………………… 208
第 11 章　同　意 …………………………………… 214

第三篇　免责事由

第 12 章　《模范刑法典》中的免责事由 …………… 224
第 13 章　胁　迫 …………………………………… 228
第 14 章　诱　捕 …………………………………… 236
第 15 章　不知法 …………………………………… 239
第 16 章　挑衅与能力减弱 ………………………… 242
第 17 章　精神错乱与年幼 ………………………… 248

结　论

第 18 章　刑事责任分析架构 ……………………… 260
案例检索目录 ………………………………………… 263
《模范刑法典》条款及相关法规检索目录 …………… 270
索　引 ………………………………………………… 280

引 言

引 言

本书以美国法律协会（American Law Institute，ALI）的《模范刑法典》（Model Penal Code，MPC）为视角，对美国刑法学进行简要介绍。它并不包含《模范刑法典》的全部内容，而是展示《模范刑法典》的各部分是如何相互配合、构成一个整体系统的，这既是指《模范刑法典》作为一部刑法典的体系化构成，也是指《模范刑法典》作为我们目前所拥有的对美国刑法学最系统阐述的体系化构成。*

这本书与几乎所有的刑法学教科书与判例书一样，重点在于探讨刑事责任的一般原理，而不在于具体的罪名。[1] 换言之，它重在讨论所谓的刑法学总则部分，而非分则部分。尽管分则中的罪名也会在讨论中出现，但这仅仅是为了说明总则原则的适用，因为总则的原则可以适用于整个分则的罪名。

---

* 本书重在论述美国刑法学中的刑法体系，相当于德国刑法学中的"Straftatsystem"，亦即我国刑法理论所称的"犯罪构成"或"犯罪论体系"。正如德国学者沃尔夫冈·诺克（Wolfgang Naucke）所说，德国刑法的"刑法体系"（Strafrechtssytem），在英美刑法中没有精确的词汇与之相对应，其意为"犯罪结构分析的一般化系统"[See Wolfgang Naucke, "An Insider's Perspective on the Significance of the German Criminal Law Theory's General System for Analyzing Criminal Acts", 305 *BYU L. Rev.* 305（1984）]。在论述的教义中，作者反复强调体系化的思维方式，反复提及教义学方法，并将体系思维作为刑法教义学的核心内容。——译者注

[1] 关于本书重点内容的这一限制也受到《模范刑法典》总则与分则关系的相关影响：在一部"模范性"的法典中，其总则部分（尤其是《模范刑法典》框架中的"罪责种类"，或犯罪的主观心态模式）往往比它的分则部分具有更大的影响力，这一点是在意料之中的，事实上也确实如此。分则部分被特意设置为不完整的，以此为不同的司法管辖区留下调整变化的空间。值得注意的是，毒品犯罪等"特殊议题"的罪行（如"酒精饮料、赌博与针对税收和贸易法的罪行"）都被排除在《模范刑法典》的规定之外。美国法律协会目前正在考虑修正《模范刑法典》中过时的性犯罪的规定。See American Law Institute, Model Penal Code: Sexual Assault and Related Offenses（Tentative Draft No. 1）（Apr. 30, 2014）; see also Deborah W. Denno, "Why the Model Penal Codes Sexual Offense Provisions Should Be Pulled and Replaced", 1 *Ohio St. J. Crim. L.* 207（2003）.

尽管这本书主要是为美国法律专业的学生而写,但对于那些希望获得美国刑法作为法典化学科进行深入了解的人来说,这本书也会颇具价值。* 在本书的整个讨论过程中,文中都附有简短的脚注,偶尔还会引用一些原始资料和二手文献,包括一些比较研究材料和《模范刑法典》的补充性资源,如《模范刑法典》的起草草案、美国法律协会于19世纪80年代出版的多卷本《模范刑法典注评》。

---

* 这对于中国读者来说,更是如此。因为,我国刑法学存在一个普遍的认识误区,即英美刑法学主要是以判例为主的,不存在(或不关注)总则性的刑法理论;刑法教义学只是德日的,英美并不存在刑法教义学。正因为这个误解,我国刑法教义学的研究已近于"言必称德日",却几乎从未发展英美刑法的研究。相反,英美与德国之间的刑法学比较研究与论战,在两大法系方兴未艾,例如,我国学者学者常提及的三阶层体系的两大支柱——违法与罪责,两大法系就展开了丰富的讨论,See, e. g., Albin Eser & George P. Fletcher (eds) *Justification and Excuse: Comparative Perspectives* (2 vols.) / Rechtfertigung und Entschuldigung: Rechtsvergleichende Perspektiven (2 vols.), Transnational Juris Publications, 1987. 反而,从文献引注观之,在这场比较研究的盛宴中,中国的学者似乎被拒之门外了,虽然我们在相当程度上表现出对德国刑法概念和术语的狂热。这从侧面印证了:刑法教义学之核心在于思维的体系性,而不在于概念的德日性,以本国话语展开体系思维(如美国),同样可以获得学术影响力;反而,如果放弃熟悉的自主话语,一味照搬生僻的域外概念,便无法就概念背后的思维特性展开法律商谈,或许,就只是一些连德国人也无法理解的"德语概念"的堆砌,自然无法进行有效的学术交流,无法对外产生学术影响力。就刑法学的比较研究而言,本书作者做了一个有益的尝试:他指出《模范刑法典》虽然精确却不容易读懂,主要是就英美法读者而言的,为此,作者希望用德日刑法理论(主要是三阶层的分析架构)为之搭建一个理解框架,而这恰好有利于具备大陆刑法知识背景的中国读者学习、理解英美刑法。——译者注

第1章
《模范刑法典》与美国刑法学之钥

理解了《模范刑法典》的结构,就意味着理解《模范刑法典》本身,而理解《模范刑法典》则是理解美国刑法学的重要一步。因此,打开《模范刑法典》的钥匙实际上也是打开美国刑法学的钥匙。

耐人寻味的是,尽管《模范刑法典》被誉为"刑法学教学的主要文本"[2]和"刑法学研究的出发点"[3],但它仍然需要一个导论。自1962年《模范刑法典》完成以来,它很大程度上一直是依靠自身来证明其价值,但效果并不尽如人意。《模范刑法典》的语言非常精确,但读起来并不容易(正如我们将看到的那样,《模范刑法典》的起草者不止一次地牺牲它的可理解性,来换取全面性)。而且,《模范刑法典》本身被分解成各种

---

[2] Sanford H. Kadish, "The Model Penal Code's Historical Antecedents", 19 *Rutgers L. J.* 521, 521 (1988).

[3] Id. 如果我们希望对《模范刑法典》各方面的学术观点有一个概述性的了解,那么,关于《模范刑法典》的专题论文集是一个很好的出发点。"See Symposium on the Model Penal Code", 63 *Colum. L. Rev.* 589 (1963); "The 25th Anniversary of the Model Penal Code", 19 *Rutgers L. J.* 519 (1988); "The Model Penal Code Revisited", 4 *Buff. Crim. L. Rev.* 1 (2000); "Model Penal Code Second Commentary", 1 *Ohio St. J. Crim. L.* 157 (2003); "Symposium, Model Penal Code: Sentencing", 7 *Buff. Crim. L. Rev.* 1 (2003); Christopher Slobogin, "Introduction to the Symposium on the Model Penal Code's Sentencing Proposals", 61 *Fla. L. Rev.* 665 (2009).

形状和不同大小的片段,零散地出现在传统的刑法判例书的各种材料中,这并没有使情况好转。

我仍然记得我在一年级的刑法课堂上第一次接触《模范刑法典》的情景。当我艰难地读完一系列或多或少有趣的案例后,这些案例来自不同的司法管辖区和不同的年代,但并没有形成一个连贯的教义学体系,甚至没有一丝这样的努力,我们在不经意间读到了《模范刑法典》关于犯罪的主观心态(mens rea)的规定。[4] 突然之间,诸如"蓄意"(purpose)和"轻率"(recklessness)等概念有了详细且复杂的定义,这些定义经过精心构建,以适应我们仅能依靠猜测的某种原则性框架。突然之间,词语变得至关重要;甚至从一个规则到下一个规则,词语的含义都保持着一致性!一切都与其他一切相关联,似乎一切都在某个地方、以某种方式被考虑到了。似乎仅仅是一个时间问题,完整的刑法体系必将在我们面前展现出来,在该体系中,其原则、规则和例外都以一种理性和系统的方式相互交织。

可惜的是,这个时刻却从未到来。体系性的海市蜃楼几乎在刚一出现时就消失了。在我们意识到这一点之前,我们又回到了穿越时空阅读各种观点的日子,这些观点往往只有一个共同点:它们都出现在我们的判例书中。

很快,《模范刑法典》就从希望的灯塔转变为烦恼的源头。它并未为原有的混乱厘清头绪,反而使之变得更加混乱。现在,我们不仅需要解读 52 个司法管辖区的刑法典(包括联邦刑法典

---

〔4〕 § 2.02. 除非另有说明,所有引文都源自 Official Draft of the Model Penal Code, Model Penal Code (Official Draft and Explanatory Notes: Complete Text of Model Penal Code as Adopted at the 1962 Annual Meeting of the American Law Institute at Washington, D. C., May 24, 1962) (American Law Institute 1985), and to the American Law Institute's official commentaries on the Code, Model Penal Code and Commentaries (Official Draft and Revised Comments 1980–1985) (以下简称 Commentaries)。

和哥伦比亚特区刑法典),还要解读第 53 个刑法典——《模范刑法典》。[5]

最初被视为《模范刑法典》优势的东西,如今却毫无必要地将问题复杂化了。"模范刑法典规则"不仅是在各个方面增加了现有"普通法规则"的堆积,而且其详尽的细节似乎并非源于体系化的需要,而是源于对早已不堪重负的法律学生施加无端痛苦的比较不善良的冲动。

那么,我们为什么还要费心去研究这个虚拟的司法管辖区呢?我们要受一套示范性立法的复杂规则的折磨,又有什么意义呢?这项示范性立法与我们在合同领域所遇到的《统一商法典》(Uniform Commercial Code)不同,它未曾被任何一个司法管辖区所全盘采纳。

换言之,既然《模范刑法典》怎么说都无所谓,* 那么,它为何如此重要呢?

这本书解答了这两个问题:"是什么"和"为什么"。事实上,它基于这样的假设,即这两个问题的答案是一致的:《模范刑法典》在本质上是一部体系化的刑法典。一旦我们掌握了《模范刑法典》的体系,教义学上特定问题的答案就会迎刃而解。同时,掌握《模范刑法典》的体系,有助于任何试图掌握美国刑法学中常常混乱的规则的人认识到它的用处,这些人的范围从学生到教师和学者,也从律师到法官和立法者。

因此,本书的目的在于兑现《模范刑法典》体系性上的承

---

[5] 如果算上那些不断出现在美国刑法判例书中新的及旧的英国判例,那么就是 54 个刑法典。

* 这里是指《模范刑法典》并不是一部真正的、立法意义上的刑法典,在效力上,它只有示范作用,没有强制实施的效力。——译者注

诺,这项工作是教师们通常在课程中没有时间做到的,因为课程教学处处充斥着来自这里和那里、关于这个和那个的规则。作为体系化的背景,作为概念化的支柱,《模范刑法典》能发挥它作为美国刑法学教学和学习工具的潜力。[6] 在《模范刑法典》中,你无法找到美国刑法的全体内容,事实上,在其他任何地方也不可能找到——因为内容实在太多了。有所谓的普通法规则,这些规则往往在不同的司法管辖区之间、不同的法学院之间,甚至不同的刑法学课堂之间都存在差异。在这种混乱中,《模范刑法典》能够为那些迷惑不已的刑法学学生提供一个安全的避风港,或者至少一个短暂喘息的机会。

如果说当代美国刑法有什么共同之处的话,那就是《模范刑法典》。[7] 本书就是这样来看待《模范刑法典》的,而不是将其视为关于刑法课程可以涵盖的任何主题的替代性规则的另一种法律渊源。

刑法判例书通常会花费大量篇幅介绍《模范刑法典》,主要是通过将《模范刑法典》的条款和条款中的章节插入到作为一手资料*的上诉法院意见之间来实现的。本书以如下方式对判例书进行补充:将这些摘录串在一起,并将它们放在《模范刑法

---

〔6〕 值得注意的是,联邦宪法并不符合这样的要求。与刑事诉讼程序不同,实体刑法并未完全实现宪法化。See generally William J. Stuntz, "Substance, Process, and the Civil‐Criminal Line", 7 *J. Contemp. Legal Issues* 1 (1996); Markus D. Dubber, "Toward a Constitutional Law of Crime and Punishment", 55 *Hastings L. J.* 509 (2004).

〔7〕 这仍是一个大号的"如果"。鉴于以《模范刑法典》为基础的美国各司法管辖区之间存在巨大差异,任何提及"美国刑法"(或某些所谓的美国"普通法"犯罪)的说法都必须谨慎对待。事实上,我们可以认为现今的美国刑法是一部内部的,或国内的比较刑法。See Markus D. Dubber, "Comparative Criminal Law", in *Oxford Handbook of Comparative Law* 1287 (Mathias Reimann & Reinhard Zimmermann eds., 2006).

* 在英美法学中,法条或判例资料往往被视为一手资料(primary sources),而学者论著是对法条或判例的研究,因此是二手资料(secondary sources)。——译者注

典》的语境中，作为一个整体来讨论。这样，原本互不相关的摘录之间的联系就会变得更加清晰，这反过来又有助于学生更好地理解这些摘录本身。

刑法，以及大多数的刑法考试，归根结底都是围绕这样一个基本问题而展开的：**何人为何事负责**?[8]《模范刑法典》提供了答案的关键。这个关键就在于《模范刑法典》的结构。这就是为什么掌握了《模范刑法典》，就意味着掌握了美国刑法学。尽管在分析过程中得到的特定答案可能会因司法管辖区的不同而有所不同，但分析的基本路径是相同的。（如果不是这样，那么一般意义上的"刑法学"教学就毫无意义，因为这与印第安纳州刑法典、联邦刑法典等特定刑法典没有区别。[9]）而且，在美国刑法学中，若欲掌握刑事责任分析的方法，*没有比《模范刑法典》更合适的工具了。

《模范刑法典》之所以成为理解美国刑法学的关键所在，不仅仅在于其理论层面的探讨，更在于其深远而广泛的实际影响力。一个不容忽视的原因是，众多的美国刑法典均通过直接或

---

〔8〕 安托尼·达夫（Antony Duff）更倾向于将该问题描述为："何人因何事被谁追究责任?"至少在刑法理论的范畴内是如此。R. A. Duff, "'I Might Be Guilty, But You Can't Try Me': Estoppel and Other Barsto Trial", 1 *Ohio St*, *J*, *Crim. L.* 245, 245 (2003).

〔9〕 这并不意味着，对特定司法管辖区刑法学的教学是不妥的。See Markus D. Dubber, New York Criminal Law: Cases & Materials (2008). 至于这是否意味着《模范刑法典》作为教学工具已经过时，则是另一个问题。See Chad Flanders, "The One-State Solution to Teaching Criminal Law, or Leaving the Common Law and the MPC Behind", 8 *Ohio St. j. Crim. L.* 167 (2010); see also Anders Walker, "The New Common Law: Courts, Culture, and the Localisation of the Model Penal Code", 62 *Hastings L. J.* 1633 (2011).

* 这里所说的"刑事责任分析（analysis of criminal liability）的方法"，实指犯罪论体系。英美刑法在传统上注重判例法，以个案说理为导向，对"总则性的"刑法教义学研究可说是源于《模范刑法典》时期，而本书正是要借助《模范刑法典》来展开这"总则性的"、可适用于所有个案的分析架构。——译者注

间接的方式源自这部《模范刑法典》。最明显的是，受到《模范刑法典》的影响并在此基础上重新修订原有刑法典的司法管辖区大约有 40 个，包括纽约州、德克萨斯州、伊利诺伊州、宾夕法尼亚州、新泽西州。[10] 尽管这些修订的刑法典都没有完全照搬《模范刑法典》，但它们或多或少都受到《模范刑法典》的影响。为了了解《模范刑法典》在实践中的运作情况，以及探索针对特定问题的《模范刑法典》方法的替代原则，我们将遵循美国法律协会对《模范刑法典》的官方注评，并特别注意《纽约州刑法典》（New York Penal Law）。[11]

为了进一步丰富视角，我们还将偶尔关注一下侵权法，尤其是美国法律协会起草的《侵权法第二次重述》（Second Restatement），它是与《模范刑法典》大约同一时间起草的。此外，我们还将关注比较刑法学，尤其是德国刑法学，这是英美法系之外最具影响力的刑法学体系。[12]《模范刑法典》鼓励进行比较研究，这种比较研究在"普通法"体系和"成文法"体系之间长期存在的分歧下可能会变得复杂，然而，《模范刑法典》使得这种比较研究成为可能。

《模范刑法典》还在持续对"非《模范刑法典》"司法管辖区的刑法发挥影响。这当中包括两个重要的司法管辖区，它们因《模范刑法典》而引爆了全国性的修改刑法典的努力，却

---

[10] Richard Singer, "The 25th Anniversary of the Model Penal Code: Foreword", 19 *Rutgers L. J.* 519, 519 (1988).

[11] See, e. g., Commentaries § 3.02, at 18; Commentaries § 3.06, at 97. 关于《纽约州刑法典》的起源及其与《模范刑法典》的关系，see Markus D. Dubber, New York Criminal Law: Cases & Materials (2008).

[12] Cf. Commentaries § 3.02, at 11; Commentaries § 210.3, at 65.

第1章 《模范刑法典》与美国刑法学之钥

悲剧性地失败了:加利福尼亚州刑法典、联邦刑法典。[13]《模范刑法典》被美国各个司法管辖区的 3000 份法官意见书所引用,这是其具有全国性影响力的证据。非《模范刑法典》的司法管辖区也经常利用《模范刑法典》的分析框架来阐明一些难以解决的争议,例如,关于特殊罪名对精神状态的要求,尽管他们最终拒绝了《模范刑法典》起草者给出的特定解决方案。截至 2004 年,《模范刑法典》已在超过 150 个加利福尼亚州判例和超过 700 个联邦判例中被引用,其中包括大约 100 个最高法院判例。[14] 当联邦上诉法院面临含义不明的刑法法规时,它们会去哪里寻找帮助呢?答案是《模范刑法典》。[15] 当最高法院遇到同类情形呢?也是求助于《模范刑法典》。[16] 加利福尼亚州法院呢?还是求助于《模范刑法典》。[17]

---

[13] 关于联邦所做努力的权威历史记录是 Ronald L. Gainer, "Federal Criminal Code Reform: Past and Future", 2 *Buff. Crim. L. Rev.* 45, 92-139 (1998); see also Julie Rose O'sullivan, "The Federal Criminal 'Code': Return of Overfederalization", 37 *Harv. J. L. & Pub. Pol'y* 57 (2014). 关于加利福尼亚州刑法改革失败的情况, see Philip Hager, "Fired Scholars Defend Penal Code Revisions", *L. A. Times*, Sept. 22, 1969, at 3; 22 *Stan. L. Rev.* 160, 162 (1969) (letter of Herbert L. Packer) [both cited in Sanford H. Kadish, "Fifty Years of Criminal Law: An Opinionated Review", 87 *Cal. L. Rev.* 943, 949 (1999)].

[14] American Law Institute, Published Case Citations to Principles of Corporate Governance, Model Penal Code, and Uniform Commercial Code as of March 1, 2004 (http://www.ali.org/_news/annualreports/2004/AM04_08-CaseCitations04.pdf).

[15] See, e. g. , United States v. M. W. , 890 F. 2d 239 (10th Cir. 1989) [arson (18 U.S.C. § 81)].

[16] See, e. g. , United States v. U. S. Gypsum Co. , 438 U. S. 422, 443-44 (1978) (Sherman Act).

[17] People v. Carr, 97 Cal. Rptr. 2d 143 (Cal. App. 2000) (轻率焚烧任何建筑物、林地或财产) [citing In re Steven S. , 31 Cal. Rptr. 2d 644 (Cal. App. 1994)].

第2章
《模范刑法典》的起源：
美国法律协会、法律程序及治疗主义

为了掌握《模范刑法典》，知道它由何而来、由何人起草，是有助益的。[18] 尽管《模范刑法典》起草于 1952 年至 1962 年期间，但它的起源可追溯到 20 世纪 30 年代，当时美国法律协会决定着手处理刑法与刑事诉讼法。美国法律协会成立于 1923 年，是一个由杰出法学家组成的机构，其宗旨是"促进法律的清晰化与简洁化，以及能更好地适应社会需要，确保司法能得到更好的运行，并鼓励和开展学术性的、科学性的法律工作"。美国法律协会审视了美国当时的刑法与刑诉法，就所看到的情况感到震惊，因而作出决定：这与诸如侵权法、合同法的其他领域不同，需要做的远比对法律进行"重述"要多得多。它所需要的是以"模范法典"的形式进行全新的开始。《模范刑事诉讼法典》（Model Code of Criminal Procedure）于 1930 年左右完成，接下来是《模范刑法典》，但它的起草工作一直被拖延到第

---

[18] 对此的简要概述，see Paul H. Robinson & Markus D. Dubber, "The American Model Penal Code: A Brief Overview", 10 *New Crim. L. Rev.* 319 (2007); see generally Markus D. Dubber, "Penal Panopticon: The Idea of a Modern Model Penal Code", 4 *Buff. Crim. L. Rev.* 53 (2000); Sanford H. Kadish, "The Model Penal Code's Historical Antecedents", 19 *Rutgers L. J.* 521 (1988).

第 2 章 《模范刑法典》的起源：美国法律协会、法律程序及治疗主义

二次世界大战之后。[19]

战后，哥伦比亚大学的法学教授赫伯特·韦克斯勒（Herbert Wechsler）被任命为《模范刑法典》项目的负责人。韦克斯勒于1937年在他那篇纪念碑式的论文《杀人罪的法律原理》（A Rationale of the Law of Homicide，该论文的题目极为谦逊，并有些误导性）中，列出了一份美国刑法的全面改革计划。[20] 韦克斯勒将这些想法整合为《模范刑法典》方案，该方案最初只是以两份备忘录的形式提交给美国法律协会，并最终成为其发表于《哈佛法律评论》的一篇文章。[21]

这两篇文章包含着《模范刑法典》的蓝图。对于任何想要深入研究《模范刑法典》及其刑法基本方法的人来说，这两篇文章都是必读的。

对其他所有人而言，以下是一份简明扼要的概述。韦克斯勒是"法律程序"学派的杰出提倡者——"法律程序"学派的名号源于亨利·哈特（Henry Hart）与阿尔伯特·萨克斯（Albert Sacks）纂写的同名判例书，该判例书极具影响力，直至最近才出版。[22] 它的"法律程序"学派背景可以解释《模范刑法典》的几个特征。[23]

---

[19] 接下来是1975年随后制定的《审前程序模范法典》（A Model Code of Pre-Arraignment Procedure）。

[20] Jerome Michael & Herbert Wechsler, "A Rationale of the Law of Homicide (Parts I & II)", 37 *Colum. L. Rev.* 701, 1261 (1937); see also Jonathan Simon, "Wechsler's Century and Ours: Reforming Criminal Law in a Time of Shifting Rationalities of Government", 7 *Buff. Crim. L. Rev.* 247 (2003) [discussing Herbert Wechsler, "A Caveat on Crime Control", 27 *J. Am. Inst. Crim. L. & Criminology* 629 (1937)].

[21] Herbert Wechsler, "The Challenge of a Model Penal Code", 65 *Harv. L. Rev.* 1097 (1952).

[22] Henry M. Hart & Albert M. Sacks, *The Legal Process: Basic Problems in the Making and Application of Law* (William N. Eskridge, Jr. & Phillip P. Frickey eds., 1994).

[23] See generally Markus D. Dubber, "The Model Penal Code, Legal Process, and the Alegitimacy of American Penality", in *Foundational Texts in Modern Criminal Law* 239 (Markus D. Dubber ed., 2014).

第一，《模范刑法典》是一部模范性的立法。它的目标是将刑法制定权由普通法制定者——司法机关，转移到成文法制定者——立法机关。"没有任何行为可以构成一项罪行，除非本法典或本州的其他成文法将之规定为犯罪或违法行为。"[24] 由此，普通法犯罪不复存在。

第二，《模范刑法典》是**综合性**的。基于对法院适用立法机关制定的规则时的自由裁量权进行指导的努力，《模范刑法典》几乎不留出任何自由裁量的机会。如果给予太多自由发挥的空间，精明的法官有可能尝试规避禁止普通法犯罪的规定。这就是为什么《模范刑法典》读起来，并且看起来既像一部刑法教科书，又像一部法典的原因。[25] 其目的在于向刑事司法专业人员传授刑法学知识。

第三，《模范刑法典》是一部**法典**。它试图构建一个理性的刑法学体系，而不是对现有规则的汇编。这个体系服务于某些"目的"，起草者采取了不同寻常的步骤，将这些目的明确表述出来。[26] 然后，这些目的又通过构成《模范刑法典》主干内容的"原则""规定"和"定义"来实现。[27]

---

〔24〕《模范刑法典》第 1.05（1）条。

〔25〕这一特点使得《模范刑法典》区别于其他具有影响力的现代刑法典，并使其成为一个更好的教学工具。例如，《德国刑法典》就没有对行为、犯罪心理、因果关系或同意进行定义。

〔26〕《模范刑法典》第 1.02 条。将规范应用于指导官员的行为可被视为法律程序学派的创新。法律程序学派的学者并不认为法律规范是自动执行的，其从一开始就将注意力集中在"法律制定**与适用**的基本问题"上，正如哈特和萨克斯的《法律程序》书目的副标题所表达的（注意加粗的部分）。在认识到自由裁量权于法律体系运行中的中心意义后，韦克斯勒及其法律程序学派的同事们看到了指导其行使的必要性，而不是否认其存在（更不用说禁止它，像现代法典化早期所提议的那样）。（约束法官的自由裁量权，也是德国刑法的核心。——译者注）

〔27〕See, e. g., art. 2（"责任的一般原则"）; pt. I（"一般规定"）; pt. II（"具体罪行的定义"）。[这里提及的，《模范刑法典》试图构建"一个理性的刑法学体系"（a rational system of criminal law），意在表明，《模范刑法典》具有刑法教义学的性质，是按照概念层级的架构逐步展开的，而不仅仅是个罪或个案汇编的性质，是总则性的，而不是分则性的。理解这点，有利于改变"英美刑法只是判例说理的堆砌"这一传统偏见。——译者注]

第2章 《模范刑法典》的起源:美国法律协会、法律程序及治疗主义

第四,《模范刑法典》是**务实**的。法律程序首先是制定政策的一种方式,其次才是一种法学理论。一项政策若不实施便是毫无意义的。事实上,正如我们所看到的,《模范刑法典》正通过这种或那种方式帮助美国大多数司法管辖区塑造它们的刑法。

就我们的目的而言,后两个特征是尤其重要的,因为它们使《模范刑法典》成为美国刑法学的关键。"原则化的实用主义"[28]使得《模范刑法典》不仅仅是一部精心设计的理论架构,更是一个对于成文法和法庭中实际应用的法律产生影响的刑法体系模型。

韦克斯勒不仅致力于通过法律程序学派的方法来处理问题,还赞同他那个时代的另一种正统学说——治疗主义。治疗主义是从20世纪之交作为新兴科学的犯罪学中发展出来的,治疗主义主张用治疗取代惩罚。根据治疗主义,犯罪是一种需要诊断和治疗的疾病。刑罚治疗是根据刑罚学诊断开具的,大致区分了两种类型的罪犯:可以治愈的罪犯和无法治愈的罪犯。前者接受恢复性治疗,后者接受剥夺性治疗。

在治疗主义模式中,刑法并不是一个分配公正的惩罚的问题,而是一个进行必要治疗的问题。一个理性的刑法体系,或者更确切地说是刑事管理体系,是一个根据正确的诊断来规定并实施适当治疗的体系。这正是法律程序学派旨在应对的政策挑战。而《模范刑法典》就是其在刑法领域的工作成果。[29]

---

[28] Herbert L. Packer,"The Model Penal Code and Beyond", 63 *Colum. L. Rev.* 594, 594 (1963).

[29] 对于这一挑战的不同看法,是由韦克斯勒的法律程序学派的同行亨利·哈特提出的,see Henry M. Hart, Jr. ,"The Aims of the Criminal Law", 23 *Law & Contemp. Probs.* 401 (1958).

第 1 节　犯罪倾向

"《模范刑罚与矫正法典》"（对其全称的引用）*完全支持了当时处于通说的治疗主义，这并不仅仅是出于理论的兴趣。为了弄明白《模范刑法典》，在头脑中牢记治疗主义的核心地位，是有帮助的。[30] 此外，当遇到一个特别棘手的《模范刑法典》的规定时，请记住起草者们试图"根据那些受（刑法）约束的人……所表征的倾向，来描述他们的性格缺陷"[31]。最终，对案件的分析常常可归结为对这种倾向的诊断，以及对实施特定犯罪的倾向的诊断。犯罪危险性的概念可能会派上用场，例如，当一个特殊的案件（或考试问题）要求区分犯罪预备与未

---

* 我们平时所称的"Model Penal Code"，其全称为"Model Penal and Correctional Code"，因此，对于"Model Penal Code"来说，其精确的翻译应当是"模范刑罚法典"，而不是我们所熟悉的称谓"模范刑法典"。实际上，称为"模范刑法典"是容易引起误解的，容易误会为"Model Criminal Law"或"Model Criminal Code"，后者掩盖了这样的事实：美国刑法学的核心在于"刑罚"，而非"犯罪"，其"犯罪"只是"刑罚"的条件，或者说，是限制刑罚发动的条件。由于我国已习惯于《模范刑法典》的称谓，为了便于交流，本书统一称为《模范刑法典》。但为了更精确，在原著提及法典全称时，仍译为"模范刑罚与矫正法典"，其余场合均译为"模范刑法典"。——译者注

[30] 美国法律协会目前的任务是对《模范刑法典》的某些方面进行修改，尤其是影响力较小的量刑规定，试图引入"新报应主义"元素来更新这个法典。James Q. Whitman，"The Case for Penal Modernism: Beyond Utility and Desert"，1 *Critical Analysis of Law* 143（2014）[达里尔·布朗（Darryl Brown）与林赛·法默（Lindsay Farmer）对此做评论]。应注意的是，这是要求将"犯罪人的非难可能性"加入法典的量刑考量因素中。American Law Institute，Model Penal Code: Sentencing § 1.02（2）（a）（approved July 2007）。同时，该修订再次肯定了《模范刑法典》最初的致力于通过功利主义减少犯罪的目标，包括对行为人的恢复性司法、对危险犯的监禁。这个修订项目被限定在量刑阶段，并没有对第1.02（1）条提出修改建议，该条规定"统治犯罪定义之规定的一般目的"，这是与本书主题最直接相关的。巧合的是，哈特曾建议（却未获成功）了一个针对第1.02（1）条的替代性公式，即在该条中插入"非难可能性"。Henry M. Hart，Jr.，"The Aims of the Criminal Law"，23 *Law & Contemp. Probs.* 401，441（1958）。

[31] Commentaries §§ 220.1-230.5, at 157 n.99.

第 2 章 《模范刑法典》的起源：美国法律协会、法律程序及治疗主义

遂，或蓄意与明知，或在评估诸如权利主张（在夜盗罪中）、犯罪中止、自卫等抗辩事由能否适用时，人们可能会这样推理，例如，"X 女士成立未遂夜盗罪，因为她的预备行为已延展到可以表明她具有实施犯罪的强烈倾向，尤其是夜盗罪的倾向。"或者，可能这样推理："在这个案件中，认定蓄意的行为是不合适的，因为被告并没有拥有那种高强度的犯罪倾向，那种特殊的犯罪能量，这种能量将蓄意的（purposeful）行为与仅仅是明知的（knowingt）行为区分开来。"[32] 正如理查德·波斯纳（Richard Posner）简洁地指出的那样，如果不参考《模范刑法典》，"像'故意'（intent）与'疏忽'（negligence）这样的词仅仅指示危险性程度，而没有其他含义。"[33]

这种考量可以或多或少地明确表达出来，这取决于某个特定的教师如何解读《模范刑法典》。[34] 无论如何，回顾《模范刑法典》的治疗计划——就像韦克斯勒在《杀人罪的法律原理》[35] 及《模范刑法典之挑战》[36] 中明确而有力地阐述的那样——有助于为教义学上的棘手问题带来一些分析上的清晰性。《模范刑法典》可以按不同方式进行解读，这并不奇怪，因为《模范刑法典》的实用主义目标在于影响其主要受众——州立法

---

〔32〕 对于德国刑法中的"犯罪能量（犯罪支配）"的相关讨论，see Tatjana Hörnle, "Distribution of Punishment: The Role of a Victim's Perspective", 3 *Buff. Crim. L. Rev.* 175, 198 – 200 (1999).

〔33〕 Richard A. Posner, *Economic Analysis of Law* 208 (4th ed. 1992).

〔34〕 See, e.g., "Herbert Wechsler, The Challenge of a Model Penal Code", 65 *Harv. L. Rev.* 1097, 1109 (1952)（"行为人的主观状态"与如下的区分性诊断相关，即"这个人是否比其他人具有更大的威胁"）。

〔35〕 Jerome Michael & Herbert Wechsler, "A Rationale of the Law of Homicide (Parts I & II)", 37 *Colum. L. Rev.* 701, 1261 (1937).

〔36〕 Herbert Wechsler, "The Challenge of a Model Penal Code", 65 *Harv. L. Rev.* 1097 (1952).

者——的刑法改革工作。事实上，尽管《模范刑法典》提倡治疗主义的基本原理，但该法典自颁布以来，其内容虽然未曾变动，但解读却一直在发展变化，由康复性治疗主义发展到剥夺性治疗主义，从治疗主义发展到报应主义，以适应不断更新的通说观念。（另一种不那么温和的说法是，自20世纪60年代以来，美国监狱经历了急剧的且完全出乎意料的扩张，《模范刑法典》在这一过程中，表现出了惊人的兼容性。）本书将《模范刑法典》呈现为其构想和设计时的样子：它本来就是一部模范**法典**，而非由于其实用主义的灵活性而已经被、或者能够被、或者极可能将被解读为一部**模范法典**。

刑罚治疗补充了《模范刑法典》的主要目标：预防犯罪。《模范刑法典》通过两个步骤来追求其预防目标：首先，它尝试威慑犯罪。[37] 其次，如果这一尝试失败，它对无法威慑者实施治疗，即"对那些行为表明他们具有犯罪倾向的人进行公共控制"[38]。威慑犯罪的尝试每天都在经历着无数次的失败。实际上，事实证明，治疗措施尽管在官方上处于附加的地位，但它看起来像是狗身上摇动着的威慑的尾巴那样重要，是实现威慑的关键因素。

一旦行为人收到了一个大概的、初步的关于犯罪倾向（或危险性）的诊断——这是根据《模范刑法典》的前半部分"刑罚法典"（包括第一、二篇）之规定作出的，该行为人将接受治疗——这是根据《模范刑法典》的后半部分"矫正法典"（包括第三、四篇）设置的详尽的矫正指南来进行的。在刑法学课程中，法典的前半部分备受关注，这是理所当然的，因为正是

---

[37]《模范刑法典》第 1.02（1）(a) 条；第 1.02 条，第 3 页（解释性说明）。
[38]《模范刑法典》第 1.02（1）(b) 条。

第2章 《模范刑法典》的起源：美国法律协会、法律程序及治疗主义

在这一部分中，我们找到了刑法学的实质内容，包括责任的一般原则（第一篇）和具体的个罪罪名（第二篇）。但是，前半部分仅仅是为后半部分奠定基础的。前半部分（"真正的刑法典"）提供了诊断犯罪倾向的工具，而犯罪倾向接着要根据后半部分（"矫正法典"）来进行治疗。只有将两部分结合在一起，才能称之为"模范刑罚与矫正法典"。[39]

第2节 模范刑罚与矫正法典

《模范刑法典》仅仅是一部犯罪法与监狱法的综合法典前半部分，该综合法典还包括《模范矫正法典》。忽略这一点，就忽略了《模范刑法典》的治疗主义导向，并因此对其总体进路以及具体规定存在误读的危险。对《模范刑法典》的每一部分进行解读时，都应当注意该法典在整个治疗方案中的角色。

让我们简要地看一下《模范刑罚与矫正法典》的整体结构，以便将我们的主题——《模范刑法典》——置于适当的语境中讨论。由此，我们能够更好地理解起草者关于其治疗主义抱负的整体视野，以及《模范刑法典》在其中的位置。[40]

第一篇是总则，致力于"一般规定"，个罪定义出现在第二篇，即分则，题为"具体个罪的定义"：

---

[39] 《模范刑法典》第1.01（1）条。
[40] 对于《矫正法典》的抱负及其原理的一个有趣的比较研究视角，see Bernd Schünemann, "Some Comments on Parts III and IV of the Model Penal Code from a German Perspective: Fundamentals of the Statutory Regulation of Correctional Practice in Germany", 7 *Buff. Crim. L. Rev.* 233 (2003). 1976年《德国监狱法》（StVollzG）是针对德国宪法法院的一项裁决而通过的，该裁决认为：矫正制度的设计与实施需要一个立法性的法案，而不是一个执行性的规定或命令。BVerfGE 33, 1 (1972). 在实质上，《德国监狱法》承诺实现与《模范刑法典》相同的"治疗目标"。See StVollzG §2.

第一篇　一般规定
第二篇　具体个罪的定义

与《刑法典》相似，《矫正法典》也由两部分组成：[41]

第三篇　治疗与矫正
第四篇　矫正机构

第三篇规定了刑罚执行的原则，即"治疗与矫正"的原则。它详细说明了法院刑罚裁量所设定的一般治疗参数在实践中如何应用，以及必要时如何修订。[42]《刑法典》中规定的每一种类型的刑罚裁量（缓刑、罚金、监禁及假释），在《矫正法典》中都能找到该刑罚实施的对应物。[43]

---

〔41〕 对于《矫正法典》（第三、四篇）的讨论依赖于该法典的原始版本，以展现该法典的总体设计与架构。一些《矫正法典》的内容，包括它的篇、条、款的标题，有可能随着美国法律协会量刑项目的研究结果而发生变化。

〔42〕 任何一个重罪的监禁刑都是暂时性的，在矫正治疗的第一年中，"矫正委员会委员"可以向法庭提出申请，要求对犯罪人进行重新量刑，如果犯罪人满足了如下条件："法庭（原来的）量刑是基于对犯罪人的历史、个性或身体或精神状态的误解而作出的。"《模范刑法典》第7.08条。

〔43〕 在《模范刑法典》第6、7条中，有一个明显的例外，即死刑，它在"治疗与矫正"领域没有对应物。对照《模范刑法典》第210.6条。也许具有讽刺意味的是，尽管《模范刑法典》中这一条关于死刑的规定被起草者放置在态度不明的方括号中，并因此而名声大噪（《模范刑法典》的其他条款一般并不放在方括号中，而仅将规定死刑的第210.6条放在方括号中，表明起草者对于是否保留死刑是持模棱两可的态度，有取消死刑的倾向——译者注），但它最终却显著地塑造了最高法院构建死刑的宪法制度的尝试。See Markus D. Dubber, "Penal Panopticon: The Idea of a Modern Model Penal Code", 4 *Buff. Crim. L. Rev.* 53, 71 (2000); Russell Dean Covey, "Exorcizing Wechsler's Ghost: The Influence of the Model Penal Code on Death Penalty Sentencing Jurisprudence", 31 *Hastings Const. L. Q.* 189 (2003). 因此，该规定在美国法律协会审查《模范刑法典》的量刑规定时已被撤销。See Franklin E. Zimring, "The Unexamined Death Penalty: Capital Punishment and Reform of the Model Penal Code", 105 *Colum. L. Rev.* 1396 (2005); Carol S. Steiker & Jordan M. Steiker, "No More Tinkering: The American Law Institute and the Death Penalty Provisions of the Model Penal Code", 89 *Tex. L. Rev.* 353 (2009).

第2章 《模范刑法典》的起源：美国法律协会、法律程序及治疗主义

第 301 条　暂缓宣告刑罚；缓刑

第 302 条　罚金

第 303 条　短期监禁

第 304 条　长期监禁

第 305 条　假释

为了了解《模范刑法典》在规制刑罚治疗的适用方面所力求的详尽程度，可以研究一下关于"短期监禁"的第303条所涵盖的一系列问题：

第 303.1 条　州及地方的监禁设施；充分性审核；对监禁设施的共同使用；新设施计划之批准

第 303.2 条　服刑犯记录；分类；转化

第 303.3 条　服刑犯隔离；有生理或精神疾病或缺陷的服刑犯的隔离与转化

第 303.4 条　医疗护理；食物和衣物

第 303.5 条　康复程序

第 303.6 条　纪律与控制

第 303.7 条　服刑犯的雇用与劳动

第 303.8 条　因行为良好而减免刑期

第 303.9 条　因工作及其他目的而离开设施的特权；条件；绩点的申请

第 303.10 条　从设施中释放

《矫正法典》的最后一篇"矫正机构"建立了实施第三篇的具体规定所必要的管理机构。这些机构再次反映了可采用的各种治疗类型：

第 401 条　矫正的部门
第 402 条　假释委员会
第 403 条　机构管理
第 404 条　假释分部
第 405 条　缓刑分部

第 3 节　《模范刑法典》的结构

了解《模范刑法典》在《模范刑罚与矫正法典》整个架构中的位置是重要的。然而，对于我们的目的而言，了解《模范刑法典》自身的结构更为重要。

从某种意义上说，《模范刑法典》的结构就是《模范刑法典》本身。《模范刑法典》在概念上前后连贯，其概念结构如此全面和整合，以至于其目录可以轻易地被用作刑法考试的大纲。其他未受《模范刑法典》影响的法典也尝试这样做，例如联邦刑法典、加利福尼亚州刑法典。

《模范刑法典》的起草者无论在哪里都力求从混乱中寻求秩序。例如，该法典对分则罪名按所保护的法益及机构（如州、个人、财产或家庭）进行分类排列，使之系统化。[44] 在《模范刑法典》之前，美国的刑法典对分则个罪的编排更喜欢采用字

---

[44] See Stuart Green, "Prototype Theory and the Classification of Offenses in a Revised Model Penal Code: A General Approach to the Special Part", 4 *Buff. Crim. L. Rev.* 301 (2000); see also Markus D. Dubber, "Theories of Crime and Punishment in German Criminal Law", 53 *Amer. J. Comp. L.* 679 (2005) (德国刑法学中"受保护的法益"); Markus D. Dubber & Tatjana Hörnle, *Criminal Law: A Comparative Approach* 520-23 (2014) (对《模范刑法典》《纽约州刑法典》与《德国刑法典》的分则结构进行比较)。

第 2 章 《模范刑法典》的起源：美国法律协会、法律程序及治疗主义

母排序法。在 1948 年，也就是《模范刑法典》项目正式启动的前四年，国会决定修订一个半世纪以来积累的庞大联邦刑事法规体系。这次修订的"基础性研究工作是通过由国会委员会委托的三家商业法律书籍出版商雇佣的人手完成，国会委员会这样做，是希望摆脱雇佣并监督自己职员的责任"[45]，包括将现有的刑法典用字母顺序编排。《联邦刑法典》第 18 篇或多或少保留了这种排序方式，直到今日。[46] 在《模范刑法典》的基础上重新修订《联邦刑法典》的努力，在 20 世纪 80 年代初期失败了。[47]

然而，《模范刑法典》最大的结构性贡献并非来自刑法分则，而是来自刑法总则。在《模范刑法典》之前，美国的刑法典并没有真正的总则。像犯罪的客观行为（actus reus）或犯罪的主观心态（mens rea）这样的核心概念尚未定义。抗辩事由是在特定罪名的语境下处理的，其中最主要的是谋杀罪和夜盗罪，而不是像刑事责任的一般原则一样适用于任何罪名及所有罪名。再以《联邦刑法典》为例，它仍然没有一个真正值得一提的总则。《联邦刑法典》第 18 篇没有关于管辖权、有意性、犯罪的

---

[45] Henry M. Hart, Jr., "The Aims of the Criminal Law", 23 *Law & Contemp. Probs.* 401, 431 n. 70 (1958).

[46] 说"或少"是因为，在国会连续几十年制定的联邦犯罪中，它偶尔会发现即使字母顺序也需要一个结构性设计。例如，章标题"子女抚养费"（child support, 18 U. S. C. 第 11A 章）就排在"化学武器"（chemical weapons）一章之前（第 11B 章），"进口爆炸物"（importation of explosive materials）在"爆炸物"（explosives）之后，但在"勒索"（extortion）之前（第 39~41 章）。将事物按字母顺序排列的争论并不限于美国的刑法典。Cf. S. F. C. Milsom, *Historical Foundations of the Common Law* 417 (2d ed. 1981)（指出英国"刑法从 18 世纪就出现了这种不协调，似乎连字母表那微不足道的顺序都敢挑战"）；R. Burn, *Justice of the Peace and Parish Officer* (1st ed. 1755)[标题依顺序包括："Game（游戏）；Gaming（赌博）；Gaol and gaoler（监狱和狱卒）；Gunpowder（火药）；Habeas corpus（人身保护令状）；Hackney coaches and chairs（出租马车和椅子）"][引自上文米尔索姆（Milsom）的著作]。

[47] See Ronald L. Gainer, "Federal Criminal Code Reform: Past and Future", 2 *Buff. Crim. L. Rev.* 45 (1998).

客观行为、犯罪的主观心态、因果关系、错误、诱捕、胁迫、年幼、正当化事由、自卫或未完成罪的一般规定。

最重要的是，对于我们来说，《模范刑法典》的结构为美国律师、法官或法学生在每一个可能遇到的案件的刑事责任分析中，提供了一张路线图。

《模范刑法典》总则（第一篇：一般规定）包括的原则可全面适用于其分则（第二篇：具体个罪的定义）所定义的所有罪名。这些原则可以分别规定为5条:[48]

第1条　序言
第2条　（刑事）责任的一般原则
第3条　正当化的一般原则
第4条　罪责
第5条　未完成罪

第1条涉及刑法与刑事诉讼法界限的一系列问题，包括管辖与审判地,[49] 诉讼时效,[50] 一事不再理原则[51]及证明要求。[52] 与我们的目的关系最密切的是，它表明了该法典的目的,[53] 确立了罪刑法定原则（在立法论的意义上，也就是说，立法机关垄断刑事立法权）,[54] 并对一些关键概念进行了

---

[48] 我们将忽略最后两条（第6条和第7条），这两条是专门讨论量刑的法律。它们是美国法律协会正在开展的"模范刑法典：量刑"（Model Penal Code: Sentencing）项目的主题。
[49] 《模范刑法典》第1.03条。
[50] 《模范刑法典》第1.03条。
[51] 《模范刑法典》第1.07～1.11条。
[52] 《模范刑法典》第1.12条。
[53] 《模范刑法典》第1.02条。
[54] 《模范刑法典》第1.05条。

第2章 《模范刑法典》的起源：美国法律协会、法律程序及治疗主义

定义。[55]

第2条是《模范刑法典》总则部分的核心。在此我们找到了刑事责任的核心原则的规定，包括：

第2.01条　犯罪的客观行为
第2.02条　犯罪的主观心态（及第2.05条）
第2.03条　因果关系
第2.04条　认识错误［第2.04（1）条］
第2.06条　共同犯罪

另外，起草者亦开始讨论可能影响刑事责任的抗辩事由，例如：

第2.04条　无知［第2.04（3）条］
第2.08条　醉酒
第2.09条　胁迫
第2.10条　军事命令
第2.11条　情节显著轻微（de minimis）
第2.12条　诱捕

第3条开始认真对待抗辩事由，致力于讨论"正当化的一般原则"。正当化的抗辩事由包括：

第3.02条　紧急避险
第3.03条　公共职责
第3.04条　自卫
第3.05条　为他人防卫

---

[55]《模范刑法典》第1.04条和第1.13条。

第3.06条　财产防卫

第3.07条　法律执行

第3.08条　特殊责任

第4条完成了《模范刑法典》对辩护事由的探讨,它补充了从第2条开始的潜在的免责辩护事由清单,增加了基于行为人因无能力而无刑事责任的抗辩事由:

第4.01条　精神错乱

第4.10条　年幼

最后,第5条规定了未完成罪。第5条是法典中的法典,明确规定了未完成罪刑事责任的一般原则,包括可能的抗辩(如犯罪中止、不能犯),并同时对未完成罪与准未完成罪(与持有相关的犯罪)进行了定义:

第5.01条　未遂

第5.02条　教唆

第5.03条　共谋

第5.06条　对危险工具的持有(及第5.07条)

就第5条对具体个罪进行定义而言,* 它并不是阐明责任的一般原则,因此,该条对未完成罪的规定,就已有一只脚插进了分则范围。[56] 分则是《模范刑法典》的后半部分(也是

---

* 未遂在美国刑法中的地位相当于一个独立的个罪罪名,但在我国刑法中被视为适用于所有个罪的犯罪形态,这是不同的。——译者注

[56] 事实上,有几个根据《模范刑法典》修订的刑法典并未将未完成罪的定义放在总则的末尾,而是放在分则的开头。例如,《纽约州刑法典》第100~115条。

第 2 章 《模范刑法典》的起源：美国法律协会、法律程序及治疗主义

《模范刑罚与矫正法典》的总共四篇中的第二篇），专门规定个罪的定义。[57] 正是在这里，我们可以找到刑法的实体内容，这些罪名使得刑法成为刑法。这些罪名按刑法所保护的利益被区分为以下类型：

针对州的存在及稳定的犯罪[58]
危及人身的犯罪
针对财产的犯罪
针对家庭的犯罪
针对公共管理的犯罪
针对公共秩序及风俗的犯罪
杂项犯罪（其他犯罪)[59]：
　麻醉品
　酒精饮料
　赌博
　针对税收合贸易法的犯罪

深入研究起草者们选择哪些利益值得刑法保护，以及他们如何将特定的罪名与特定的利益联系起来，可能会很有趣。例如，为什么刑法应被用来保护"家庭"这一社会机构，尤其是

---

[57] 尽管在这些规定中也能找到针对具体罪行的抗辩，例如，在杀人罪规定［第 210.3 (1) (b) 条］中的极度精神或情绪干扰（以前称为"激怒"），以及在盗窃罪规定［第 223.1 (3) 条］中的权利主张，这只是其中几个例子。对于这些分则中的抗辩，人们可能会问，该抗辩是否应该保留其有限的适用范围，而不是将其重新概念化为总则的现有抗辩的一个实例，或者将其泛化为一个新的总则抗辩，或者完全将其废除。（例如，请考虑颇有争议的挑衅抗辩，详见本书第 16 章以下。）

[58] Model Penal Code 123 (Proposed Official Draft 1962).

[59] Id. at 241. [杂项犯罪（Miscellaneous offenses），是指未被归入刑法中的特定类型犯罪的罪名。——译者注]

当我们很难确定这一机构在今天究竟由哪些成员构成时？如果堕胎应该保留在刑法中，那么它为何会被列为侵害家庭的犯罪之一？[60] 例如，纽约就没有遵从《模范刑法典》，而是将堕胎归入了"侵害人身罪"中。[61]

然而，就我们的目的而言，对《模范刑法典》的保护法益进行概述就足够了。[62] 正如之前提到的，本书遵循了美国刑法导论课程的大部分做法，重点关注刑法的总则部分，即《模范刑法典》的第一篇。但当我们要阐述一般原则在具体案件中的作用时，必然会考虑到具体的犯罪行为——最引人注目的是各种形式的杀人罪。甚至，犯罪类型的选择问题也会被提及，尽管它只是简短地出现，因为，当我们深入探讨《模范刑法典》中规定刑事责任的先决条件时（该先决条件是从《模范刑法典》的"目的条款"，即第1.02条中勾勒出来的），该先决条件的规定中就包括了"个人利益或公共利益"，而这就涉及分则部分所列举的个罪规定。*

---

〔60〕《模范刑法典》第230.3条。

〔61〕 N. Y. Penal Law §§ 125.40-.60; but see id. § 125.05（1）（将"人"定义为"已出生并存活的人类"）。

〔62〕 进一步的讨论，see Markus D. Dubber, "The Model Penal Code, Legal Process, and the Alegitimacy of American Penality", in *Foundational Texts in Modern Criminal Law* 239（Markus D. Dubber ed., 2014）[关于《模范刑法典》的犯罪概念，或者更确切地说"罪行"概念）；see also Markus D. Dubber, "Theories of Crime and Punishment in German Criminal Law", 53 *Amer. J. Comp. L.* 679（2005）[对德国刑法中法益与英美刑法中密尔（J. S. Mill）的损害原则的比较研究]。

*《模范刑法典》第1.02条的标题为"目的；解释原则"（Purposes; Principles of Construction）。正如《模范刑法典注评》第1.02条中所说的，"第1.02条表明了本法典中有关定义犯罪和治疗罪犯的规定所应当实现的一般目的，同时，本条也规定了法典条款的解释原则。"换言之，它既是一般的犯罪构成条件，也是对个罪规定进行解释的原则。其中，该条的第（1）项内容为："规定犯罪定义的一般目的是：（a）禁止和防止那些无正当事由、无免责事由地对个人利益或公共利益造成或可能造成重大损害的行为；（b）……"其中，"对个人利益或公共利益造成或可能造成重大损害"之规定，就涉及分则所列举的对"个人利益或公共利益"的犯罪。——译者注

第3章
《模范刑法典》的精髓：第1.02条

如果说《模范刑法典》是美国刑法学的核心，那么《模范刑法典》第1.02条就是这整部法典的精髓。它将该法典精心设计的分析架构浓缩为一个单独的陈述，这个陈述表明了刑事责任的先决条件。这精确地满足了我们对于一部**法典**所可能的期待——它应当是一个自觉性的、系统性的刑法学陈述。[63] 第1.02条表明了《模范刑法典》的"目的"，而这整部法典的其余部分都致力于将此目的之细节予以详细说明，将之适用于刑事责任分析的具体问题。第1.02条是《模范刑法典》的缩微模型，或者更恰当地说，是浓缩的《模范刑法典》。

第1节 刑事责任的先决条件：犯罪与犯罪人

第1.02条不仅告诉我们什么样的行为是犯罪，而且告诉我们什么样的人会因从事这种行为而受到惩罚（或者更确切地说，

---

[63] 然而，请注意，其他刑法典，尤其是《德国刑法典》，并没有包含一个类似的规定。实际上，《德国刑法典》（常常被誉为"法典的法典"），缺乏英美法典化倡导者认为对法典概念至关重要的许多特征，其中最重要的是对各种过错（或"故意"）的定义。《模范刑法典》极有影响力的关于犯罪的主观心态的规定将在下文第4章第2节中讨论。

接受治疗)。在一开始就定义了犯罪和犯罪人,或者罪行和罪犯。[64]

"罪行"是指(包含如下5个要素):

行为;
不正当地且不免责地;*
造成或可能造成;
实质性的损害;
对于个人的或公共的利益。[65]

而"罪犯"是指:

---

[64] 这是一个重要的区别:《模范刑法典》处理的是罪行(和罪犯)[offenses (and offenders)],但并不是所有的罪行(或罪犯)都是犯罪(或犯罪人)[crimes (or criminals)]。关于非刑事的罪行,即所谓的"违警罪",参见《模范刑法典》第1.05(1)条和第2.05条。《模范刑法典》实际上是模范"罪行"法典,see Markus D. Dubber, "The Model Penal Code, Legal Process, and the Alegitimacy of American Penality", in *Foundational Texts in Modern Criminal Law* 239 (Markus D. Dubber ed. , 2014)。然而,为了本介绍的目的,我们仍在"犯罪"与"罪行"之间交替使用,除非这种区分在《模范刑法典》中特别提出。[罪行(offense)包括刑事犯罪与违警罪。——译者注]

* "不正当地"(unjustifiably)是正当化的反面,是指行为缺乏正当事由,它相当于德国刑法中的"违法的"(rechtswidrig);"不免责地"(inexcusably)是免责的反面,是指行为人缺乏免责事由,它相当于德国刑法中的"有责的"(schuldhaft)。由此可见,《模范刑法典》乃至英美刑法的犯罪构成(或称犯罪论体系)与德国三阶层在实质内容上是相同的,只不过,德国刑法是从"违法(Rechtswidrigkeit)、罪责(Schuld)"来讨论,而英美刑法多是从其反面——"正当(justification)、免责(excuse)"——来讨论,这是两套内容相同,但概念不同的话语体系。英美刑法中的正当事由,对应德国刑法的"Rechtfertigung",相当于我国学者常说的"违法阻却事由"(Rechtfertigungsgründe),英美刑法中的免责事由,对应德国刑法的"Entschuldigung",相当于我国学者常说的"责任阻却事由"(Schuldausschliessungsgrund)。因此,若译为"违法阻却事由"与"责任阻却事由",或许是我国读者更易于理解的,但由于英美刑法多从"正当、免责"来讨论,从尽量还原文义的角度,本书在翻译时,不译为"违法(阻却事由)",而译为"(不)正当";不译为"责任(阻却事由)",而译为"(不)免责"。——译者注

[65] 《模范刑法典》第1.02(1)(a)条("不正当地且不免责地给个人的或公共的利益造成或可能造成重大损害的行为")。

第3章 《模范刑法典》的精髓：第1.02条

某"人的行为表明（其是）倾向于实施犯罪的"[66]。

《模范刑法典》的其余部分给这些有如"躯干"的基本定义加上"血肉"：虽然各章和各节详细阐述了**罪行**定义的要素，但对其定义和应用都在追求着治疗主义的目标：发现并诊断**罪犯**。本书的大部分内容都遵循这种进路，由此展开被包含在第1.02条对于刑事责任先决条件的定义中的教义学规则。

当我们进入细节的讨论之前，值得稍作停留、来思考第1.02条中的"罪行"定义与"罪犯"定义之间的关系。正如我们将看到的，《模范刑法典》坚持这样的理念：除非实施了犯罪，否则没人应受惩罚，不论他或她多么倾向于实施犯罪。在这个意义上，"犯罪"的概念先于"犯罪人"的概念；一个人必须先实施犯罪，然后才能被贴上犯罪人的标签。同时，这两个概念并非毫无关联。正如我们之前所看到的，整部《模范刑法典》都是为了诊断犯罪人的危险性而设计的。[67] 因此，关于是否成立犯罪的规则，将试图剔除那些缺乏犯罪倾向的人，甚至区别对待有不同等级的犯罪倾向的人。[68] 基于此，我们在探索《模范刑法典》对"犯罪"（及刑事责任）的定义时，也应当在头脑中牢记它对"犯罪人"的定义。

刑法——以及《模范刑法典》——首要关注的是关于是否

---

[66] §1.02（1）（b）; see also Herbert Wechsler, "The Challenge of a Model Penal Code", 65 *Harv. L. Rev.* 1097, 1105（1952）（罪犯的"行为表明"，他们"比其他人更有可能在未来构成威胁，因此有必要进行官方干预，以衡量和应对他们所带来的特殊危险"）。

[67] See Herbert Wechsler, "The Challenge of a Model Penal Code", 65 *Harv. L. Rev.* 1097, 1105（1952）（在"对这些原则进行立法应用时，对这些行为所涉及的社会和心理评估进行切实可行的衡量"方面，刑法编纂者面临挑战）。

[68] See id.（犯罪被定义为"过去的行为与对未来行为的控制之间存在如此合理的联系，以至于应当将其宣布为犯罪"）。

成立犯罪的一般规则。这个一般规则提供了一个可适用于具体个案的刑事责任的分析框架，以确定特定的人是否对特定的犯罪承担刑事责任，也就是说，他是否最终构成该犯罪。

第2节　刑事责任分析：三阶层式探究

《模范刑法典》对犯罪的定义是："不正当地且不免责地给个人的或公共的利益造成或可能造成重大损害的行为。"因此，因此，刑事责任包含以下三个组成部分：

1. 行为
2. 无正当事由
3. 无免责事由

然而，欲构成犯罪，"行为"必须满足一些其他的条件，包括：

（1）造成或可能造成
（2）对于个人的或公共的利益的重大损害

由此生成了《模范刑法典》关于刑事责任的整个分析架构：一个人是应负刑事责任的，如果他从事了——

1. 行为
   （1）造成或可能造成
   （2）对于个人的或公共的利益的重大损害
2. 无正当事由
3. 无免责事由

将这一架构与通常所说的基于"普通法"的刑事责任架构相比较。很难从数百年来的英美普通法中提炼出一个单一的刑事责任架构。然而,足够清晰的是,一个普通法意义上的犯罪包含两个"罪行"要素:

1. 犯罪的客观行为(actus reus)与犯罪的主观心态(mens rea)

在普通法下,犯罪的客观行为和犯罪的主观心态是构成刑事责任的必要条件,而非充分条件。由于普通法中的犯罪的主观心态概念是令人极度困惑的,历经数个世纪的司法扩张和限缩,以至于该概念可以包容万有或一无所有,我们很难准确地说刑事责任除了这两个条件外,还需要什么其他条件。然而,我们可以有把握地说,法院从早期开始就认识到:刑事责任既需要一个刑事"罪行"(包含犯罪的客观行为与犯罪的主观心态)之存在,也需要"抗辩"之不存在。在杀人罪法(homicide law)中尤其如此,该法律经常吸引着最大份额的教义学关注。法院一般将抗辩分为两类:正当事由与免责事由。[69] 刑事责任因此可以加附于一个罪行之上,当这个罪行是通过以下方式实施的:

2. 无正当事由
3. 无免责事由

---

[69] William Blackstone, *Commentaries on the Laws of England* 178-88 (1769)(可正当化的与可免责化的杀人)。韦克斯勒首次在一篇表面上专门讨论"杀人罪法"的文章中概述了他对美国刑法进行根本性修订的计划,这并不是偶然的。See Jerome Michael & Herbert Wechsler, "A Rationale of the Law of Homicide (Parts I & II)", 37 *Colum. L. Rev.* 701, 1261 (1937).

《模范刑法典》的体质架构与普通法的分析架构大多在大程度上是可以互换的,这取决于我们如何看待行为(conduct)与犯罪的主观心态的联系。《模范刑法典》的"行为"定义包含两部分,* 即"行为"是"伴随着心理状态的作为(action)或不作为(omission)"。[70] 如果"犯罪的客观行为与犯罪的主观心态"替换为"行为",普通法的刑事责任分析架构看起来就是这样的:

1. 行为
2. 无正当事由
3. 无免责事由

因此,普通法与《模范刑法典》在刑事责任的一般分析上并无不同。[71] 这就是为什么《模范刑法典》可以作为美国刑法(无论是普通法还是其他法律)的分析框架。然而,有时《模范刑法典》和普通法确实存在分歧,这也只是在具体规则的层面上而言的。但是,接下来,当我们仔细研究《模范刑法典》刑事责任分析的三阶层理论时,就可以看到更多的细节。[72]

---

* "行为"不仅包括客观的作为与不作为,而且包括与之伴随的主观心态,就此而言,它大致相当于德国的目的主义刑法体系中的构成要件,但是,它的范围仍是小于构成要件的,因为一般来说,它并不包括结果及因果关系的内容。——译者注

[70]《模范刑法典》第 1.13(5)条。

[71] 这也与大陆法系传统中占主导地位的分析框架存在明显的相似之处,该框架最初是在德国刑法中发展起来的。有关详细的比较分析,see Markus D. Dubber & Tatjana Hörnle, *Criminal Law: A Comparative Approach* ch. 6 (2014)。

[72] 急于了解结论的读者可以跳过前面的内容,直接查看结论部分,在那里,大家将发现一个概念流程图,以浓缩的形式展示了《模范刑法典》的刑事责任分析架构,引用了《模范刑法典》的相关法条。见下文第 18 章。

第一篇
犯罪行为*

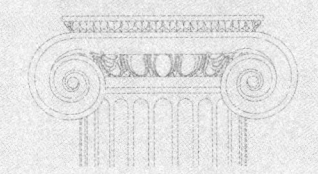

---

* 如译者在前文所评注的，这一篇的犯罪行为（criminal conduct）大致相当于德国刑法中的构成要件，而且是目的行为体系中的构成要件，所以它包括了犯罪的客观行为与犯罪的主观心态，甚至包括了认识错误的内容。——译者注

第一篇 犯罪行为

《模范刑法典》对刑事责任的探讨始于如下问题：从程序上来说，被告人是否从事了某一行为。思想不受惩罚，不论多么邪恶。某些特定的动作（movements），也不受惩罚，若不该当行为（conduct）。一旦明确发生了某种行为，我们需要去考察该行为是否该当犯罪上的行为（criminal conduct）。行为只有符合了某一罪名的定义中的各个要件时，才能称为犯罪上的行为。*根据《模范刑法典》，这样的要件包括行为、附随情状、结果，以及与每个要件相关联的主观心态。

如果罪行定义与行为之间的匹配对应关系能成立，我们将对刑事责任进行下一步的探究：这个表面上构成犯罪的行为（构成要件行为）能否被正当化。如果它不能被正当化，我们将

---

* 在这里，为了便于读者阅读英美刑法文献，有必要对几个关键的概念进行解释，由于我国刑法学者，大多熟悉德国刑法理论，因此，在此也以德国刑法中的对应概念来解释：行为（conduct）相当于德文中的"Handlung"，而举止（behavior）则相当于德文中的"Verhalten"，是指纯客观的、不含主观要素的"裸"的行为。而"conduct"则包含了与客观举止相伴随的主观因素，"criminal conduct"则是以个罪定义（具有"criminal"的性质）来过滤宽泛的行为，使其成为构成要件行为"Tatbestband"，"Tatbestband"的词源可以追溯到拉丁语"actus reus"和"mens rea"的组合，从词根看，"Tatbestband"中的"Tat"就有犯罪的客观行为或犯罪事实之义，当这些犯罪事实符合特定的规格，就成为该当构成要件"Tatbestband"的行为。构成要件的观念，源于中世纪意大利纠问程序中的"corpus delicti"概念。当时的纠问程序分为一般纠问与特别纠问，一般纠问在于确认犯罪事实是否存在，特别纠问是针对特定的嫌疑人进行的纠问。一般纠问中所应当确证的犯罪事实被称为"corpus delicti"，它意味着舍弃了与行为人联系后的一种外部的客观实在。18世纪末，克莱因（E. F. Klein）在其《普通德国及普鲁士刑法原则》（Grundsätze des gemeinen deutschen und preussischen peinlichen Rechts）一书中，将"corpus delicti"翻译成"Tatbestand"一词，日本学者将"Tatbestand"译为"构成要件"。从这里可以看出，作者是从存在论（而非规范论）立场来讨论的，其三阶层更接近于韦尔泽尔（Welzel）的目的行为体系，而不是目前德国的规范论立场的新古典暨目的论体系。另外，"act"往往用来特指"作为"，有时亦泛指"行为"，如行为原则（act requirement）。——译者注

考察它能否被免责。只有当它也不能被免责时，我们才能宣告该被告成立该犯罪，也就是说，应当承担刑事责任（具有刑事上的可归责性）。

接下来的三章详细阐述了《模范刑法典》第 1.02 条中提到的刑事责任的先决条件——"（某一）行为不正当地且不免责地给个人的或公共的利益造成或可能造成重大损害"——并在此过程中跟踪了《模范刑法典》的相关规定。第一篇是关于"该行为对个人的或公共的利益造成或可能造成重大损害"（对应《模范刑法典》第 2 条规定的内容）；第二篇讨论正当化抗辩（"无法正当化地"）（对应《模范刑法典》第 3 条规定的内容）；最后，第三篇探讨了《模范刑法典》对于免责化抗辩（"不免责的"）的处理方式（对应《模范刑法典》第 2 条和第 5 条规定的内容）。

第一篇的讨论占据了本书的大部分内容（以及《模范刑法典》总则，及至大多数刑法入门课程的内容），该讨论将分为三个部分，每个部分都集中在如下的刑法教义学论题上，如何确定以下要件的构成要素：*

  行为……（第 4 章）
  ——犯罪的客观行为、犯罪的主观心态、醉酒、错误、共犯

---

* 殊值得注意的是，在这里，作者极其严格地按照《模范刑法典》中法条的文字表述来展开讨论，这体现了英美刑法对于罪刑法定的重视。不仅在此处的论述中，在本书的各处，均可发现这种"咬文嚼字"的精神。不但如此，在判例说理中，法官对于法条的"咬文嚼字"更是让人惊叹。这或许是令我国读者惊叹的，因为，我们习惯性地认为，英美刑法只重判例与法官说理，而不注重制定法依据。但严格来说，这种习惯性的看法并不正确。——译者注

……造成或可能造成……（第 5 章）
——因果关系、未完成罪
……对个人或公共利益的重大损害（第 6 章）
——情节显著轻微（de minimis）*、受保护的利益

---

* 原文"de minimis"翻译为"微不足道"更合适，它对应我国刑法的但书概念"情节显著轻微"，为易于法学上的交流与理解，本书翻译为"情节显著轻微"。——译者注

第4章
"行为……"

在我们将行为（conduct）涵摄到犯罪之前，我们必须首先确定是否有任何种类的"行为"已经发生了。只能基于行为追究刑事责任，这个要求通常被称为"犯罪的客观行为"原则。在普通法的语境中，只有当某种"行为"（actus）发展成为被法律所禁止的"犯罪的客观行为"（actus reus），即一种"恶行"时，行为人才可能承担刑事责任。即使行为人本身（reus）可能是无辜的，但只要其行为符合犯罪的客观行为的定义，就可能被追究刑事责任。*

第1节　犯罪的客观行为

《模范刑法典》极其注重对于行为原则的遵守，它在第一个原则，即"责任的一般原则"中宣称，"一个人并不成立某一罪行，除非他对这一罪行所要求的行为是有责的，该行为包括有意识的"**

---

* 行为原则，就是刑法中"无行为则无犯罪"（Nullum crimen sine actus reus）原则的体现。行为原则中的行为，相当于德国刑法中的前构成要件的行为（Handlung）概念。——译者注

** 原文为"voluntary"，这里译为"有意识的"，它不是指故意的［这属于犯罪的主观心态（mens rea）的内容］，而这里讨论的仅仅是犯罪的客观行为（actus reus）中的作为（act）与不作

作为或不作为，即身体或生理上能够作为却不作为。"[1]

一、作为（Act）

那么，要符合"行为"的定义，一个举止（behavior）就必须是一个作为（act），而且它必须具有有意性。《模范刑法典》对前者进行了定义，但对后者没有定义，至少没有直接定义。根据《模范刑法典》，一个作为（act）是指"身体运动，无论有意识的还是无意识的"[2]。所以，只是躺着或者只是心生邪念，并不会构成犯罪。或者看起来是这样。

心生邪念，无论如何都不是行为，但闲躺着无所事事却可能构成一项行为。这是因为行为包含了"当一个人在生理上或身体上能去实施一项作为却不去实施的不作为"[3]。因此，也许令人惊讶的是：什么也不做，如果可被解释为"没做其本来可以做到的事"，就可被视为一种行为。正如我们稍后将看到的，如果一个人不仅有能力而且有义务去做某件事，但他却没有做，那么这种不作为甚至可能会受到法律的**惩罚**。

为（omission）]，而是相当于德国刑法中的"willkürlich"或"gewillkürtes"，在我国刑法的翻译中，它是在与"有体性"相对应的"有意性"中讨论的，它只强调"有意"，仅仅关注"意之有无"，而不涉及"意之内容"，因此，主张因果行为论的德国学者贝林（Beling）也称之为"失血的幽灵"（blutleeren Gespenst）——Beling, Die Lehre vom Verbrechen. 1906, S. 17. ——译者注

[1] §2.01（1）.

[2] §1.13（2）. 如果你认为谈论非自发的行为是没有意义的，那么你并不孤单，还有许多人都与你持相同看法。See, e. g., Oliver Wendell Holmes, *The Common Law* 45-46（Mark DeWolfe Howe ed., 1961）(1881)（"痉挛并非行为，肌肉收缩必然出于自愿"）; Restatement (Second) of Torts § 2. 然而，请注意，在《模范刑法典》发布后的几年内，行为与自发性之间的区分已经获得了某种宪法意义上的重要性。Robinson v. California, 370 U. S. 660（1962）（将行为原则宪法化）; Powell v. Texas, 392 U. S. 514（1968）（拒绝将自发性要件宪法化）.

[3] 我们暂不考虑"持有"的责任问题，因为"持有"也不需要有身体动作。参见第4章第1节第四部分。

二、有意性（Voluntariness）

行为原则（act requirement）更重要的方面是其第二个要件：有意性。[4] 对于这个概念，《模范刑法典》所能做的最好的事情就是提供一个间接定义，其定义方式是，通过列出那些不符合有意性定义的行为（尽管对于每一种行为，人们可能首先质疑它们是否应该被算作"行为"）：

（a）条件反射，或痉挛。
（b）无意识或睡眠状态下的身体动作。
（c）催眠期间的行为或因催眠暗示而产生的行为。[5]

当《模范刑法典》将以下行为列为非自愿行为时，最接近对有意性行为的肯定性定义：

（d）并非基于行为人的有意识或习惯性的努力或决定而做出的身体动作。[6]

这是我们探索《模范刑法典》时遇到的众多否定性定义中的第一个，但并非最后一个。如果一个不具备**有意性**的行为是指"并非基于行为人的有意识或习惯性的努力或决定而做出的身体动作"，我们或许可以作出推断：一个具备**有意性**的行为就

---

[4] 这并不是说，很多案件都涉及"自发性"问题。作为一个例外，see State v. Tippetts, 180 Ore. App. 350, 43 P. 3d 455（2002）（依据《模范刑法典注评》，认定被告并非自发地提供违禁品）。
[5] §2.01（2）.
[6] Id.

是"基于行为人的有意识或习惯性的努力或决定而做出的身体动作"[7]。《模范刑法典》没有肯定性地定义"有意性"并非偶然，因为它将引发关于意志自由的形而上学的问题，而这是《模范刑法典》的起草者不愿意涉及的，所以他们最终拒绝了这种直接定义的方法。有趣的是，大约在同一时间，与他们一起工作于美国法律协会的起草《侵权法重述》的其他同事们却没有类似顾虑，他们简单地将"行为"定义为"行为人意志的外在表现"[8]。《模范刑法典》对于"有意行为"的间接定义与《侵权法重述》对于"行为"的定义之间的界限是否清晰，就是另外一个问题了。

三、不作为（Omission）

尽管行为要件要求身体运动，但缺乏身体运动，现在被称为"不作为"，也可能产生刑事责任。但并非任何不作为都会产生刑事责任：只有违反明确的作为义务的不作为才会产生刑事责任。这些义务来源可以有两种形式：

（a）法律在定义罪行时明确将不作为视为充分条件。
（b）法律以其他方式规定了履行该未被履行的行为的义务。[9]

在这里，《模范刑法典》对**直接**不作为责任和**间接**不作为责任

---

[7] §2.01（2）（d）.
[8] Compare Restatement (Second) of Torts § 2. 该法典的早期草案将"自发"定义为"行为人内心努力的反应，无论是有意识的还是习惯性的"。Tentative Draft No. 1, § 2.01（8）, at 9（May 1, 1953）.
[9] §2.01（3）.

进行了有益的区分,而普通法通常并不明确这种区分。直接不作为责任,即第(a)项所述的不作为责任,其施加责任是因为违反了法条的规定,该法条明确将不作为规定为犯罪。例如,《模范刑法典》规定,欺诈型盗窃罪(theft by deception)*的一种"实施"方式是"没有纠正欺骗者先前所引起或强化的错误印象"[10]。

间接不作为责任,即第(b)项所述的不作为责任,适用范围更广。它适用于所有未明确以不作为(或"未做到")定义的犯罪,而这占据了绝大多数的不作为罪行。最为显著的是,间接不作为责任延伸到了最严重的犯罪:杀人罪。法院一次又一次地支持了对那些"导致另一人死亡"[11]的人认定为误杀罪甚至谋杀罪,这里使用了《模范刑法典》对杀人罪的定义,这种使用是通过不作为,而非作为来实现的。[12]

基于间接不作为理论,在面对一项刑事罪行时,并不是任何人只要无所作为("以不作为实施")就要承担责任。欲进行刑事归责,我必须有义务去做我没有做的事情。但是,我会在哪里找到这样的义务呢?在这个问题上,令人惊讶的是,《模

---

* 相当于我国的诈骗罪,在英美刑法中,"盗窃罪"(theft)是一个极宽泛的词,它包括诈骗罪这一具体罪名。对此,《模范刑法典注评》对第 223.1 条的解释性说明(explanatory note)中提到:第 223 条所反映的最重要创新,是将传统的取得性犯罪合并为单一的"盗窃罪"。这是通过第 223.1(1)条以及在第 223.2~223.8 条中对不同犯罪形式的单独定义来实现的……以往被称为盗窃(larceny)、挪用公款(embezzlement)、虚假陈述(false pretense)、敲诈勒索(extortion)、勒索(blackmail)、欺诈性转移(fraudulent conversion)、收受赃物(receiving stolen property)等罪行,以及它们之间的技术区别,因此被单一的盗窃罪所取代。(See MPC Commentaries §223.1.)——译者注

[10] §223.3(3)。直接不作为责任罪行的一个经典例子是逃税罪。See, e.g., 26 U.S.C. §7201(即"故意不进行纳税申报、不提供信息或不缴纳税款")。

[11] §210.1(1)。

[12] See, e.g., Commonwealth v. Pestinikas, 421 Pa. Super. 371 (1992)[谋杀罪(murder)]; People v. Steinberg, 79 N.Y. 2d 673 (1992)[误杀罪(manslaughter)]。

范刑法典》是模糊不清的。它谈道,"法律以其他方式规定的义务"[《模范刑法典》第2.01(3)(b)条]排除了法律没有规定的义务,以及由道德、宗教或某种其他非法律规范的特定体系规定的义务。但是法律是以各种面目呈现的,《模范刑法典》并未将任何形式的法律排除在不作为的义务来源之外。

更具体地说,对于间接不作为责任而言,《模范刑法典》并没有规定只有**成文法**定义的义务才起作用。可能很难将这一立场与《模范刑法典》关于立法机关对刑事立法拥有垄断权的明确声明(罪刑法定原则)相协调*:"没有任何行为可以构成一项罪行,除非本法典或本州的其他成文法将之规定为(刑事)犯罪或违警罪。"〔13〕

因此,普通法与成文法都有资格成为作为义务的来源,违反其规定将导致刑事责任,只要能够从这些规定中发现一种刑事罪行,它对造成某种损害(例如死亡)的任何人都以刑事处罚相威胁(就像杀人罪那样)。传统的普通法义务包括基于特定"关系"(父母与孩子、丈夫与妻子、船长与船员、雇主与员工,等等)的义务,和基于特定的双向"合同"而提供帮助的义务(这大概与一般的合同关系不同,例如雇主与员工之间的合同关系),或者——最模棱两可的——基于单向的"照顾的自愿承

---

* 应注意,我国学者常认为,英美是判例法国家,其罪刑法定是通过判例来实现的,而不是通过成文法来规定的,或者,在讨论罪刑法定原则时基本上不涉及英美刑法,但实际上,这是一个误解,英美的罪刑法定原则与大陆法系并无区别,均是通过成文法来规定的(更详细的论述,参见潘星丞:《比较视域中的犯罪论体系:由差异至普适》,法律出版社2016年版,第334页以下)。但应当注意的是,英美的"罪行"(offense)包括"犯罪"(crime)与"违反"(violation),前者相当于大陆法系的刑事罪,后者相当于违警罪。——译者注

〔13〕§ 1.05 (1); see Don Stuart, "Supporting General Principles for Criminal Responsibility in the Model Penal Code with Suggestions for Reconsideration: A Canadian Perspective", 4 *Buff. Crim. L. Rev.* 13 (2000).

担",即无数"好撒玛利亚人"(Good Samaritans)*的痛苦之源(这大概与在双向合同中表明的自愿承担不同)。

除了这些来源于非成文法的具有刑事强制执行力的义务外,还可以在大量的现代成文法中找到一些义务,无论这些成文法是刑事的还是非刑事的。其中一些义务只是对传统普通法义务的法典化。例如,在**人民诉斯坦伯格案**(People v. Steinberg)中,纽约上诉法院设法找到了父亲防止女儿死亡的法定来源。[14]它引用了《纽约州家庭法院法》(New York's Family Court Act)来支持这样一个观点,即"父母有不可推卸的积极义务为其子女提供充足的医疗照顾"[15]。正如其标题所示,法院引用的成文法主要处理程序性事项,它没有明确列出父母义务,更不用说可能引发刑事责任的父母义务了(包括本案中的杀人罪责任)。[16]在**斯坦伯格案**中,法院引用的规定出现在关于"儿童保护保护"法条的一般定义性条款中。[17]

---

* "好撒玛利亚人"是一个圣经典故,源自《圣经·新约》"路加福音"中耶稣所说的一个寓言故事:一个犹太人(这里指信奉上帝的以色列人)被强盗打劫,受了重伤,躺在路边。有祭司和利未人(这里指信奉上帝的神职人员,是犹太人所尊重的)路过但不闻不问。唯有一个撒玛利亚人(当时,撒玛利亚人与犹太人是世仇,在宗教上分庭抗礼,被犹太人视为外邦人)路过,不顾教派隔阂,善意地照料他,还出钱把犹太人送进旅店。在这里,"好撒玛利亚人"用来描述自愿实施了救助行为的好心人,在不作为的理论框架下,这类好心人可能因其好心的救助行为而承担继续救助的义务。——译者注

[14] 79 N. Y. 2d 673 (1992).
[15] Id. at 680.
[16] 被告被控谋杀罪,但却被判成立误杀罪。由于是否存在义务与犯罪的客观行为有关,而与犯罪的主观心态无关,因此,如果法院在本案中肯定作为义务的话,将导致支持谋杀罪的定罪。
[17] 它将"被忽视的儿童"定义为:"年龄未满18岁的儿童……由于其父母或依法对其负有照料责任的其他人,未能履行最低程度的照料义务,尽管有经济能力或提供经济或其他合理手段来实现这些目标……却未能向儿童提供充足的食物、衣物、住所、教育……或医疗、牙科、验光、外科治疗,导致其身体、精神或情感状况受损或处于即将受损的危险之中……" N. Y. Fam. Ct. Act § 1012(f)(i)(A).

也许这个案件阐明了：将刑事不作为义务限制在成文法的范围，该原则就其本身而言，并不足以限制法院随心所欲地凭感觉，而非凭规定来寻找作为义务。如果法院足够努力的话，即使在成文法中，也很可能会找到一项作为义务。而且，值得一提的是，考虑到《模范刑法典》公开宣示恪守罪刑法定原则与行为原则，它至少不会迫使法院因热衷于对不体面的（或者，可能是异常危险的？）不作为者进行定罪，而越过这层额外的关卡。最终，法院援引《纽约州家庭法院法》并没有产生太大的影响，因为父母与子女之间的关系早已被确立为刑事强制义务的**普通法**来源。

然而，假如我们已发现了一种真正的不作为义务，无论这种义务是什么类型的。尽管《模范刑法典》没有直接表明，我们仍可推定：不作为也必须是自发的，就像作为一样。《模范刑法典》列举的"非自发行为"不能简单地理解为"无行为"（什么是反射性的不作为，或不作为的反射？），但很难想象起草者会让我们对梦游时的不作为承担刑事责任，就像对梦游时的作为承担刑事责任一样。

在这点上，可能会让人觉得，《模范刑法典》对"行为原则"的所谓铁腕式坚守，与其对行为概念的宽泛理解一样，都显得有些模糊。然而，这并不奇怪。人们可以预见，《模范刑法典》起草者在对行为原则进行教条性的限制时会犹豫不决。但这并不令人意外。人们期望《模范刑法典》的起草者会犹豫是否要用教条的约束来束缚"行为原则"。毕竟，不作为同样可以提供有说服力的证据，证明某种亟需刑罚处罚的重要犯罪心理。[18]

---

[18] 关于《模范刑法典》的治疗主义进路的更多信息，参见上文第2章。

四、持有（Possession）

然而，《模型刑法典》对于行为原则的灵活理解最为明显的，是它相当随意地对待一种罪行，使之可成为与犯罪作斗争的选择性的警察工具，这种罪行就是"持有"。[19] 持有可以有很多含义，它可能是一种状态，一种条件，或者可能是人与物之间的某种关系。但不论它是什么，它不是一种作为（act）或任何其他类型的行为（conduct）。[20] 持有某物就意味着**处于占有某物的状态**。[21]

可以期待的是，这种简单而统一认可的观察，将使得持有犯罪从刑法体系中被取消，该体系强调行为原则，正如《模范刑法典》宣称的，"一个人并不成立某一罪行，除非他对这一罪行所要求的行为是有责的，该行为包括自发的作为，或者身体或生理上能够作为却不作为。"[22]（也许这有点过分强调了？）

但事实并非如此。在《模范刑法典》确定和处理危险人物的方案中，持有型的罪行扮演着重要的角色。在这个方案中，行为人若持有某一物件，"犯罪工具"或武器，仅仅因为持有的事实，就揭示了他们具有犯罪倾向。[23] 基于这个理由，作为预防体系的刑法就已经有权甚至被要求在这个时候介入，这远远

---

[19] See Markus D. Dubber, "Policing Possession: The War on Crime and the End of Criminal Law", 91 *J. Crim. L. & Criminology* 829（2002）; see also Andrew Ashworth, "The Unfairness of Risk-Based Possession Offences", 5 *Crim. L. & Phil.* 237（2011）.
[20] See, e. g., Regina v. Dugdale, 1 El. & Bl. 435, 439（1853）(Coleridge, J.).
[21] 后文第 5 章第 2 节第一部分将持有作为未完成罪来讨论。
[22] § 2.01（1）.
[23] § § 5.06 &.07.

早于危险的持有者将其危险持有物付诸使用之时。[24]

《模范刑法典》的起草不愿意抛弃这种早期治疗介入的机制，然而也不能简单地无视持有犯罪与行为原则之间的紧张关系，于是他们简单地采取了快刀斩乱麻的方法，**宣称**"持有是一种行为（act）"[25]。他们指出，如果持有人明知（knowingly）取得或收到该物品，或者意识到自己在足够长的时间内可以控制该物品，而在此之前，他已经能够终止他的持有，那么，"持有就是一种行为"。[26] 换言之，持有是一种行为（act），因为取得是一种作为（act），并且因为不处置不是一种作为（act），而是一种不作为（omission），持有既意味着取得，也意味着不处置。[27] 这种说法当然是正确的；但如按这种说法，出生后获得的任何状态，也是行为。然而，没有人会将超重、遗忘、秃头等**事实**描述为行为（acts）。无论如何，如果他们想要的是取得或不处置，起草者可以更好地直接将这些行为定为犯罪。他们没有这样做，立法机关也没有这样做。构成犯罪的是对枪支或毒品的持有，而不是购买它们或未摆脱它们。

关于行为（actus）就讨论这么多。然而，是什么使得行为具有犯罪性（reus）呢？也许是它的自发性。但这是不太可能

---

[24] 在打击犯罪的斗争中，关于危险性和不可矫正性的普遍推定，see Markus D. Dubber, "The Model Penal Code, Legal Process, and the Alegitimacy of American Penality", in *Foundational Texts in Modern Criminal Law* 239（Markus D. Dubber ed., 2014）；关于"犯罪控制模式"的刑事程序中的"有罪推定"，see Herbert Packer, *The Limits of the Criminal Sanction*（1968）.

[25] See Tentative Draft No. 4, at 123（Apr. 25, 1955）："持有犯罪构成一个重要的罪行范畴，但持有并非身体动作或不作为。因而，对[第2.01（1）条]的适用必须解释清楚。"

[26] § 2.01（4）；cf. N. Y. Penal Law § 15.00（2）（持有是有意性的作为）。

[27] 不处置被假定具有犯罪性，因为我们都负担着一种未明示的任务，即处理掉我们不应持有之物；但当然这会是循环论证。也许这个义务针对具有危险性（极端反常）的事物，但这样一来，该义务除了未经定义之外，是否太模糊太宽泛了？

的；许多自发行为都是良性的，甚至神圣的。不，使行为（conduct）成为犯罪的客观行为的原因，也是使行为具有犯罪性（criminal）的原因：它必须符合某一刑事罪行（criminal offense）的定义。行为原则只是一种初步审查，这种初步审查是每个被告人都要接受的，这发生在检查其行为是否符合某一刑事罪行定义之前。如果被告人未通过行为原则的检测，则对于她的刑事责任的追问将结束，从程序上说，她将被无罪释放。

第 2 节　犯罪的主观心态与罪行要素

假设刑事责任所调查的对象，即被告，已经满足了行为原则的要求，易言之，其举止（behavior）适格于一般意义上的**行为**（act）。这时我们必须审查其举止是否符合某一特定的刑法罪行定义中所列举出来的具体要件。如果其行为与某一罪行定义（构成要件）是相互匹配的，我们就可以说，这里存在一个初步的（prima facie）或表面的刑事责任（facial criminal liability）。这种表面的刑事责任是本章的主题。然而，表面刑事责任并不同于实际刑事责任或"罪责"（guilt）。只有当被告无法进行对其有利的抗辩时，表面刑事责任才能成为罪责。抗辩事由包括正当事由与免责事由两类，本书将在第二篇、第三篇分别讨论之。

在《模范刑法典》中，就像在现代刑法典的通常做法一样，法典的分则部分所规定的罪行定义明确地阐述了刑法总则规定的一般禁止，即"不正当地且不免责地给个人的或公共的利益造成或可能造成（威胁）重大损害的行为"[28]。《模范刑法典》起草者运用了几个基础性模块，对所收集的众多罪名进行处理，使之形成一个具备必要的明确化与具体化特征的刑法大厦，用以引导潜在的罪行实施者的行为（behavior），并引导其他人（警察、检察官、法官、陪审团等）的行为，他们负责对潜在的犯罪的客观行为，以及具有潜在危险的行为人进行评估。[29]《模范刑法典》将这些基础性模块称为"犯罪构成要件要素"，即"罪刑要素"（offense elements）。这些犯罪构成要件汇集而成为众多的罪名，而这些罪名根据体系性（或多或少）要求，汇集而成为一般的刑法典的分则部分。这一特征在《模范刑法典》中尤其突出。

一、构成要件要素的类型

用《模范刑法典》的语言来说，罪刑要素有三种基本类型：行为（conduct）、附随情状（attendant circumstance）、结果（result）（为了便于记忆，可称为 CAR）。[30]《模范刑法典》中所有的罪行都能由这三类基本要素构筑出来，这并不是说每个罪行定义都包括这三类构成要件要素。但有了这些工具，刑法起草的可能性就是无限的，或者说接近于无限的，以满足刑法的目的。一个罪行构成要件可以（但并非必须）包括所有这三类要素。对于附随情状要素，罪行之中可能不包含，或者只包含一个，或

---

[28] § 1.02（1）（a）.

[29] 《模范刑法典》作为一个法律程序项目而言，其目标在于：对自由裁量权进行分配并指导，从而使刑法规范对程序参加者的适用是最合适的。参见上文第 2 章。

[30] 注意，这里的"行为"与《模范刑法典》第 1.02（1）（a）条略有不同，这里的"行为"含义是狭义的。从广义上看，行为指整个罪行的定义；从狭义上看，则仅指该罪行定义中的一个要素。

者包含起草者所考虑的数个；结果要求也如此，罪行之中可能包含一个结果要素，也可能没有结果要素。

行为要素则另当别论。基于行为原则，每个罪行构成要件必须包括至少一个行为要素。[31] 尽管刑法教义没有这样明确要求，但罪行的定义仍倾向于不仅仅只包含一个单独的行为要素。这是因为，如果缺乏附随情状要素与结果要素，该罪行的定义可能违背了这一宪法禁令：禁止模糊的刑法条文（即明确性原则，这是罪刑法定原则的组成部分之一）。[32]

例如，一项犯罪如果简单地定义为"驾驶"，那么就不会提前告知你禁止做什么，而且更糟糕的是，这会赋予警察很大的自由裁量权，让他们在现场为你决定这个问题。[33] 即使"驾驶"并不是过于模糊，它也可能过于宽泛了——除非该州可以从宪法上禁止任何人在任何地方驾驶任何交通工具。[34] "酒后驾驶"则是另一回事。在"酒后"这一附随情状下，"驾驶"的行为范围得到了缩小。该行为可以进一步限缩，如果加上驾驶的特定物件，如"机动车辆"。如一项罪行的定义为"酒后驾驶机动车"，它就可以通过宪法的检验——它不会过于模糊或过于宽泛。[35]

---

[31] See § 1.13 (5)（将"行为"定义为"一项作为或不作为"）。

[32] 关于模糊性，see Skilling v. United States, 561 U.S. 358 (2010)（公职人员诚实服务欺诈）；City of Chicago v. Morales, 527 U.S. 41 (1999)（帮派流浪罪）；Papachristou v. City of Jacksonville, 405 U.S. 156 (1972)（流浪罪）；关于作为罪刑法定原则之一的明确性，see Markus D. Dubber & Tatjana Hörnle, *Criminal Law: A Comparative Approach* ch. 2 (2014).

[33] 关于模糊性检验的两个侧面（预测可能性及司法任意性），see, e.g., Skilling v. United States, 561 U.S. 358, 402-03 (2010).

[34] 关于模糊性与宽泛性的联系，see, e.g., Markus D. Dubber & Tatjana Hörnle, *Criminal Law: A Comparative Approach* ch. 2.B (2014).

[35] See, e.g., N.Y. Veh. & Traf. Law § 1192 (3).

我们可以通过增加结果要素来进一步界定我们的罪行，例如"严重的身体伤害"。这可以将我们的**行为犯**（加上附随情状）转化为**结果犯**："在酒后驾驶机动车时造成严重身体伤害"。应注意的是，仅仅结果犯才有结果要素，这对于我们后面要谈到的因果关系是很重要的。[36] 除非你碰到结果犯，否则没必要考虑因果关系问题，这是一件好事，因为因果关系问题可能会令人非常头疼。

重要的是需记住，《模范刑法典》的罪刑要素"三分法"是一个达到目的的手段，而非目的本身。这个目的就是分析的清晰化，之所以要求分析的清晰化，是为了对法定规范的解释及适用的自由裁量权进行系统性的、逻辑一致的控制。不要陷入这样的泥潭：独立地判断一个罪行定义中的特定用词或短语在犯罪定义中是否算作一种类型的要素或另一种要素。在大多数案件中，你是否区分行为、附随情状、结果，并没有多少不同。以下是《模范刑法典注评》中对区分各种要素类型的明智（即实用）的看法：

> 罪行中的"情状"是指除了被告人的行为或该行为可能造成的任何结果之外，法律要求存在的客观情况。例如，夜盗罪中的"夜间"要素、窃盗罪中的"他人财物"要素、强奸罪中的"妻子以外的女性"要素，以及纵火罪中的"住所"要素。"行为"要素是指夜盗罪中的"破门而入"、窃盗罪中的"取走"、强奸罪中的"性交"、纵火罪中的"焚烧"。当然，"结果"要素包括杀人罪中的"死亡"。**虽然这些术语并不是密不透风的类别，但在《模范刑**

---

[36] 参见下文第5章第1节。

法典》的发展过程中，它们已经成为一种有用的分析工具。[37]

这就是三类基本的罪刑要素（或CAR）。除了这些，还需要一个要素来将一堆罪行定义转化为刑法典的分则：犯罪的主观心态，即《模范刑法典》起草者喜欢说的**罪责**。

二、犯罪的主观心态原则

当论及犯罪的主观心态时，《模范刑法典》的起草者们坚持两件事：首先，没有所谓的犯罪的主观心态；其次，犯罪的主观心态是必需的。他们摒弃了普通法中关于犯罪的主观心态的单一概念，而代之以一系列的"罪责类型"或精神状态［《模范刑法典》第2.02（2）条］。这些罪责类型也是罪行（构成要件）要素［《模范刑法典》第1.13（9）（b）条］。当然，如果愿意的话，亦可以将本书目前为止已讨论过的行为、附随情状、结果当作**客观**罪行要素（构成要件要素），将精神状态当作主观罪行要素（构成要件要素）*。但要记住，正如我们稍后将看到的，这种说法可能会引起误解，至少有一种精神状态几乎不能算

---

［37］ Commentaries § 5.01；at 301 n.9（重点系另行添加）。

* 这相当于大陆刑法理论中的客观构成要件要素与主观构成要素。这里需要注意的是，作者对于《模范刑法典》的体系（犯罪论体系）的解读，与日本学者小野清一郎、前田雅英的犯罪论体系框架类似，大致上是将罪状视为构成要件，构成要件中包括客观的违法要素与主观的罪责要素。这与德国通说是不尽相同的。但这个问题过于复杂，在此不拟详细展开（感兴趣的读者，亦可参见译者拙著《比较视域中的犯罪论体系：由差异至普适》中的相关论述，当然，该论述只是有助于初步的理解，由于该拙著系译者十余年前所著，囿于当时本人所能收集并查阅的原始文献极为有限，历经十余年的思考，发觉不少粗疏之处，敬请谅解）。之所以提出，是为了读者对于英美普通法的犯罪的主观心态（mens rea）与《模范刑法典》中的罪责类型，有一个更清楚的把握，避免陷入连英美学者都唯恐避之不及的"mens rea"含混不清的泥潭。——译者注

作主观的，而且至少，不同精神状态之间的主观性的程度差异巨大［一端是蓄意（purpose），而另一端是疏忽（negligence）——或严格责任，这取决于你的观点］。根据通常的说法，精神状态附加于（或伴随）此一罪行要素或彼一罪行要素。这种说法固然不错，但应记住，严格地说，精神状态本身也是罪行要素（构成要件要素）。

实际上，这将我们带到了《模范刑法典》的犯罪的主观心态原则，它们（犯罪的主观心态）不仅仅是要素，而且是**实质性**要素。在第2.02（1）条中，《模范刑法典》宣称：

> 除了第2.05条另有规定之外，任何人都不成立某一罪行所规定的犯罪，除非其行为对于该罪行的每一个实质要素，具有法律所规定的相应的蓄意、明知、轻率或疏忽。

这听起来带有极重的强调性，实际上这种强调性正如《模范刑法典》对行为原则遵循的强调一样。而且，也与行为原则的情形相同，《模范刑法典》对于犯罪的主观心态原则的强调，远远没有表面看上去的那么绝对。首先，严格说来，即使面对这个规定，《模范刑法典》第2.05条也规定了一个对于所有罪行都适用的重要的例外。《模范刑法典》在该条款中所涉及的不仅仅是一类新创建的非刑事罪行，即"违警罪"，这已饱受关注（本书亦不例外）；而且还涉及另一项更为平凡、但可能更为重要的犯罪类型，即"本法典以外的成文法规定的犯罪，只要立法意旨清晰地显示，其对该罪行或者该罪行的任一实质性要件施加绝对责任"。

接下来，即使对于那些属于犯罪的主观心态原则要求范围的罪行，该原则也仅仅适用于"实质性要素"。换言之，它并不适用于一个罪行的所有要素（尽管乍看起来如此），而只适用于某些要素（然而这却是重要的要素）。根据《模范刑法典》，罪行要素（犯罪构成要素）包括："（i）行为，（ii）附随情状，（iii）行为的结果，当它们（a）被规定于罪行定义对禁止性行为的描述中，或（b）确定了所需的罪责类型，或（c）否定了该行为的正当事由或免责事由，或（d）否定了诉讼时效法上的抗辩，或（e）确定了管辖权或审判地。"[38] 实质性要素是指那些并非"专门与诉讼时效、管辖权、审判地相关联的要素，或相类似的其他任何要素，这些要素无关乎（i）法律定义某罪行所要防止的危害或邪恶，它们只是行为的偶然结果，或者（ii）该行为存在正当或免责事由"[39]。我们暂且不讨论与抗辩（正当与免责）相关的精神状态这个棘手却有趣的主题，这个主题在《模范刑法典》中的讨论是间接的、含蓄的，是通过与不同的抗辩要素相关的错误的规定来讨论的，例如，在所谓的自卫中使用武力时，行为人是否真的处于一个紧迫的攻击之下？这些要素可能是宽泛与含糊的罪行要素（犯罪构成要件）的例外，这些例外"无关乎……法律定义某罪行所要防止的危害或邪恶，它们只是行为的偶然结果"[40]，其他的非实质性要素包括那些与程序性事项有关的内容，如时效，以及管辖权、审判地。特别是后一项例外规定，它排除了《模范刑法典》的犯罪的主观心态原则对联邦刑事法规的通用条款的适用，在联邦刑法典总则中，由于没有全面处理管辖权问题，这些通用条款引用了所

---

[38] § 1.13（9）.

[39] § 1.13（10）.

[40] 这一稍显奇怪（"邪恶"？）的表述在总则的多个地方出现，并起到了相当大的作用。参见第1.09（1）（c）、1.10（1）（a）条（一事不再审），第2.02（6）条（有条件的蓄意），第2.11条（同意），第2.12条（情节显著轻微），第3.02条（紧急避险）。

谓的犯罪的联邦性质。最突出的是与州际贸易有关的犯罪,[41]或者可能是使用邮件的犯罪。[42]

最后,即使犯罪的主观心态原则适用于所讨论的罪行,并适用于该罪行的某个特定("实质的")要素,该原则的具体范围和影响力也最终取决于其实际要求的严格程度(换句话说,取决于该原则的需要究竟是什么)。本书现在就要讨论这个问题。毫不为奇的,答案将是:它主要取决于这里所要求的是何种责任类型。[43] 例如,疏忽的要求就比明知要少得多。[44]

罪责包括四种类型,或说五种类型,这取决于从哪个角度看:蓄意、明知、轻率、疏忽,以及严格责任。在这里,严格责任是第五种类型。其他的"罪责类型"常常指代"精神状态"或"意识状态"。但严格来说,严格责任并不是一种精神状态,它是一种责任种类,也就是说,这种责任之所以是"严格"的,恰恰是因为它与精神状态无关。对于严格责任而言,它并不关心被告是否具备任何一种精神状态,这并不意味着被告不

---

[41] Commentaries § 1.13, at 210-11. 在没有一般性的联邦警察权力的情况下,联邦刑法典——与所有联邦权力的行使一样——仅限于联邦宪法中列举的主题,包括规范州际商业活动的权力。See, e.g., 18 U.S.C. § 922 (g) (3) (对于任何人来说,使用或沉迷于任何受管制物质……在商业中拥有或影响任何枪支或弹药,或接收任何在州际或外国商业中运输的枪支或弹药,都是非法的)。

[42] 因此,"炸弹杀手"特雷·卡钦斯基(Ted Kaczynski)于1980年至1990年间杀死并伤害了数人,实施了联邦犯罪"以杀人或伤害蓄意运输爆炸物罪",因为他在州际商业活动中,明知地进行运输并试图运输,蓄意在州际商业中运输爆炸物,并明知且有意将其用于杀害、伤害和恐吓个人,并非法地损害和破坏不动产和个人财产。Indictment, United States v. Kaczynski, No. S-CR-S-96-259 (E.D. Cal. June 18, 1996) [citing 18 U.S.C. § 844 (d)]; see also id. ("邮寄爆炸装置蓄意杀害或伤害", 18 U.S.C, §1716)。

[43] 此外,这还在一定程度上取决于它所依附的罪行要素(构成要件要素)的种类。

[44] 值得思考的是,根据《模范刑法典》的治疗主义进路,将第2.02 (1)条视为规定犯罪的主观心态原则的原宪法规范,其目的在于保障被告人的权利,这是有所帮助的。将其视为设定针对犯罪危险性进行个别诊断的共同分析框架,可能更有意义。

具备某种精神状态,只是说,他具备或不具备某种精神状态都是无关紧要的。

的确,疏忽也不完全与其他犯罪的主观心态相契合。这是因为疏忽其实也不是一种精神状态。它**不具有任何**心理状态:疏忽的行为意味着没有认识到有造成损害的风险。但是,与严格责任不同,疏忽至少涉及某种精神状态——意识——即使只是以缺失的形式。惩罚疏忽就是惩罚这种缺失;这就是说,被告本应认识,尽管他并没有认识。正是他未能认识到自己的行为可能造成伤害,才使他负刑事责任。

总之,我们有三种(客观的)罪行要素和四种心理状态。现在《模范刑法典》的起草者决定,每一种罪行要素都可以附带有不同的心理状态,或者都附带一个相同的心理状态。如果这四种心理状态都不符合,则适用严格责任——至少适用于"违警罪"这一轻微("非刑事")罪行。

《模范刑法典》的起草者们接着根据所附着的罪行要素(犯罪构成要素)类型,以不同的方式定义了不同的罪责类型。因此,"蓄意"(purposeful)在附着于行为或结果要素时意味着一件事,而在附着于附随情状时则意味着另一件事。"明知"(knowingly)对于行为和附随情状是一种情况,而对于结果要素则是另一种情况。"轻率"(reckless)和"疏忽"(negligent)的定义没有很大的不同,实际上,这种"无差别"的程度是如此之大,以至于当它们伴随着行为要素,而不是附随情状或结果要素时,它们是否被界定,都不清楚。[45]

在每年都有很多课堂教学的时间被用于琐碎的、最终毫无

---

[45] See Paul H. Robinson & Jane A. Grall, "Element Analysis in Defining Criminal Liability", 35 *Stan. L. Rev.* 681 (1983),以便深入探讨这一点,以及《模范刑法典》中的犯罪的主观心态制度。

成果的任务上,该任务就是理解《模范刑法典》对于罪行要素与精神状态的复杂的类型划分,再试图将之适用于特定的罪行。例如,这是一个行为要素?一个结果要素?抑或可能是一个附随情状要素?我们最好是要意识到,《模范刑法典》的起草者或许已经因为这里的几棵树木而迷失了整座森林。

让我们先退回到《模范刑法典》的实用主义精神,先整体审视大局,再深入研究《模范刑法典》的犯罪的主观心态体系。起草者们渴望摆脱他们认为的普通法中混乱不堪的犯罪的主观心态的教义学。他们认为,这一教义是传统英美刑法中所有——至少是大多数——罪恶的根源。他们并不是唯一对此感到沮丧的人,也不是第一个感到沮丧的人。赫伯特·帕克(Herbert Packer)的经典著作《刑事制裁的界限》(*The Limits of the Criminal Sanction*)中,有一个相当典型的也基本上是同时期的,对于单一的犯罪的主观心态概念之宽泛性、无用性的批判*:

> 当我们说亚瑟具有谋杀罪的犯罪的主观心态,我们可能在说以下的一项或多项内容:他故意去杀维克托;或他明知自己的行为有杀死维克托的风险,却无论如何仍然向维克托射击;或者(更可疑的)他本应认识到却没有认识到自己行为具有杀死维克托的实质风险,或他知道杀死一个同类是错误的,或者他本应知道这些;或者他并不是真

---

* "Mens rea"在本书中译为犯罪的主观心态,它与我国的"罪过"概念既有相似之处,亦有不同。相似之处在于:二者均是指涉行为人的精神状态,而且"mens rea"的内涵可以是故意、过失等各种罪过形态,这与我国的罪过理论相同。但不同在于:我国的"罪过"是一属概念(上位概念),其下包括故意、过失两个种概念(下位概念);而"mens rea"本身就是一个种概念,只不过其内涵究竟是蓄意、明知、轻率还是疏忽,并不明确,因此是一个含混不清的概念,连英美学者都为之头疼。——译者注

正地认为维克托正在试图杀害他；或者他确实这样认为，但只有傻瓜才这样认为；或者，他杀害维克托时并没有醉到失去意识（unconsciousness）的程度；或者他处于情绪干扰但他并没有严重的精神错乱（grossly psychotic），等等。[46]

《模范刑法典》的起草者们对传统的犯罪的主观心态概念（或一系列相关概念）的不满情绪如此之大，以至于他们将之从刑法领域中驱逐出去。从那时起，在《模范刑法典》的语境中，再提及犯罪的主观心态，或其表亲"故意"，就被认为是不合时宜的了。（我并不认为坚持这个禁忌有任何理由——谈论刑法却不提及故意，就像谈论刑法却不提及惩罚，顺便说一句，起草者们也将惩罚这一概念变成了禁忌。[47]）

《模范刑法典》的起草者们试图对犯罪的主观心态的法律制度进行彻底改革，结果大获成功。《模范刑法典》的全新的、完全不同的犯罪的主观心态制度被认为是一个很大的进步，广受赞誉，这是名副其实的。关于犯罪的主观心态的条款，即第2.02条，是《模范刑法典》的核心。仅凭这一点，该条就值得仔细关注。它也是《模范刑法典》中最具影响力的条款，无论在《模范刑法典》的司法管辖区还是非《模范刑法典》的司法

---

[46] Herbert L. Packer, *The Limits of the Criminal Sanction* 104-05 (1968). 到《模范刑法典》的起草者及其同时代的学者参与对普通法的犯罪的主观心态概念的批判时，这种批判已经有着悠久而杰出的传统。See, e. g. , "James Fitzjames Stephen's opinion in R. v. Tolson", 23 *Q. B. D.* 168, 185-86 (1889). 关于普通法的犯罪的主观心态概念的简单的历史记载，see Francis B. Sayre, "Mens Rea", 45 *Harv. L. Rev.* 974 (1932).

[47] See Markus D. Dubber, "Penal Panopticon: The Idea of a Modern Model Penal Code", 4 *Buff. Crim. L. Rev.* 53, 70-73 (2000); 关于这一点，亦可参见 Henry M. Hart, Jr., "The Aims of the Criminal Law", 23 *Law & Contemp. Probs.* 401, 405 (1958) （"'治疗'已经成为对过去那个丑陋词汇的流行的委婉用语"）。

管辖区，都是如此。

起草者们的基本主张，也并不新颖，即传统的犯罪的主观心态法理学错误地认为每个罪名只有单一的犯罪的主观心态，甚至更普遍地认为**在整个刑法中**只有单一的犯罪的主观心态概念。在普通法中，有一个"犯罪的主观心态时期"，刑事责任取决于两个问题：一是是否有犯罪的客观行为（actus reus）？二是是否有犯罪的主观心态（mens rea）？[48] 换言之，被告是否实施了法条所禁止的行为？以及，他是否具有所要求的"堕落的意志"[49]，"残忍的恶意"[50]，"漠不关心"或"坏心肠"[51]，"内心无视社会责任，并执意作恶"[52]，"邪恶的内心"[53]，"极度卑鄙的意识"[54]，或"邪恶报复之心"[55]。

相比之下，《模范刑法典》的起草者们决定，不仅不同的罪行（构成要件）应有不同的犯罪的主观心态（拒绝在整部刑法中使用一个单一的犯罪的主观心态概念），而且对于**单个罪行**而言，不同的构成部分，即"要素"，亦可能有不同的犯罪的主观心态。因此，《模范刑法典》关于犯罪的主观心态的"要素分析"应运而生，取代了普通法的"罪行分析"。

正是这时，事情变得复杂起来。清晰的代价是复杂，而区

---

[48] 关于普通法体系中对正当及免责事由的承认，请参见前文第3章第2节。

[49] William Blackstone, *Commentaries on the Laws of England* 21 (1769).

[50] "General Summary of Crimes, and Their Punishments", in 2 *Laws of the Commonwealth of Pennsylvania* 558, 568 (1810).

[51] William Blackstone, *Commentaries on the Laws of England* 200 (1769).

[52] "General Summary of Crimes, and Their Punishments", in 2 *Laws of the Commonwealth of Pennsylvania* 558, 562, 573 (1810).

[53] Id, at 562.

[54] Id.

[55] Id, at 570.

分的代价是混乱。普通法仅使用两个分析单位：犯罪的主观心态和犯罪的客观行为。《模范刑法典》则承认了七个分析单位，这甚至还没有算上严格责任（无犯罪的主观心态责任）。"蓄意、明知、轻率、疏忽"四要素取代了犯罪的主观心态，"行为、附随情状、结果"三要素取代了犯罪的客观行为。

如果每个罪行要素——而不是每个罪行——都有自己的精神状态，一个显而易见的问题产生了：如何辨别哪一种精神状态对应哪一种罪行要素呢？最简单的解决办法是在罪行定义中将各要素所需的精神状态特定化。然而，这将导致罪行定义由于充斥了精神状态要素而难以辨认，由于特定化而牺牲了通知和指导机能。因此，以通奸为例，其定义可能就变成——"明知自己正在与他人发生性行为，并明知该人是另一个人，而在自己是否有配偶和配偶是否还活着的问题上轻率对待，或者当自己几乎确定对方有配偶，且应该意识到配偶还活着的可能性很大时，仍然故意从事该行为。"[56]

三、解释规则

为了避免这类令人困惑的混杂，《模范刑法典》起草者制定了法律条文解释的规则，使得仔细阅读刑法典的读者（包括法院与法科学生）遇到罪行定义中包含着不伴随着精神状态的要素时，可以将精神状态与罪行要素相匹配。这可能会是一项繁琐的工作。[57] 不幸的是，这也是一个难以避免的弊端；如果没有确切弄清楚一个罪行所包含的要素，及其所附带的精神状态，

---

[56] 这大致源于《纽约州刑法典》第225.17条（"与他人发生性关系时，他/她有在世的配偶，或对方有在世的配偶"）。

[57] Official Draft and Explanatory Notes 23 (1962)（"协助起草具体犯罪的定义"）。

我们就不能推进真正的任务：决定被告人的行为是否该当罪行之定义并因此符合表面上的责任——这是本章的主题。[58]

规则一：以轻率为默认值（缺省即存在原则1）[59]

如果罪行定义没有指明伴随某一罪行要素的精神状态，则适用为轻率。例如，在纽约，通奸是指在有配偶的情况下与他人发生性关系，即"与他人发生性关系时，他/她有在世的配偶，或对方有在世的配偶"，这至少要求当事人对对方当时已婚的事实持轻率的态度。换言之，一旦精神状态通过推理而被填充，该罪行的相关要素将是"当时他对对方可能有在世配偶的可能性持轻率态度"，并且，由于《模范刑法典》中的轻率意味着有意地忽视罪行要素所存在的重大且不正当的危险，[60] 因此，这个罪行要素经充分展开，看起来就像这样："当时他有意识地忽视了一个重大且不正当的风险，即对方有在世配偶。"

重要的是，不要混淆这个法律条文解释的规则与事实认定。规则一只是规定在某些情况下，应将轻率的心理状态纳入犯罪定义中。但并不能帮助你决定被告是否基于这种精神状态而行为。那是责任的实质性问题，而不是解释这一先决问题。

可以用另一个途径来阐明这个问题，将《模范刑法典》的解释规则视为解释性的推定，而不是证据性的推定。《模范刑法典》中刑事占有之规定包含了几项证据性推定，这对于刑法中的占有来说是常见的。例如，第5.06（2）条确定了这样一种推

---

[58] 请注意，在《模范刑法典》的早期草案中，"行为"（behavior）的概念在《模范刑法典》的分析方案中发挥了核心作用。值得注意的是，"犯罪的客观行为"（criminal behavior）被定义为"在特定情况下发生，威胁或造成特定结果的行为，它备构成犯罪所需的所有要素"。Tentative Draft No.1, § 2.01 (3), at 9 (May 1, 1953).

[59] § 2.02 (3).

[60] § 2.02 (2) (c).

定：在特定情形下，从占有枪械，**到（即推定）**蓄意将之用于犯罪。[61] 第5.06（3）条则构建了另外的推定：从车内存在"犯罪武器或其他工具"，**到（即推定）**这些工具被该车辆的占有人所持有。

相比之下，规则一可以视为《模范刑法典》起草者们的一种努力：抓住普通法中长期存在但模糊不清的关于犯罪的主观心态（或故意）的解释性推定，并用自己的术语使之具体化。[62] 实际上，在一些司法管辖区（以及一些案件中），这个推定已经被解读为需要证明类似于轻率的东西，至少在没有表达相反立法蓄意的情况下是这样的，最明显的表达相反立法蓄意的方式是包含不同的心理状态要求。[63]

规则二：一刀切（缺省即存在原则2）[64]

如果罪行定义并没有明确说明伴随一项罪行要素的心理状态，但列出了与另一项罪行要素相关的心理状态，则适用该心理状态，除非从法规文本中可以明确看出立法者并非此意（或者更准确地说，"除非明显存在相反目的"）。[65] 以最高法的一个著名判例**莫里塞特诉美国案**（Morissette v. United States）为

---

[61] §§ 5.06（2）（"从持有武器推定犯罪目的"）& 5.06（3）（"推定汽车中持有犯罪工具"）；关于刑法中"持有"的推定，see Markus D. Dubber, "Policing Possession: The War on Crime and the End of Criminal Law", 91 *J. Crim. L. & Criminology* 829 (2002).

[62] Official Draft and Explanatory Notes 23 (1962)（"本条款与普通法要求的'一般故意'之间存在粗略的对应关系"）；Commentades § 2.02, at 244.

[63] See, e.g., R. v. Buzzanga, 25 O. R. (2d) 705, 49 C. C. C. (2d) 369 (Ont. Ct. App. 1979).

[64] § 2.02 (4). 肯尼斯·西蒙斯（Kenneth Simons）称之为"旅行规则"。Kenneth W. Simons, "Should the Model Penal Code's Mens Rea Provisions Be Amended?", 1 *Ohio St. J. Crim. L.* 179 (2003).

[65] See, e.g., State v. Lozier, 101 Ohio St. 3d 161, 803 N. E. 2d 770 (2004); People v. M&H Used Auto Parts & Cars, Inc., 22 A. D. 3d 135, 799 N. Y. S. 2d 784 (2005).

例,[66] 被告被控犯有以下罪行:"认证侵吞、盗窃、偷窃,或明知地转移政府财产,应被判处罚金和监禁",这里的心理状态"明知"是适用于①仅仅是"转让",或者②同时包括"政府财产"? 根据《模范刑法典》之规则二,答案是②。没有理由相信这个罪行定义的起草者的原意是将"明知"的范围限制在紧接着它的用语"转让"之上。这正是最高法的观点,虽然最高法采取了相当迂回的路线,而《模范刑法典》十年后才采用了这样的路线。[67] 这并不意味着法院有义务参考《模范刑法典》,即使《模范刑法典》当时已经存在。法庭可能从《模范刑法典》中寻求建议,或至少是寻求灵感,从而为自己省去很多麻烦。但《模范刑法典》本身对最高法院并无约束力,对其他法院也是如此。**莫里塞特案**涉及的是联邦法规。正如我们现在所知的,美国《联邦刑法典》即《美国法典》第18篇,是那些几乎未受《模范刑法典》影响的美国刑法典之一。即使在已经采纳了《模范刑法典》的某些部分、某些版本的司法管辖区,《模范刑法典》的权威性至多也是说服性的。

规则二也包括对自身的例外情况(或者,如果你愿意,是反驳其建立的解释推定的方法):如果"明显存在相反目的",则不要在所有情况下应用一个心理状态。因此,规则二可能不适用于**莫里塞特案**的法规,如果该法规改为"谁明知地转移,或侵吞、盗窃、偷窃政府财产,应被判处罚款和监禁"。而且,它肯定不会适用于这条法规:"谁侵吞、盗窃、偷窃,或明知地

---

[66] 342 U. S. 246 (1952).
[67] 这并没有阻止哈特嘲笑最高法院对此案的法庭意见,以至于由"第十位法官"(Justice Tenthjudge)起草了一份替代性的法庭意见。See Henry M. Hart, Jr., "The Aims of the Criminal Law", 23 *Law & Contemp. Probs.* 401, 431 n. 70 (1958).

转移政府财产，应被判处罚款和监禁。对于所涉财产是政府财产这一事实的无知是无关紧要的。"

规则三：严格责任（对于违警罪而言，缺省即缺省)[68]

如果罪行定义并未指明伴随某一罪行要素的心理状态，这表明：对此没有心理状态可适用。例如：规则三将纽约通奸法解读为一个彻彻底底的严格责任的罪行。[69] 因此，行为人是否知道，或者怀疑"另一个人有活着的配偶"，是无关紧要的。[70]

然而，应注意的是，《模范刑法典》出于另外的原因，禁止这样解读通奸罪：它将严格责任罪限制在非刑事的罪行，即违警罪中。[71] 如果一项罪行被界定为违警罪，或它的惩罚仅仅是罚金、没收财产，或是一些其他的民事惩罚（如取消律师资格），则该罪行就是违警罪。[72] 关键在于《模范刑法典》所规定的惩罚，*而不是在一个案件所实际寻求或施加的惩罚。** （应注意的是，对于罚金是没有数额限制的。[73]）因此，规则三并不适用于通奸罪，因为纽约法上的通奸罪至少是一个刑事上的轻罪。[74]

---

〔68〕 §2.05.

〔69〕 事实上，通奸罪是普通法中一个典型的严格责任罪，See, e. g., Commonwealth v. Thompson, 6 Allen 591（Mass. 1863）（Thompson I）；Commonwealth v. Thompson, 11 Allen 23（Mass. 1865）（Thompson II）.

〔70〕 这里有一系列经典的司法意见，它们在一项涉及重婚罪的案件中深入探讨了严格责任和犯罪的主观心态推定的问题，see R. v. Tolson, 23 Q. B. D. 168 (1889).

〔71〕 实际上，严格责任也可以适用于其他的刑事罪行，只要这些罪行规定于刑法典之外，并且明确显示立法机关希望设立一个严格责任罪。《模范刑法典》第2.05（1）（b）条。

〔72〕 §1.04（5）.

* 这里是指法定刑。——译者注

** 这里是指适用刑。——译者注

〔73〕 对于美国刑法中罚金刑的不相关性的比较分析，see Markus D. Dubber & Tatjana Hörnle, *Criminal Law: A Comparative Approach* ch. 1 (2014).

〔74〕 N. Y. Penal Law §255.17（B类轻罪）.

(作为 B 级轻罪，通奸可处以监禁刑，最高达 3 个月。[75]）

与《模范刑法典》不同，很多刑法典并不限制将"无（心理状态）即无"的规则适用限制在轻微罪行（更别说违警罪）。因此，没有一条解释性规则禁止法院将最严重的刑事犯罪解读为严格责任罪。这种实践的最著名的例子是严格责任的持有毒品罪（重罪），该罪在缺乏对于持有事实或所持有毒品的性质和重量等要素的心理状态要求的情况下，会处以严厉的惩罚，最高可至不得假释的终身监禁。[76]

无论如何，在**莫里塞特案**中适用于规则二（一刀切）的警告同样适用于这里。《模范刑法典》的解释规则仅仅适用于《模范刑法典》本身，并不能控制其他刑法典的解释规则。这并不是说，法院不会从《模范刑法典》中寻找灵感，但它们不必遵循，也不必对此给予任何关注。纽约的通奸罪法规不同于**莫里塞特案**之处在于：《纽约州刑法典》与《联邦刑法典》不同，它根据《模范刑法典》进行了根本性修订，但并没有全盘采纳《模范刑法典》。其起草者们选择了《模范刑法典》的一部分内容，通常还修改了他们所选择的内容。在他们选择并修改的《模型刑法典》条款中，就包括规则三。《纽约州刑法典》包含一个反对严格责任的一般性假设，但它并不将严格责任限制在非刑事罪名中，事实上，它明确地承认严格责任罪行，对此并未加以限制，只要法条清晰地表明立法机关旨在设立一个严格

---

[75] N. Y. Penal Law § 70.15（2）（对于轻罪和违警罪的监禁刑裁量）。

[76] See, e. g., Harmelin v. Michigan, 501 U. S. 957（1991）（终身不得假释的简单持有罪）; see generally Markus D. Dubber, "Policing Possession: The War on Crime and the End of Criminal Law", 91 *J. Crim. L. & Criminology* 829（2002）.

责任罪。[77]

最后,对于严格责任及法条的解释应注意的是:《模范刑法典》由罪行分析转变为要素分析,其关注点由罪行整体转移至其构成要素,这意味着,不仅不同的构成要素可能对应不同的心理状态,而且不同的构成要素可能有也可能无对应的心理状态。严格责任已成为罪行的构成要素的一个特征,而非整个罪行的特征。因此,严格地说,在《模范刑法典》的语境下,并不存在所谓的"严格责任罪",存在的只是具有严格责任的构成要素。

关于解释规则就谈到这里,兹用表格(表1)总结如下:

表1 模范刑法典之解释规则(犯罪的主观心态)

规则一	以轻率为默认值(缺省即存在原则1)
规则二	一刀切(缺省即存在原则2)
规则三	严格责任(对于违警罪而言,缺省即缺省)

四、罪责形式

凭借我们的三条规则(或许还需要一点运气),我们假设已经成功勾勒出刑法分则中的罪行定义的完整样貌,填补了所有空白,消除了所有歧义,同时也铭记在心:至少在犯罪的主观心态的要求上,缺失有时可意味着存在,但并非必然。那么现在,我们可以继续检验被告的行为,看看它是否与一项或多项

---

[77] N. Y. Penal Law § 15.15 (2).《纽约州刑法典》的起草者们并不区分刑法典规定的罪行与其他法规定的罪行。他们也修改了规则一:默认的心理状态是疏忽,而非轻率,同上(默认的"心理的可责性");§ 15.00 (6)("可责的心理状态"被定义为至少需要证明"刑事疏忽")。只有规则二基本未被修改。Id. § 15.15 (1)。

第4章 "行为……"

罪行定义相符。抑或，真的可以这么做吗？

并非如此。因为正如上文所述，《模范刑法典》的起草者们并不满足于给一项罪行的每一个要素（而不是作为一个整体的每一项罪行）附加或者不附加心理状态。他们还根据所伴随的要素类型，对每个心理状态进行了不同的定义。我们仍处于初步的、匹配前的阶段。但至少我们不再只是给罪行定义的轮廓上色。我们现在开始弄清楚这些罪行定义，或者至少它们所包含的心理状态要求的含义。

表2 这些心理状态的定义，它们是从第2.02（2）条中选取的，并按罪行的要素类型排列的。[78]

表2 罪责之形式（按《模范刑法典》的罪行要素排列）[1]

	行为	附随情状	结果
蓄意	意定的目标	认识、相信、希望	意定的目标
明知	认识	认识	认识到实际可能性
轻率	（未定义）	有意忽视重大且不正当的危险[2]	有意忽视重大且不正当的危险
疏忽	（未定义）	未能察觉重大且不正当的危险[3]	未能察觉重大且不正当的危险

1. 《模范刑法典》第2.02（2）条。
2. 《模范刑法典》规定"风险必须具有这样的性质和程度"，即蓄意漠视该风险将构成"与一个守法者在行为人所处情境下会遵守的行为标准严重背离"。《模范刑法典》第2.02（2）（c）条。
3. 未能察觉到危险，必须构成"对一个理性人在与行为人所处情境下会遵守的谨慎标准的严重偏离"。《模范刑法典》第2.02（2）（d）条。关于《模范刑法典》中轻率与疏忽中的危险定义的性质区分，请参见第4章第2节第四部分（四）。

---

[78] 对该主题更为详细的讨论，以及更详细的图表，see Paul H. Robinson & Jane A. Grall, "Element Analysis in Defining Criminal Liability", 35 *Stan. L. Rev.* 681, 697 (1983).

《模范刑法典》的起草者们在这里可能为了追求分析的精确性而有点过头了。最好不要纠结于某一特定心理状态定义内部的区分细节。(基于《模范刑法典》的刑法起草者们也没有过多纠结这些,我们稍后会看到。[79])要追踪心理状态之间的区别就已经够困难了。

在这里过于认真对待所产生的问题之一是,很难按类型对生活中活生生的犯罪要件进行分类。用起草者们自己的话来说:"行为、附随情状或结果之间的区别并不总是很明确的。"[80]《模范刑法典》本身也难以划出一条明晰的界限。[81]而且,当我们进入现实的刑法领域时,情况也不会变得更明朗,因为其中充斥着笨拙的犯罪定义,说得委婉一点,这些定义是拼凑而成的,其起草者们并不渴望适应《模范刑法典》的罪行要素的分类。[82]但是,当某一心理状态的定义随其所伴随的罪行的要素类型的不同而变化时,这些区别当然就具有了至关重要的意义。

然而,上述表格并非仅仅为了完整性而添加的。当法典起草者们建立他们的罪责分类时,了解他们的目标是有帮助的。而且,只要有一点常识,就会发现表格中的大部分内容都是很有道理的。我们将使用《纽约州刑法典》中的简化表格进行比

---

[79] See, e.g., N.Y. Penal Law § 15.05.

[80] Commentaries § 2.02, at 240.

[81] 试着回答以下问题:在杀人罪(第210.1条)中,"行为"指的是什么?"附随情状"呢?"结果"呢?在引起自杀罪[第210.5(1)条]中呢?在入室盗窃罪(第221.1条)中呢?

[82] 这里是《模范刑法典注评》中使用的一个例子,一个相对温和的联邦法规:"如果某人通过放火或爆炸①破坏公共设施;或②严重破坏建筑物或公共建筑,则该人将成立本罪。"Commentaries § 2.02, at 240.

较（表3）。[83]（从最好的方面来说，纽约法典是 MPC 的一个不那么挑剔的版本。）这不可避免地会引导我们进入更有趣的话题，即各种心理状态之间的区别，而不是每种心理状态内部的区别。[84]

表3 与罪行构成要素对应的罪责形式，《纽约州刑法典》[1]

	行为	附随情状	结果
蓄意[2]	意定的目的	（未定义）	意定的目的
明知	认识	认识	（未定义）
轻率	（未定义）	认识与有意忽视重大且不正当的危险[3]	认识与有意忽视重大且不正当的危险
疏忽	（未定义）	未能察觉重大且不正当的危险[4]	未能察觉重大且不正当的危险

1. 《纽约州刑法典》第15.05条。
2. 实际上，《纽约州刑法典》将"蓄意"称为"故意"，将"疏忽"称为"刑事疏忽"。
3. 有意忽视风险构成"与理性人在该情境下会遵守的行为标准的严重偏离"。
4. 未能察觉风险构成"与理性人在该情境下会遵守的谨慎标准的严重偏离"。

（一）蓄意（Purpose）

让我们从第一种罪责形式——蓄意——开始，很明显，这种

---

[83] N. Y. Penal Law § 15.05. 关于《模范刑法典》与《纽约州刑法典》之间的关系，以及《纽约州刑法典》的一般情况，see Markus D. Dubber, New York Criminal Law: Cases & Materials (2008). 要了解显示纽约犯罪的主观心态模式的（杀人罪）案例，see People v. Baker, 4 A. D. 3d 606, 771 N. Y. S. 2d 607 (2004).

[84] 关于《模范刑法典》的罪责模式的普通法先驱，其微妙地平衡在"故意"这根针尖上，see Regina v. Faulkner, 13 Cox Crim. Cas. 550, 557 (1877)[菲茨杰拉德（Fitzgerald）法官的意见]。

心理状态的独特之处在于"意定的目标"（conscious object）[或《纽约州刑法典》中的"目的"（objective）]的概念。如果过分关注《模范刑法典》关于附随情状的蓄意定义，这一点可能会被掩盖。《模范刑法典》的起草者们本身并没有特意去解释为什么需要这个定制的定义（也许并不奇怪，《纽约州刑法典》完全取消了它）。然而，《模范刑法典》的起草者们似乎更感兴趣的是指出，当涉及附随情状而不是行为或结果时，蓄意与明知并没有太大区别。事实上，早期草案只是简单地将附随情状的蓄意定义为"明知这些情状的存在"[85]。

事实上，正如我们稍后将看到的那样，总体上，蓄意和明知这两种心理状态之间区别的意义是有限的，《模范刑法典》的起草者们对此表现出了令人耳目一新的开放态度，即使他们对这一区别进行了相当详细的定义。[86] 换句话说，无论人们如何区分附随情状下的蓄意和明知的定义，这种区别都不会比蓄意和明知对其他任何犯罪要素类型的定义之间的区别更重要。

（二）明知（Knowledge）

接下来要探讨的是明知。这里的关键词是**认识**。这对于行为和附随情状来说很有效。我可以认识（或者没有认识）到我正在做某事，以及我正在某种特定条件下做某事，比如说外面很黑的时候。对于结果，则略有不同。假设我没有未卜先知的超能力，那么说我"明知"我正在做的事情会导致某种特定结果是没有意义的。这就是为什么《模范刑法典》的起草者们将关于结果的明知定义为不仅仅是认识，而是认识到一种实际上

---

[85] Tentative Draft No. 4, § 2.02 (2) (a) (2), at 12 (Apr. 25, 1955).
[86] See Tentative Draft No. 4, at 124 (Apr. 25, 1955).

的确定性，也就是说，我们普通凡人所能最接近的知道未来的任何事情。(再一次，《纽约州刑法典》起草者们通过根本不定义关于结果的明知来避免这个难题。)

蓄意和明知之间的区别，是意定目标和意识之间的区别。澄清这种区别很重要。同样重要的是要意识到，一般来说，这在刑法中几乎没有差别。正如我们之前看到的，《模范刑法典》中的默认心理状态是轻率。这意味着蓄意和明知之间的区别通常不会出现，因为轻率就足以构成责任。此外，大多数罪名在其任何要素方面需要的不仅仅是轻率，不要求蓄意而是要求明知。例如，谋杀通常只需要证明明知自己的行为正在导致他人死亡。[87]

然而，确实有些罪名要求蓄意，而不"仅仅是"知情。[88]最常被引用也最少见的例子是叛国罪，它要求带着帮助敌人的蓄意去做某事。[89]蓄意在《模范刑法典》关于未完成罪的复杂体系中也发挥着重要作用。[90]相比之下，在《模范刑法典》关于因果关系的复杂规定中，维持蓄意和明知之间的区别则更加困难，或者不那么重要。[91]

(三) 轻率 (Recklessness)

蓄意与轻率之间的区别比蓄意与明知之间的区别要重要得

---

[87] See § 210.1.
[88] 请注意，《模范刑法典》中的心理状态是层层递进（整齐排列）的，因此证明一个"更高级"的心理状态意味着同时也证明了所有"较低级"的心理状态。换句话说，证明行为人有蓄意，也就意味着同时证明了行为人"仅仅"明知、轻率、疏忽等心理状态。当然，证明任何心理状态，包括疏忽，都意味着同时证明了行为人没有任何可以免责的心理状态，即严格责任。检察机关总是可以自由选择超出其职责范围，并确立比法律规定所要求的"更高级"的心理状态。《模范刑法典》第2.02 (5) 条。
[89] See Haupt v. United States, 330 U.S. 631, 641 (1947).
[90] 参见下文第5章第2节。
[91] See § 2.03 (2). 参见下文第5章第1节。

多。不同于蓄意或明知的情况,《模范刑法典》的起草者只为所有类型的构成要件要素提供了一个轻率的定义(正如他们对待疏忽那样)。因此,一个轻率适合所有类型的构成要件要素——或者几乎所有类型的构成要件要素,因为《模范刑法典》起草者没有提供一个对于行为的轻率(或疏忽)的定义。这可能是一件好事,不仅因为这让人容易看出轻率的要点,而且也因为,要弄清轻率(或疏忽)地从事某种行为究竟意味着什么,是一件困难的事。在这里,犯罪的主观心态与犯罪的客观行为相碰撞。一个举动(behavior)并非构成要件行为(conduct),除非它是一项行为(act),而一项行为并非犯罪,除非它具备有意性,那么,具备有意性却仍是轻率或疏忽的行为会是什么样子呢?为了通过行为的自愿性检验,被告人的行为必须是——或者,更确切地说,按《模范刑法典》将有意性视为缺乏无意性的间接性方法,被告人的行为必须不是——"行为人有意识地或习惯性地决定或努力的产品"[92]。但是,一个人如何能既在这种意义上实施一个有意的(voluntary)(或并非无意的)行为,又在《模范刑法典》所定义的轻率或疏忽的心理状态下实施该行为呢?应注意的是,轻率是指有意地无视(consciously disregard)危险,而疏忽是未能察觉到危险。如果我所知的危险是**我可能正在实施**某种行为的危险,那么,将该行为(conduct)归类为包含有意性行为(act)的行为(conduct)是比较奇怪的。如果我甚至不知道我可能正在做某事的可能性,就像在疏忽的情况下那样,情况就会更加糟糕。总之,如果我没有认识到以下事实(而非其可能性):我正在实施某一类型的行为,

---

[92] § 2.01 (2) (d).

而不是其他类型的行为，或根本没有行为，就很难理解为什么我被认为是有意地（voluntarily）*实施了该行为。换言之，行为（conduct）所需的就是明知（根据《模范刑法典》起草者的定义），这是一个犯罪的客观行为的问题，而不是犯罪的主观心态的问题。

明知与轻率之间的界限是重要的，这有几个原因。最明显的，这个界限可以将许多更严重的犯罪与不那么严重的犯罪区别开来。最典型的例子是杀人罪，在《模范刑法典》的框架中，谋杀与误杀的主要界限在于明知与轻率。谋杀是明知的（或蓄意的）导致他人死亡，而误杀是轻率的导致他人死亡。[93]

明知与轻率的区别也能体现特定故意与一般故意的区分，这反过来又影响某些抗辩的可适用性。严格地说，特定故意与一般故意的区分，与故意概念本身一样，处于《模范刑法典》的讨论范围之外。** 毕竟，《模范刑法典》关于心理状态的分类

---

* 注意，英文词汇"voluntary""voluntarily"是多义词，根据上下文，既可译为"有意的（地）"（这相当于德文的"willkürlich"或"gewillkürtes"对应因果行为论中的"有意性"，所谓"有意的"，并不是中文理解的"故意的"或"蓄意的"），也可译为"自愿的"。——译者注

[93] 情况比这稍微复杂些。存在着一种轻率形式的谋杀（尽管这需要一个升级版的轻率，要求"显而易见的""极端的""加重的"等），《模范刑法典》第210.2（1）（b）条；也存在着故意（所谓"有意"）形式的误杀，《模范刑法典》第210.3（1）（b）条。前者是《刑法典》中最接近普通法的"重罪谋杀罪"规则的东西，后者则是《刑法典》对普通法的谋杀罪的"激怒"抗辩事由的版本（参见下文第16章）。重罪谋杀罪规则，或者其众多版本之一，对于在实施重罪（如抢劫）过程中导致他人死亡的行为人施加谋杀罪责任，而不要求证明其与结果有关的心理状态。See Guyora Binder, *Felony Murder* (2012).《模范刑法典》起草者认为这一教义是公然违反《刑法典》犯罪的主观心态的要求，这一要求将严格责任限制在最多只能处以罚金的违警罪。参见《模范刑法典》第2.02（1）条["除非在第2.05条（关于非刑事罪或'违警罪'）中另有规定，行为人并不构成犯罪，除非他的行为具备法律所规定的、对于某罪行的每个实体要素的蓄意、明知、轻率或疏忽"]。

** 应注意的是，《模范刑法典》讨论的是"蓄意"（purpose），而非"故意"（intent）。——译者注

方法就是要去除令人混淆的犯罪的主观心态的概念群,这当中,"故意是首要的［还有任意（wilfulness）、恶意（malice）、知道（scienter）等］。"但是,尽管《模范刑法典》起草者尽了最大努力,特定故意与一般故意的说法仍在美国的法庭及刑法典（以及刑法学课堂）中存续,正如故意的说法仍然存续一样。有些关于两种类型的故意的实质性区别甚至在《模范刑法典》本身中被坚持了下来,正如我们将在讨论"醉酒"抗辩时所看到的那样,事实证明,《模范刑法典》保留了（尽管是从实质上而非形式上）传统的（有些违背直觉的）规则,即醉酒作为抗辩事由,仅适用于特定故意罪,而不适用于一般故意罪（这类罪往往并不那么严重）,该抗辩事由以醉酒作为证据来否定明知与蓄意的心理要素,而不能否定轻率与疏忽。[94] 类似的,考虑到起草者所主张的在法条解释中以轻率为默认值的规则（前述规则一）,不仅消除了定义上的杂乱,而且反映了普通法中的"一般故意"要求,正如它过去那样,即至少对于普通法犯罪（即法院定义的犯罪,而不是法规定义的犯罪）和在没有相反立法蓄意的情况下,是一种对犯罪的主观心态或蓄意的普遍假设。[95]

由于特定故意与一般故意的区别,以及作为其基础的故意概念,仍然是有意义的,即使是在《模范刑法典》中也是如此,因此,看看故意的概念体系与《模范刑法典》的概念体系是如何对应的,将是有助益的。这个表格概述了它们之间的关系（表4）：

---

［94］ 参见第4章第3节第一部分。
［95］ 参见第4章第2节第三部分。

表4　罪责模式（MPC）VS. 故意（普通法）

	《模范刑法典》			
	蓄意	明知	轻率	疏忽
普通法一[1]	故意			刑事过失
	特定故意	一般故意		
普通法二[2]	故意			
	特定故意		一般故意	

1. 根据《路易斯安那州刑法典》第10~12条（1942年）（《模范刑法典》编纂前）。
2. 根据州诉卡梅伦案［State v. Cameron, 104 NJ. 42（1986）］（解释基于《模范刑法典》的规定）。

《模范刑法典》的起草者是正确的。对许多人来说，特定故意和一般故意意味着许多事情——现在仍然如此。这张表没有试图涵盖所有的甚至大多数的故意类型。（例如，它忽略了二级故意犯罪，如带有杀人故意的伤害罪，这通常也被称为特定故意犯罪）。它确实展示了两种更常见、更新的表述方式：一种是基于《模范刑法典》编纂前的《路易斯安那州刑法典》，另一种是基于《模范刑法典》编纂后的新泽西州的案件。[96] 当然，《模范刑法典》的起草者不会赞同其中任何一种，因为他们已经完全放弃了故意表述。然而，如果被迫做出选择，他们可能会承认这两种方案都是半对半错。在区分蓄意与疏忽时，普通法方案一反映了起草者的主张，即他们的默认轻率规则将普通法要求的犯罪的主观心态［即故意（intent）或知道（scienter）］法典化了。相比之下，将疏忽——意味着**缺乏**认知——作为故意（或知道）的一种形式，就像第二种方案那样，似乎不太对。

---

[96] 要查阅最近一起记录并阐明在一般故意和特定故意之间划分界限方面持续存在的斗争的案例，see United States v. Zunie, 444 F. 3d 1230（10th Cir. 2006）。

然而，普通法方案二的优点是在轻率而不是在明知上划定了特定故意与一般故意之间的界限。虽然普通法当然会为将特定故意限制在蓄意上（就像它会对故意的许多定义所做的那样）提供支持，但将其扩大到包括明知更符合《模范刑法典》起草者试图抓住普通法对醉酒抗辩限于特定故意犯罪的限制。[回想一下，《模范刑法典》中的醉酒可能证否（disprove）的是明知（和蓄意），而不是轻率（或疏忽）]。

既然我们已经了解了明知和轻率之间的区别为什么重要——以及它如何可能与特定故意和一般故意之间的区别有关或无关——那就让我们来看看这个区别是什么。在这里，我们可能会区分两个比较的坐标轴线，我将它们称为**态度**和**概率**。[97] 明知与轻率的不同明显在于概率轴。明知需要确定性（或对于结果来说的实际的确定性）。轻率需要的是低于100%的确定性，即存在重大风险。[98] 什么是"重大"，《模范刑法典》的起草者并没有言明，他们把这个决定权留给了陪审团[99]（或在无陪审团审判中由法官）决定。[100] 举例说明，谋杀与（无意

---

[97] 如果你愿意，你也可以把它们称为"主观"和"客观"，尽管这些术语往往会带来很多额外的负担；此外，如果行为人对相关风险的认识（或态度）有所不同，那么概率也有主观方面。

[98] 《模范刑法典》还要求风险必须是"无法正当化的"。然而，一般来说，这个问题可以在正当化抗辩事由的语境下处理。参见第二篇（紧急避险、同意）。起草者考虑到了典型的正当化情况，例如当替代性选择几乎肯定会死亡时，外科医生冒险进行危险手术。Commentaries § 2.02, at 237.

[99] Commentaries § 2.02, at 237. 《模范刑法典注评》中提到的陪审团，以及本书中提到的美国刑法中的陪审团，都应当谨慎对待。在今天的美国刑法中，陪审团更多的是一种象征，而不是一种制度，其意义更多的是假设性的，而不是实际性的，因为绝大多数刑事案件都是通过无陪审团的辩诉交易程序处理的。

[100] 这是《模范刑法典》起草者根据法律程序，明确将解释和适用规范的裁量权赋予程序参与者，尤其是陪审团的一个实例。起草者认为，立法机关无法以更高的精确度定义这些规范。换句话说，本案中的陪审团是制定和适用法律过程中最适合行使必要裁量权的程序参与者。另一个类似的实例，请参见下文第5章第1节关于因果关系的讨论。有关法律程序和《模范刑法典》的更多信息，参见上文第2章。

性的）误杀的区别，就是在做某事时行为人知道**将会**引起他人死亡，以及做某事时行为人知道**可能**引起他人死亡的区别。

如果人们关注概率问题，就很容易理解为什么明知会导致比轻率更大的刑事责任。明知做某事会导致某种伤害，比做同样的事并认为它可能会导致某种伤害，更为糟糕（也更为危险）。

这并不是说，罪责（或危险性）与概率直接成正比。以蓄意为例，蓄意是"最高的"责任形式，蓄意行为比任何其他行为（包括明知行为）更具可责性（culpable），惩罚也更严重。然而在概率轴中，明知远在蓄意之前，当涉及行为和结果时，蓄意的定义与概率无关。[101] 重要的是行为人是否具有以某种方式行事或产生某种结果的"意定的目标"。他实现该意定目标的可能性如何，并不重要。[102] 以叛国罪为例，叛徒蓄意转交绝密文件能否真正成功地"帮助敌人"，或他可能有的仅仅是一种机会而已，这都不重要。叛国就是全部的蓄意、全部的态度。成功的可能性是无关紧要的。[103]

现在，让我们转向态度轴。在这里，明知与轻率极为相似。这两者都暗示了某种认识，一个是对于案件事实的认识，另一个是对重大风险的认识。但轻率不仅仅需要意识，还需要有意的忽视（conscious disregard）。《纽约州刑法典》清楚地表明了

---

〔101〕 关于附随情状的"蓄意"定义中提到了认识，但并未要求具备认识，信念或希望也可以。

〔102〕 Cf. People v. Steinberg, 79 N. Y. 2d 673（1992）（蓄意与对危险的明知无关）；United States v. U. S. Gypsum Co., 438 U. S. 422, 445（1978）[转引自 Wayne R. LaFave & Austin W. Scott, Jr., *Criminal Law* 196（1972）]（蓄意无关乎成功的可能性）。

〔103〕 后文我们将谈到不可能的未遂。《模范刑法典》在未遂中并不认可一种"不可能"抗辩。参见后文第5章第2节第一部分。

这点,它将轻率定义为认识**加上**有意的忽视。[104] 可以说,仅仅认识到风险,比如自己的行为可能会导致某人死亡,和有意识地忽视它,这两者之间是存在差异的。

为了更清楚地阐明这点,我们可以从另一个角度——德国刑法学——看看这个问题。德国刑法学严格地区分两种情形,一种是行为人"希望"自己的行为不导致禁止的危害,或者甚至**希望**能避免该结果;另一种是行为人并没有类似的顾虑,而是乐于抓住机会,因而**接受**由此导致的危害结果。尽管被认识到的危害的风险在两种情形中是相同的,德国刑法学仅将第二种情形视为故意行为的一个例子。[105]

例如:假设我渴望试试我那把新的高功率来福枪,我驱车穿越小镇到达一个大型废弃的停车场,瞄准一座曾被烧毁而废弃的建筑物的窗口。我最终开枪,严重打伤了在建筑物里睡觉的无家可归者。我一直都认识到这是有可能发生的,尽管我并不确定会这样。不过,有一种情况是,我真诚地希望那个建筑物是无人的,即使不是这样,我也希望不打中任何处于建筑物之中的人。在另一种情况下,我根本不在乎是否有人受伤——受害者为什么要擅闯别人的地盘?

因此,从德国刑法学来看,我在第二种情况下是故意行为

---

[104] 参见上文表3。

[105] 德国刑法学明确区分故意(Vorsatz, or dolus),以及一种轻于故意的责任形式:过失(Fahrlässigkeit, or culpa)。除非法律另有规定,否则刑事责任要求故意(Vorsatz)。故意有几种形式,过失也是如此。在上面的例子中,第二个案例展示了有条件的故意(bedinger Vorsatz),即间接故意(或偶然故意),与之相对的是蓄意(Absicht)或明知(Wissentlichkeit, or dolus directus)。第一个案例展示的是有认识的过失(bewußte Fahrlässigkeit, or culpa with awareness),与之相对的是无意识的过失(nonconscious culpa),它不要求对风险的认识,在这方面类似于疏忽。更具体的比较研究,see Markus D. Dubber & Tatjana Hörnle, *Criminal Law: A Comparative Approach* ch. 8. A (2014).

[具有**偶然故意**（dolus eventualis）]，但在第一种情况下则不是。[106] 问题是《模范刑法典》是否能够（或者应当）以类似的方式区分这两种情形。很显然地，我并没有就禁止的结果而明知故犯——我不是充分地确定会发生这种情况。我是轻率吗？在第二种情况下我是轻率的。我意识到了风险，然后有意识地忽视了它。第一种情况是否也构成轻率，取决于对"有意识的忽视"的解读。如果"有意识的忽视"并没有给"认识风险"添加任何东西，那么我在两种情况下都是轻率的。然而，如果"有意识的忽视"要求更多的东西，特别是要"接受"风险实际的实现，也就是说，无家可归的人实际上死了，那么第一种情况就不符合轻率的条件。[107]

比较研究的目的不在于表明《模范刑法典》不能区分这些情形，也不是表明它应区分这些情形。同样地，它不是表明德国法律常说以这种方式或其他方式区分这些情形是特别正确的，或者坚称这种区别是非常重要的事情。实际上，在**故意**（Vorsatz）与**过失**（Fahrlässigkeit）之间划出一条至关重要的界

---

[106]《模范刑法典》则试图通过增加一种独特的、犯罪的主观心态类型的要素"对人类生命价值表现出极端冷漠的情况"来区分这类案件。§ 211.1（2）（a）; see also § 210.2（1）(b). 这一条款的确切地位仍存在疑问。See, e.g., People v. Register, 60 N.Y.2d 270, 276 (1983)（"既不是犯罪的主观心态，也不是犯罪的客观行为"; "不是传统意义上的构成要件"）, People v. Feingold, 7 N.Y.3d 288 (2006)（已复审）。此外，根据定义，它只适用于涉及威胁"人类生命"的结果犯。最后，区分轻率和"严重"轻率仍然不能让《模范刑法典》区分有意忽视的轻率和只有认知的轻率。

[107] See generally Alan Michaels, "Acceptance: The Missing Mental State", 71 *S. Cal. L. Rev.* 953 (1998); David M. Treiman, "Recklessness and the Model Penal Code", 9 *Am. J. Crim. L.* 281 (1981); see also Kenneth W. Simons, "Should the Model Penal Code's Mens Rea Provisions Be Amended?", 1 *Ohio St. J. Crim. L.* 179, 197 (2003) [citing People v. Reagan, 723 N.E.2d 55, 56 (N.Y. 1999)]; Stephen P. Garvey, "What's Wrong with Involuntary Manslaughter", 85 *Tex. L. Rev.* 333, 342 (2006).

限是很困难的,这个困难长期干扰着德国刑法教义学,这能解释为什么经过比较后,《模范刑法典》的方案看起来简单而具有吸引力。[108]

从《模范刑法典》的治疗主义视角看,不难得出这样的结论:那些不仅认识到重大危险,而且接受因该危险的实现而导致侵害结果的人,比不接受这种侵害结果的行为人具有更大程度的刑事危险性。危险程度的等级差异是否具有足够的重要性——或可靠的决定性——来支撑一种心理状态与另一种心理状态的区分,尤其是轻率与疏忽的区分,则是另一个问题。

(四) 疏忽(Negligence)

可以说,轻率与疏忽之间的界限,比明知与轻率之间的界限更重要。作为通常的规则(尽管这种情况经常会被打破),刑事责任截止于轻率终止而疏忽开始之时。轻率是《模范刑法典》中心理状态的默认值,至少在《模范刑法典》起草者的解读中,它标志着普通法关于犯罪心理要求(或故意或知道)的下限。这并不是说,没有犯罪仅仅是要求疏忽的,而是说,这样的犯罪并不多。例如,《模范刑法典》分则包括三个:疏忽杀人、疏忽伤害(使用致命武器)和疏忽刑事侵害(使用危险方法)。[109] [《纽约州刑法典》有四个:疏忽杀人、疏忽伤害(使用致命武器)、车辆伤害和车辆误杀。[110]]

---

[108] See, e. g., Thomas Weigend, Zwischen Vorsatz und Fahrlässigkeit, 93 ZStW 657 (1981); Bernd Schünemann, Geleitwort, in Markus D. Dubber, Einführung in das US-amerikanische Strafrecht vii (2005); see generally Markus D. Dubber & Tatjana Hörnle, *Criminal Law: A Comparative Approach* ch. 8. A (2014).

[109] §§ 210.4, 211.1 (b), 220.3.

[110] N. Y. Penal Law §§ 120.00 (3), 120.03 (1), 125.10, 125.12.

在概率轴上，疏忽与轻率占据相同的位置，只需要危险是实质性的，而不需是实际上确定的。疏忽与轻率的差异完全是态度问题。轻率意味着对风险的有意忽视（见上文）；疏忽则既不需要意识到风险，也不需要忽视风险。相反，正是因为根本未能认识到这种风险，才被《模范刑法典》称为疏忽。[111] 我应该认识到，但却没有，这就是为什么我具备可责性（和危险），需要接受刑罚治疗。（因此，疏忽是一种犯罪主观心态的不作为，是**不具有**某种心理状态，而不是具有某种心理状态。）

实际上，在《模范刑法典》的详细条款中隐藏着轻率与疏忽的另一个区别，即比较基点上的不同。在轻率的情况下，事实认定者需要考虑，该风险是否严重与不正当达到充分的程度，以至于需要接受刑事处罚，她可以问自己这么一个问题：被告的行为是否"严重偏离一个同等情境下的守法者将遵守的行为标准"。在疏忽的情况下，也适用同样的标准，只不过比较基点不是"守法者"，而是"理性人"。[112] 这种区别并没有太大的影响；许多基于《模范刑法典》的刑法典都忽略了这一区别，包括《纽约州刑法典》（该法典在两个案例中都使用理性人标准）。[113] 与其思考守法者与理性人之间的区别，不如记住这些条款的目的。它们的目的不是解决刑法中的深层次问题，而是为面对艰巨任务的陪审团（或更一般的事实认定者）提供一些指导，该任务就是适用《模范刑法典》对于轻率与疏忽的公认

---

[111] See People v. Strong, 37 N. Y. 2d 568（1975）（误杀罪还是疏忽杀人罪）。

[112] "理性"在《模范刑法典》规定的免责抗辩事由胁迫与激怒中担当着核心角色。参见下文第13章、第16章。

[113] 《纽约州刑法典》第15.05（3）条和第15.05（4）条。

模糊的定义。[114]

此时,让我们暂停下来,回顾一下《模范刑法典》中各种罪责形式之间存在的各种差异——或者不存在差异。这张表试图做到这一点(表5)。

表 5　罪责形式

	蓄意	明知	轻率	疏忽
行　为				
态度	意定目标	认识	(未定义)	(未定义)
概率	无关的	100%	(未定义)	(未定义)
情　状				
态度	认识、相信、希望	认识	有意忽视	不具备
概率	无关的	100%	重大风险	重大风险
结　果				
态度	意定目标	认识	有意忽视	不具备
可能性	无关的	实际的确定性	重大风险	重大风险

(五)严格责任(Strict Liability)

以上的表格相当好地概括了《模范刑法典》中定义的各种心理状态。然而,它可能会产生误导,因为它暗示越过了疏忽

---

[114] Commentaries § 2.02, at 237, 241. 大致说来,这里要求"严重的"偏离,而非"一般的"偏离,也代表了区分刑事疏忽与侵权法上的民事疏忽的努力。传统的美国刑法以不同的方式来回避这个问题,或是简单地给刑事疏忽贴上"刑事疏忽"的标签(如《纽约州刑法典》),或通过毫无助益的解释,认为刑事疏忽是"疏忽程度严于侵权责任的疏忽"(Commentaries § 2.02, at 242 [quoting Jerome Hall, *General Principles of Criminal Law* 124 (2d ed. 1960)])。注意,根据之前关于轻率与偶然故意的讨论,德国刑法并不区分刑事与民事疏忽。Markus D. Dubber & Tatjana Hörnle, *Criminal Law: A Comparative Approach* ch. 8. A (2014).

的界限,就没有刑事责任。因为疏忽不是这条线段的终点。终点之前还有严格责任,尽管严格责任只是《模范刑法典》所特有的民事罪行(即"违警罪")的一个选择。这意味着我们划界限的工作仍未结束。幸运的是,疏忽与严格责任的界限是相当明确的。疏忽意味着应该认识到而未认识到风险的可归责性。严格责任既不包括心理状态(如察觉),也不包括其缺失。它是责任的一种形式,它追究刑事责任时并不考虑心理状态(或者更准确地说,它是一种不提及心理状态的心理状态)。对于严格责任而言,你对结果的态度,例如与结果发生实际发生的可能性一样,都是无关紧要的。严格责任并不出现在定义其余四种责任形式的的任何一条轴上。表6提供了责任模式(而不是心理状态)的完整概述。

表6 罪责形式(包括严格责任)

	蓄意	明知	轻率	疏忽	严格责任
行　为					
态度	意定目标	认识	(未定义)	(未定义)	无关的
概率	无关的	100%	(未定义)	(未定义)	无关的
情　状					
态度	认识、相信、希望	认识	有意忽视	不具备	无关的
概率	无关的	100%	重大风险	重大风险	无关的
结　果					
态度	意定目标	认识	有意忽视	不具备	无关的
概率	无关的	实际的确定性	重大风险	重大风险	无关的

五、将行为与罪行（构成要件）进行比对涵摄*

现在，终于可以开始比对涵摄（构成要件该当性的判断）工作了。我们在上一节（第4章第1节）开始分析刑事责任时，检验了被告人是否通过了一般的行为原则的检验——也就是说，他的举动（behavior）是否符合行为（actus）的要求。如果他未能通过这一检验（即，其举动不能称为行为），我们的分析就结束了：被告不负责任。

如此他通过了这一检验，我们就进入下一步——确定他的行为（actus）是否具有犯罪性（reus），也就是说：他的行为是否不仅被视为一个行为，而且被视为一个**犯罪**行为。对此，我们需要研究他的行为是否该当于某一刑法典分则定义并类型化的罪行。正如我们所知道的，每个罪行都可能包含不同类型的要素——由此组成一个特定的犯罪的客观行为（actus reus）。每个要素都可能附随着一个心理状态，也可能没有——从而增加了犯罪的主观要素，完成了犯罪的定义。

在实际操作中，刑事法律的大部分工作都是围绕这种比对涵摄（构成要件该当性判断）操作来进行的：被告人的行为是否符合（该当于）某个罪行的定义？这个法律问题不应与这样一个事实问题相混淆，即国家能否**证明**被告人的行为符合（该当于）被指控的罪行的定义。很多现行的刑法学理论都关注这种该当性的操作：被告的行为该当于某个罪名定义吗？这一法律问题不应当与如下的事实问题相混淆：控方是否能够证明被

---

* 如前所述，罪行（offense）往往相当于大陆法系中的构成要件。——译者注

告的行为该当于指控的罪行的定义。[115]

总体说来，比对涵摄（构成要件该当性判断）过程在很大程度上是刑法分则的问题。事实上，分则正是关于这个问题的：明确哪些行为被定为犯罪。在分则部分，你将会发现对于谋杀、伤害、盗窃、侵占、骚扰等抽象含义的讨论。一旦你理解了这些含义，你就能调查在特定时间、特定地点由特定人员从事的特定行为是否符合被称为谋杀、伤害、盗窃、侵占及妨害公共安宁罪的犯罪理想类型。[116]

关于犯罪的客观行为（actus reus），相比之下，关于犯罪的主观心态（mens rea）的问题在很大程度上已从分则提取出来，并移到了总则中。放到总则中。这是看待《模范刑法典》起草者在修订故意的法律规定时究竟如何做的一种方式。他们用四种责任形式取代了因罪名不同而不同（而不仅是因法官不同而不同）的多种多样的故意。尽管犯罪的主观心态（mentes reae）的数量不如犯罪的客观行为（actus rei）多，但经过普通法数个世纪的发展，附随于大量的罪名的心理要素必然是多种多样的；在《模范刑法典》之后，就只剩下四种。诸如"预谋"（谋杀罪）、**盗窃动机**（animus furandi 或者 lucri causa）（夜盗罪）等丰富多彩的心理状态，就被代之以通用的四种责任形式：蓄意、明知、轻率与疏忽。

---

[115] 请注意，在刑法考试中，一般不会出现关于可证明性的问题。通常情况下，你会被要求假设某些事实，然后对这些事实进行刑事责任分析。

[116] 有极少量的罪名定义出现在《模范刑法典》的总则中，我想在这里说的是未完成罪（未遂、教唆、共谋、持有）。然而，除了持有，这些都不是真正的独立的罪名。它们只是建立了一种刑事责任，这些责任附属于分则中已有的罪行定义（构成要件）。在这个意义上，没有未遂罪，只有未遂的谋杀罪、未遂的强奸罪，等等。这个问题，我们将在下面第 5 章第 2 节中讨论。（关于持有，上文第 4 章第 1 节中已有讨论。）

因此，《模范刑法典》的起草者并不在分则中定义心理状态，而是在总则中对之进行一劳永逸的定义。为了说明总、分则的分工，可用误杀罪为例，分则对误杀的要素予以特定化，其中包括了对心理状态的要求（轻率地导致他人的死亡），而总则则对这一心理状态（轻率）进行定义。

因此，犯罪的主观心态的比对涵摄是一个总则问题，也是我们所研究的问题。如今《模范刑法典》不仅在总则中定义了所有的罪责形式，提出了要与混乱的生活相比对涵摄的抽象概念。它还强调了两种可能阻碍这种比对涵摄的情形：醉酒与错误。这是我们现在将要讨论的。

第3节 醉酒与错误

关于《模范刑法典》对醉酒（intoxication）和错误（mistake）的规定，首先要注意的是，这些规定在很大程度上是多余的。[117] 它们主要是用来阐述两种特别常见的情形，这两种情形下的被告缺乏承担刑事责任所需的犯罪的主观心态。在这个意义上，将醉酒和错误视为"抗辩事由"是令人困惑的，除非你认为一项抗辩事由就是一项罪行（构成要件）的缺失。如果我们必须称它们为抗辩事由，我们可能将其视为"举证不能"[118] 或"否

---

[117] 《模范刑法典》关于"同意"的规定［第2.11（1）条］在很大程度上是多余的，但原因却不相同。"同意"的规定之所以是多余的，是因为它阐明了同意的存在，排除了将缺乏同意作为构成要素的某一罪行的定罪。相对而言，关于醉酒和错误的条款之所以是多余的，是因为它们阐明了缺乏某一责任形式——比如说，明知——排除了对将该责任形式纳入定义的罪行的定罪。参见下文第11章。

[118] See Paul H. Robinson, "Criminal Law Defenses: A Systematic Analysis", 82 *Colum. L. Rev.* 199, 204-08 (1982).

定性构成要素"的抗辩事由,或者,按照三阶层的分析架构,它们是处于**第一阶层**的抗辩事由。

正如它们的称谓所表明的,醉酒与错误的规定明确了被告因醉酒或因对相关问题的误解而可能缺乏必要的心理状态的情形。这两个规定并非**完全**是多余的,但原因略有不同。[119] 醉酒这一条的规定实际上做了与其表面意义相反的事情:它并不是将醉酒确立为一项抗辩事由,而是将醉酒设定为一种例外,这一例外适用于一般的规则,即刑事责任要求行为与罪行定义相符。[120] 换言之,醉酒的规定"限缩"了醉酒的适用范围,将之作为第一阶层的抗辩事由。*

同时,醉酒之规定也扩张了醉酒抗辩事由的适用范围:将醉酒认定为第三阶层的抗辩事由,即免责事由。[121]《模范刑法典》起草者清楚地表明,通常情况下,醉酒,不论其程度多严重,就其本身而言,都不能单独构成一项免责事由。然而,非自愿的醉酒可以作为一项免责事由,如果其严重程度相当于刑事上的精神错乱(或者更确切地说,是具有精神错乱的无能力特征性,但不包括基础性的精神缺陷——一种没有精神病的"精神错乱"。)[122]

事实证明,错误也可以成为一种免责事由。在某些严格限定的情况下,**不知法**是一种抗辩事由(尽管有句古谚是"不知法不免责")。但是,让我们先来看看醉酒的情况。

---

[119] 类似的,《模范刑法典》关于"同意"的规定,一个属于第一阶层的"抗辩",也大体上是多余的——尽管不是完全多余,因为"同意"也可以是第二阶层的抗辩(即正当化事由)。参见下文第11章。

[120] § 2.08 (2).

* 抗辩事由一般是第二、三阶层的。在这里,将"醉酒"作为第一阶层的抗辩事由,是比较特别的,所以作者予以强调。——译者注

[121] 免责事由将于下文第三篇讨论。

[122] § 2.08 (4). 精神错乱将于下文第17章讨论。

一、醉酒（Intoxication）

《模范刑法典》解释说，如果被告因醉酒（或吸毒）而缺乏必要的心理状态，则醉酒可排除其刑事责任。[实际上，它观察到——以一种典型的双重否定的形式——醉酒**不是**一项抗辩事由，**除非**它"否定某罪行（构成要件）的一个要素"，也就是说，它证否（disprove）了一个心理状态的要求。[123]]一切都与常规无异。但是，《模范刑法典》接下来又免除了这一通常不言自明的规则，在法典规定的心理状态层级（蓄意、明知、轻率、疏忽）中，任何要求低于明知的心理状态的犯罪，都不适用这一通常不言自明的规则。起草者制定了他们认为是"醉酒特殊规则"的规定[124]："当轻率成为某罪行的一个构成要素，如果行为人由于自我诱发的醉酒而没有认识到清醒状态下本应认识到的风险，这种没有认识并不影响轻率的成立。"[125]

同样，醉酒也不能否定疏忽。疏忽实际上意味着没有认识，所以说，以醉酒为由说你没有意识到风险，并不能证明你没有疏忽，这只能**解释**你为什么会疏忽。[126]（你在这里其实是在自

---

[123] 用"否定"（negativing）[或"反驳"（negating）]而不是"证否"（disproving）某一罪行的构成要件要素的表述方式，为抗辩事由（如醉酒）提供了空间，这些抗辩事由不会给被告人带来举证责任。

[124] Tentative Draft No. 9, at 8（May 8, 1959）.

[125] § 2.08（2）.（这对应大陆法系的原因自由行为，即有责任能力的行为人，但是陷入了无责任能力的状态，行为人原本可以自由决定，却故意或过失使自己一时陷入无责任能力或限制责任能力状态，并在这种状态下实施了符合构成要件的行为。——译者注）

[126] 由于关键在于"认识"，醉酒排除的是明知与蓄意，至少在它们意味着"认识"的程度上是如此。对于明知而言，这是很明显的。正如我们之前所看到的那样，明知某事，意味着认识它，或者实际上确定它会发生。蓄意就没有这么明显。回想一下，《模范刑法典》并没有以"认识"来定义"蓄意"。如果蓄意是附于行为或结果的，则它意味着有意识的目标——而"有意识"则被认为包含着"认识"（正如轻率那样，轻率要求"有意识的忽视"），不是认识

我归咎，而非自我辩解。）

传统上，醉酒并不能排除疏忽的存在，这一点不言而喻，实际上，《模范刑法典》也继续沿用了这一做法。轻率才是问题的关键所在，这一点很重要，因为许多犯罪都需要轻率——毕竟，轻率是默认的心理状态。如果说醉酒与轻率无关，那就意味着它与刑法的绝大部分内容无关。在这个问题上，《模范刑法典》显示出对传统的——且未经过充分论证的——刑法教义的有些许不常见的遵从，即它只是简单地遵循了旧的普通法观点，认为醉酒能证否的只是"特殊故意的犯罪"。基于这个规则，醉酒的被告可以避免被认定为谋杀罪（这要求证明"特定故意"），但仍应对误杀罪承担责任（这只要求证明"一般故意"）。

普通法对于醉酒抗辩的敌意是深刻而广泛的。毕竟，醉酒在公众场合是一种犯罪，在私下场合，至少也是一种罪恶。[127] 这种敌意一直持续至今日，蒙大拿州的一项法律规定就证明了这一点，该规定为：自愿性醉酒"在认定作为罪行要素的心理状态时，不应纳入考虑"[128]。在维护这一规定时，美国最高法院引用了一份 1820 年斯托里大法官（Justice Story）发表的意见：

这个行为或结果（这是明知所包含的），而是认识某人实施某一行为或引起某一结果的目的或目标。然而，如果是对于附随情状的蓄意，就有可能（而非必然）包括认识，因为相信或希望一个附随情状存在就足够了。参见第 4 章第 2 节第四部分（一）。

[127] 对照鲍威尔诉德克萨斯州案 [Powell v. Texas, 392 U. S. 514（1968）] 中涉及的"公共"醉酒法规："任何人若在公共场所，'**或在除自己住所外的私人住宅**'中醉酒，或被发现处于醉酒状态，应被处以不超过 100 美元的罚款。" Id. at 517 [quoting Texas Penal Code art. 477（1952）]（重点系另行添加）。

[128] Mont. Code Ann. § 45-2-203 [upheld in Montana v. Egelhoff, 518 U. S. 37（1996）]。

据我所知，这是第一次有人主张犯下一个罪行可以作为另一个罪行的免责事由。醉酒是一种严重的恶习，在我们的一些法律中，它被视为一种罪行；而且我在早期的学习中了解到，从法律上来说，醉酒不仅不能作为谋杀的免责事由，反而是其恶劣程度的加重情节。[129]

《模范刑法典》采纳了这项普通法规则，仅仅以"明知或蓄意"来代替"特殊故意"，以"疏忽"代替"一般故意"。[130] 在起草者看来，如果醉酒导致犯罪时缺乏意识，而通常这种情况会排除轻率，那么这种缺乏意识就无关紧要，因为过量饮酒的初始行为*"没有任何肯定的社会价值来抵销潜在的危险"[131]。而且，正是这种行为体现了行为人的罪责——以及异常的危险性。[132] 这一行为本身是否构成犯罪，以及是否属于随后在醉酒状态下实施的罪行的组成部分，并不影响对行为人的责任认定。[133]

---

[129] Montana v. Egelhoff, 518 U.S. 37, 44 (1996) [quoting United States v. Cornell, 25 F. Cas. 650, 657-58 (No. 14, 868) (C. C. R. I. 1820)]; see also William Blackstone, *Commentaries on the Laws of England* 26 (1769) ["英格兰法律考虑到这种免责事由的伪造非常容易，以及它是一个非常薄弱的免责事由（尽管是真实的），因此不允许任何人用一种犯罪来为另一种犯罪开脱"]。

[130] See State v. Cameron, 104 N. J. 42 (1986).

* 这对应大陆法系的原因自由行为理论。——译者注

[131] Tentative Draft No. 9, at 9 (May 8, 1959).

[132] Commentaries § 2.08, at 359.

[133] 这是误杀罪，而不是"醉酒后的误杀罪"，甚至不是"出于谋杀目的而醉酒"。在德国刑法中，醉酒的重要性取决于行为人醉酒时的罪责形式。因此，用《模范刑法典》的术语来说，如果她出于实施某项犯罪的蓄意而醉酒，比如说为了壮胆，那么她就犯下了需要蓄意的罪行。类似的，如果她明知自己在醉酒状态下会实施某一犯罪，那么她就要对需要明知的罪行负责，以此类推，直至轻率（意识到自己很可能这么做）和疏忽（应受谴责地没有意识到这种可能性）。See Claus Roxin, *Strafrecht Allgemeiner Teil* 781-90 (3d ed. 1997) （"原因自由行为"）。

总之，自愿的——或者《模范刑法典》所称的"自我引导"的——醉酒，只有在否定明知或蓄意时才有意义。对于需要轻率或疏忽的罪行来说，它是无关紧要的。起草者已认可一种狭义的理解，将自愿性醉酒作为第一阶层的或证据不足的抗辩事由，而未能将其视为免责事由或第三阶层的抗辩事由。依据《模范刑法典》，即使醉酒极其严重，使得行为人无法辨别对错或控制其行为，换言之，即严重到使行为人陷入刑事上的精神错乱，自发性醉酒并不能构成一种无责任的抗辩事由。[134]

在涉及过去被称为非自愿醉酒——即非自我诱导或"病理性"的醉酒时，《模范刑法典》则更为宽容，也更一致。[135] 然而，对非自愿醉酒的灵活性是有代价的。非自愿醉酒的案例极为罕见，当然，与自愿醉酒的案例相比更是不可相提并论。事实上，起草者找不到任何一起非自愿醉酒辩护成功的案例。[136]

即便如此，起草者并没有将非自愿性醉酒规定为第一阶层、否定要素性的"抗辩事由"，而是将之规定为肯定性的免责事由，

---

[134] § 2.08（3）.德国刑法确实承认因醉酒导致的无责任的免责事由，无论醉酒是自愿的还是非自愿的，这与处理精神错乱案件的相同条款相一致。《德国刑法典》第 20 条（完全无能力）；另见第 21 条（能力减弱）。然而，符合这一免责事由的人并不一定会完全逃脱刑事责任。在自愿醉酒的情况下，他们要对另一项罪行——严重醉酒（Vollrausch）负责。《德国刑法典》第 323a 条。See generally Brian Foley, "Same Problem, Same Solution? The Treatment of the Voluntarily Intoxicated Offender in England and Germany", 4 *Trinity Coll. L. Rev.* 119 (2001); see also Markus D. Dubber & Tatjana Hörnle, *Criminal Law: A Comparative Approach* ch. 8. D (2014).

[135] 使用"非自愿醉酒"和"自愿醉酒"这样的说法可能会产生误导，因为"自愿性"的表述在《模范刑法典》的语境中仅限于行为要件。然而，非自愿醉酒并不意味着是非自愿（不具备有意性的）行为，至少在《模范刑法典》的体系中是如此。无论醉酒是自愿的还是非自愿的，它是否可能严重到足以排除自愿（有意性的）行为，这是另一个问题。此处，《模范刑法典》仅讨论醉酒对犯罪的主观心态（而非犯罪的客观行为）的（有限）相关性。

[136] Tentative Draft No. 9, at 10 n. 25 (May 8, 1959).

或说是第三阶层的抗辩事由。[137] 不同于自愿性醉酒,非自愿性醉酒只有在符合如下条件时,才可成为免责事由:醉酒极为严重以致于行为人无法分辨是非或无法控制自己不去做明知是错误的事情时。在这里,非自愿性醉酒取代了经典的免责抗辩事由精神错乱中的精神疾病或缺陷。至于精神错乱的抗辩,我们将在第三篇中更详细地讨论,这种同样的无能力状态并不是由醉酒引起的,而是由某种精神疾病或缺陷导致的。

《模范刑法典》认可的非自愿性醉酒有两种,其中一种比另一种更显而易见。显然,如果醉酒是由他人引起的,如在某人强迫下陷入醉酒状态(例如,在我睡觉时或在我被绑在椅子上时向我注射海洛因*),或在我毫不知情的情况下诱使我醉酒(例如,在高中同学聚会的饮料中加入酒精),那么这种醉酒在严格意义上就是"非自我诱导"的,即非自愿的。醉酒(吸毒)也可能是非自愿的,而并非由他人引起,例如,当我把可卡因误认为是糖粉,而没有人误导我时。

但除了"非自我诱导"或"他人诱导"的醉酒外,《模范刑法典》还认可另一种非自愿性醉酒。"病理性醉酒"是为了处理那些对自愿摄入的麻醉物异常敏感的人的情况。[138]《模范刑法典》中提到的"病理性醉酒"是指,"考虑到麻醉物的用量,行为人并不知道自己比一般人更容易受到影响,从而导致醉酒程度极为严重。"在这种情况下,与非自愿的自我诱导醉酒的情况一样,不仅酒精(毒品)的摄入是自愿的,而且醉酒(中

---

[137] 在《模范刑法典》中,除另有规定外,肯定性抗辩将举证责任(此指证据的提出责任——译者注)置于被告人身上,但并不要求被告人承担说服责任。§ 1.12 (2).

* 应注意,英美刑法中的词汇"intoxicated""intoxication"既指醉酒,也指中毒(如吸食毒品陷入的状态)。——译者注

[138] See State v. Sette, 259 N. J. Super. 156 (1992)(非自我诱导与病理性醉酒)。

毒）本身也是自愿的。换句话说，非自愿的不是醉酒本身，而是其程度。

二、错误（Mistake）

作为第一阶层的抗辩事由，错误与醉酒的功能极其相似。[139] 然而，与醉酒不同的是，《模范刑法典》并没有对错误作为第一阶层抗辩事由的范围添加外部——"公共政策"——的限制。与非自愿醉酒相同，如果错误否定了在罪行定义中确认的任何形式的罪责，那其就是一种免责事由。所以，如果一个法典规定了禁止对任何 21 岁以下的人售卖酒精，而我认为我的顾客已年满 21 岁，我并不"明知"他只有 19 岁。如果该法条要求"明知"购买者年龄这一附随情状，那么我关于其年龄的错误将成为一项第一阶层的抗辩事由，或说是"证明不能"的抗辩事由。

如果某一罪行要求不同的心理状态时，将会如何呢？比如说轻率？只要我认识到的**事实**不是他未成年，而是他很可能已经成年了，那么我的错误对我来说就不会有任何好处。相似的，在疏忽的情形中，如果我没有意识到，但本应意识到他很可能已经成年的事实，那么我的错误也不会对我有任何帮助。

如果某个罪行不要求任何特定的心理状态——就像在我们的酒类销售例子中可能出现的那样——那么即使是一个非疏忽的错误也无济于事。即使没有任何事情提醒我或者我应该注意到顾客的年龄，我也已经触犯了该定义下的罪行。与所有第一阶层的抗辩事由一样，错误并不是对严格责任的抗辩，因为，如果

---

[139] See, e. g., People v. Gudz, 18 A. D. 3d 11, 793 N. Y. S. 2d 556 (2005).

没有犯罪的主观心态可供否定，你就无法否定犯罪的主观心态。

因此，在严格责任案件中，经常会出现关于错误作为第一阶层的抗辩事由的相关性问题。被告通常会辩称，他没有实施某种罪行，因为他错误地认识了一些附随情状，尤其是一项特殊的附随情状：年龄。否定这种抗辩的最简单的办法，就是认为被告声称自己产生错误的要素是一项严格责任要素。

在所有最著名的错误/严格责任案例中，**雷金娜诉普林斯案**（Regina v. Prince）[140]就是这样一个例子。普林斯根据一项制定法的规定被定罪，该法令将下列行为规定为一项轻罪，"违背其父亲或母亲的意愿，或违背任何合法照管她的人的意愿，非法带走任何未满16周岁的未婚女孩。"普林斯在辩护时称，"女孩安妮·菲利普斯（Annie Phillips），尽管她的父亲证明她在1875年4月6日只有14岁，但她看起来远比16岁要大得多，陪审团根据合理证据认定，在被告带走她之前，她告诉被告自己18岁，被告真诚地相信这一说法，而且这个相信是合理的。"[141]

普林斯案最初的问题是："未满16周岁"是不是一个严格责任要素，或者，用传统的普通法用语来说，它是不是"认识"（scienter）所要求的要素，这里的认识大致相当于蓄意、明知或轻率，但可能不包括疏忽，除非它是严重的疏忽。用《模范刑法典》的术语来说，如果它是一个严格责任要素，那么错误就没有区别。是吗？

运用我们所信任的解释规则，假设正在讨论的法条出自《模范刑法典》，没有其他内容，那么答案是否定的。基于规则一，"当法律没有规定足以构成某罪行的实质要素的罪责时"，

---

[140] (1875) L. R. 2 C. C. R. 154.
[141] (1875) L. R. 2 C. C. R. 154.

轻率是默认的心理状态。(在这里并不适用规则二,因为该罪行定义的任何地方都并没有出现罪责的形式,因此不能将某一要素的罪责形式适用于所有要素。[142] 规则三并不适用,因为该罪行出自《模范刑法典》,并且是一个轻罪,可能判处监禁。)如果轻率是适用的罪责,那么轻率的错误就不是一个抗辩。如果我认为她很有可能不满16岁时,仅仅误认女孩18岁是不够的。(相反的,如果适用的是疏忽,则虽然有错误,但只要我**应当认识到有这样的可能性**,我的错误就不会有帮助,以此类推。)

但是,所有人都同意普林斯的错误是"合理的",也就是说,这不是《模范刑法典》所谓的轻率,甚至疏忽。[143] 被告依然败诉了,原因在于,法庭认为,依据《模范刑法典》的规定,他所合理地错误认识的要素——"未满16周岁"——是一个严格责任要素,这使得他的错误成为无关紧要的。

假设普林斯被控一个刑事罪行,一个轻罪,而不是一个非刑事的违警罪,对年龄要素的这种解读将与《模范刑法典》的犯罪心理的要求[第2.02(1)条]相矛盾。然而,应当注意的是,《模范刑法典》为此要求设定了一个相关的例外:"关键年龄"是10岁(如在强奸罪中所定义的,"一名男性与一名女性发生性关

---

[142] 实际上,普林斯案认为"非法的"就是一种心理状态。但《模范刑法典》并非如此。参见第2.02(9)条(行为的违法性不是罪行之构成要件)、第3.11(1)条(非法暴力的定义)。"非法的"更常被理解为指不存在正当化事由,尽管这有点多余。参见普林斯案 [Regina v. Prince, (1875) L. R. 2 C. C. R. 154, 布拉姆韦尔 (Bramwell) 大法官的意见]("'非法的'一词意味着'不合法的''以非法方式''无合法理由'——比如,警察因指控重罪而进行的抓捕,或父亲从学校接走自己孩子的行为,就存在这样的合法理由。")请注意,"非法的"也作为附随情状出现,这可能——也可能不——附带有某种心理状态。例如,参见第212.1条(绑架罪)("非法的")、第221.2(2)条(非法侵入罪)("未获许可或特权","以法律规定的方式")、第223.2条(通过非法取得或处分的盗窃罪)、第224.3条(欺诈性地销毁、移除或隐匿可登记文书)("法律规定应公开登记的文书")。

[143] § 1.13(16)。

系",该女性"未满 10 周岁"[144]),则性犯罪中的年龄要素是严格责任要素。如果是其他年龄——即高于 10 岁——那么将由被告来"排除合理怀疑地证明他合理地相信该儿童超过关键年龄"[145]。

  《模范刑法典》关心一般的犯罪心态规则的这一狭窄例外,超过了另外两个我们之前遇到的对犯罪的主观心态要求的两个例外——允许对"违警罪"以及刑法典正文之外定义的罪行实行严格责任。[146] 应当注意的是,《模范刑法典》规定的强奸罪是一个重罪,正如其他所有的美国的刑法典所规定的一样。这一例外可能很狭窄,但它也具有实际的意义。

  当然,实际上这里有两个例外。一个是清晰的。如果关键年龄是 10 岁,那么年龄就是一个严格责任要素——不要求犯罪心理。然而,如果关键年龄超过 10 岁,那该发生什么就不那么清楚了。由于只有对被害人年龄的"合理的"错误才能被视为一个抗辩——而《模范刑法典》在其他地方将"合理的"错误定义为一种既非轻率也非疏忽的错误——我们至少可以将疏忽重新纳入年龄要素中,行为人在受害者的年龄问题上至少必须存在疏忽错误,才能构成犯罪。

  这样一来,我们确实有了一个心理状态要素,从而使该法条符合《模范刑法典》对犯罪的主观心态的坚持,即使只是它的一个弱化版本——因为我们要求的是疏忽,而不是通常默认的轻率。

  然而,问题在于,该法条现在又与《模范刑法典》的另一

---

[144] § 213.1 (1) (d).
[145] § 213.6 (1).
[146] § 2.05.

项要求相冲突——从**温希普案**（In re Winshtp）[147]后开始宪法化的原则——国家对于一个罪名的每一个要素（包括犯罪的主观心态）都承担证明责任，且必须达到排除合理怀疑的程度。[148]那么，《模范刑法典》怎么能将举证责任转移到被告身上呢？

简单但无特别助益的回答是，从程序上讲，《模范刑法典》将对年龄的错误转化成为一项"积极抗辩"。[149]但是，《模范刑法典》仅仅简单地将某个**罪行要素**的缺乏转化为一种**抗辩事由**，显然无法避开**温希普规则**的限制。[150]

也应当注意的是，基于《模范刑法典》自身的规定，一项积极抗辩通常也不会将举证责任置于被告身上。相反，被告仅仅承担证据**提出**责任（"提出支持性证据"），而证据**说服**责任（证明责任的另一部分）仍然由国家承担。[151]因此，对于年龄的错误相当于一种超积极抗辩，它将整个证明责任都转移给被告——就像对法律的无知一样（正如我们稍后将看到的）。[152]那么，能够产生关于年龄错误的积极抗辩的免责事由的理论究竟是什

---

[147] 397 U.S. 358, 364 (1970)（构成指控被告人的犯罪所必需的每一个事实）。

[148] 《模范刑法典》第1.12（1）条。请注意，与《模范刑法典》的犯罪的主观心态要求不同，其举证责任要求适用于所有要素，而不仅仅是实质性要素。参见《模范刑法典》第2.02（1）条。

[149] 从实质上来说，年龄上的错误可能会作为一种免责事由（即第三阶层的抗辩），这是建立在如下假定之上的：没有人会将对受害者年龄的错误视为表面上的犯罪的客观行为的正当化事由（即作为第二阶层的抗辩事由）。参见下文第7章。

[150] 实际上，这可能是可行的。See Patterson v. New York, 432 U.S. 197 (1977)（挑衅）；Martin v. Ohio, 480 U.S. 228 (1987)（自卫）。

[151] 《模范刑法典》第1.12（2）条。只有在国家没有将辩护证据作为案件的一部分提出的情况下，被告人才需要承担举证责任。只要"有支持抗辩的证据"，被告人就无需提出任何证据。《模范刑法典》第1.12（2）（a）条。

[152] §2.04（4）; see also §§2.07（5）（应尽的注意义务）、2.13（2）（诱捕）、5.07（暂时占有）。

么呢——是不可避免性、缺乏自控能力、无责任能力吗?[153]

然而,让我们假设,我们所处理的既不是一个严格责任罪,也不是一个通过设立转移举证责任的积极抗辩来定义的例外犯罪。换言之,让我们假设,我们正处理的是一个非常普通的罪名,而《模范刑法典》的通常的、通常也是多余的、关于错误的规定也可适用了——任何否定罪行要素的错误都会排除刑事责任,正如其他第一阶层的抗辩("缺乏证据")那样。

这是值得注意的,即使在一般的案件中也是如此,并不是任何错误都会否定任何心理状态要素。例如,关于某人罪行构成要素的一个轻率的错误将排除该罪行的定罪,如果该罪行对这一构成要件需要"明知"(即准确的信念或知情)。(一个不合理的错误依然是一个错误。)但它并不阻却某一罪行的刑事责任,如果该罪行对所讨论的要素需要具备轻率的心态。(一个轻率的错误依然是轻率。)换言之,一个错误可能仅仅相当于部分"抗辩",可以将责任由严重罪行(例如,要求明知或蓄意的罪行)减轻为较轻的罪行(只需要轻率或疏忽的罪行),而不是排除所有的刑事责任。

更重要的是,《模范刑法典》规定,即使我的错误"抗辩"在一个特定的罪行中获得成功,我也可能无法完全逃脱刑事责任。相反,我将根据我错误地认为我正在实施的罪(而不是实际实施的罪)受惩罚(或接受刑罚矫正治疗):

尽管无知或错误本可以为被指控的犯罪提供抗辩,但

---

[153]《模范刑法典》对抗辩理由的处理方式将在下文第12章进行讨论。

如果情况如被告所假设的那样，被告将犯下另一项罪行，则不得使用这种抗辩。然而，在这种情况下，被告的无知或错误应将其可能被定罪的罪行的等级和程度降低至如果情况如其所假设的那样、他原本会犯下的罪行的等级和程度。[154]

为了了解起草者是如何制定出这一听起来奇怪的规则，让我们回过头来看看**普林斯案**[155]的关键内容。该案的法官说理部分展示了分析错误主张的各种方式。我们已讨论了其中的一种——即因错误主张与严格责任要素无关而予以驳回，这里指的是将未婚女孩从父亲身边带走的年龄问题。其他的方式则涉及前述引用的《模范刑法典》的段落文字中体现的同一种思想实验。每一种方式都要求将被告的想象世界（虚构的世界），即他误以为的——错误认为——世界，与事实世界进行比较。这种观点在每个人所问到的虚构世界的问题上有分歧（"假设情形像他所假设的那样"）。有一种观点认为，如果被告在虚构世界中实施了**违法行为**（违法性的测试），那么他主张的错误的抗辩事由是无关紧要的。[156] 另一种观点认为，如果被告在虚构世界中实施了**非法行为**，即违反民事或刑事法律的行为（非法性的测试），那么错误就是不重要的。[157] 还有一种观点认为，即使被告在虚构世界中犯了错误或违法行为，这也不会阻止他依靠错误主张而排除责任[158]：只有当他在虚构世界中犯下的是罪行，而非民

---

[154]　§ 2.04（2）.
[155]　（1875）L. R. 2 C. C. R. 154.
[156]　Id.（布拉姆韦尔大法官的意见。）
[157]　Id.［布雷特（Brett）大法官的意见］。
[158]　Id.

事违法行为（如违约或侵权行为）时，他的错误主张才会被无视——当然，这并非指他在事实世界中被指控的罪行（犯罪性测试）。

《模范刑法典》层层推进，从假设的错误性到违法性，再到犯罪性，每一阶段都是前一阶段的子集。如果被告即使在虚构世界中也会犯罪，那么《模范刑法典》同样不允许以错误为由来为**所指控的犯罪**辩护。但是，模范刑法典并没有止步于此，停留在普林斯案所熟悉的犯罪性测试上。事实证明，对所指控犯罪的定罪，并不必然意味着对所控罪行的惩罚。相反，被告将根据他在虚构世界中认为自己所犯的罪接受刑罚矫正治疗。因此，假设出售酒精给 15 岁的人是一项刑事轻罪，而出售给一个 16 岁的人则是一项非刑事的违警罪。我被控刑事轻罪，因为购买者事实上只有 15 岁，但我成功地构成了一个事实错误的抗辩，因为我认为购买者是 16 岁。在这种情形下，《模范刑法典》将认定我因出售酒精给 15 岁的人成立犯罪，但"减少犯罪的等级和程度，从我事实上可能被定的罪，减到依据我所假设的情形我所构成的罪"，换言之，将所认定的犯罪重新归类为违警罪，因此也按照违警罪来惩罚（或治疗）。

因此，矫正方案与对犯罪人特定犯罪倾向的刑罚学诊断相匹配，而不是与她实际犯下的抽象罪行相匹配，这再次证实，《模范刑法典》中的罪行定义只是粗略地表明犯罪倾向，在某些情况下可以忽略不计。这就是为什么某人可以被判犯有一种罪行（事实上），但却被当作犯了另一种罪行（虚构中）来处理。

从教义学上讲，让某人因未实际犯下但却自认为犯下的罪行而承担法律责任并不那么容易，这毫不奇怪。解决这个问题的最明显的办法是将被告定罪为她自以为犯下的罪行的**未遂犯**，而不是她实际犯下的罪行。[159] 另一种方案是按较轻的罪行（尽管是虚拟的）认定，而不认定为较重的罪行（实际的），并惩罚轻罪。由于程序的原因，[160] 另一种办法是定罪为较轻微——虽然是虚构的——的罪行，而不是定罪为更严重——且是真实的——的罪行，然后按照较轻的罪行进行惩罚。起草者之所以选择较为笨拙的"定为此罪、按彼罪的等级和程度惩罚"的解决方案，是出于程序上的原因。

如果实际罪行轻于虚构的罪行怎么办？如果被告在她认为的情况下犯下了重罪，但结果她的行为只构成轻罪怎么办？根据《模范刑法典》，她似乎应对更严重的虚构罪行承担刑事责任（或至少按照这个较重的罪的等级和程度进行惩罚）。毕竟，《模范刑法典》对于错误问题的处理基于这样一个命题：一个人应根据她认为自己犯下的罪行，而不是她实际犯下的罪行来对待。然而，《模范刑法典》的起草者并不这么认为。错误应该减轻责任，而不是加重责任，即使虚构的世界比现实的世界更糟糕（或更危险）。错误只用来"降低他可能被定罪的罪行的等级和程度，**降低**到如果情况如他所认为的那样，他会被定罪的罪行的等级和程度"[161]。正如《模范刑法典注评》所解释的，行为人不应因其没有必要的罪责而承担更严重的后果，**也不应因未发生**

---

[159] 这会导致与既遂罪的处罚——或刑罚治疗——基本相同，因为《模范刑法典》对未遂罪的处罚与既遂罪相同，除非未遂罪是一级重罪，此时未遂罪将按二级重罪处罚。See § 5.05（1）。

[160] 主要是因为，对被告进行与起诉书未指控的某项罪行相关的定罪是不公平的，尤其是，当被告人如果不产生错误就会构成某一罪名，而这个罪名没有相应的减轻罪名的情况下。See Commentaries § 2.04, at 273-74.

[161] § 2.04（2）（重点系另行添加）。

更严重的既遂罪行而承担责任。[162] 然而，这是为什么呢？[163]

我们在讨论错误问题时，至少得提一下事实错误与法律错误的区别。这种区分在大量普通法意见中得到了不同程度的阐释，但在《模范刑法典》对错误的处理中并没有发挥作用。根据《模范刑法典》，错误的分类方式并不重要；唯一重要的是它是否否定了某罪行的一个要素。（因此，第2.04条规定了关于**事实或法律**的无知或错误。）在普通法中，分类至关重要，这种情况经常发生。[164] 事实错误是重要的，而法律错误则不然。[165] 正如人们可能怀疑的那样，问题在于如何将这两者区分开来。从一个角度看像是法律的问题，从另一个角度看则像是事实的问题（从某种意义上说，法律难道不是事实吗？），还有法律适用于事实时的错误问题，以及解释法律是事实还是法律的问题。法律与事实之间的区别从未能够站稳脚跟——只需看看在现代刑事诉讼中（在美国和其他地方[166]）区分陪审团与法官任务所付出的西西弗斯式的努力*，更不用说试图区分法律不能犯与事实不能犯的企图了。[167]

---

[162] Commentaries § 2.04, at 274（重点系另行添加）。

[163] 在《模范刑法典》对未遂罪案件中不可能性抗辩的处理中，也会出现类似的问题。参见下文第5章第2节。

[164] 例如，请回想一下"特定故意与一般故意之间模糊且未经分析的区分"在醉酒法律中的关键作用。Tentative Draft No. 9, at 4 (May 8, 1959); 参见第4章第3节第一部分。

[165] 许多以《模范刑法典》为基础的法典都保留了传统的对事实错误的限制。See, e. g., N. Y. Penal Law § 15.20 (1)（"错误的事实信念"）; cf. § 15.20 (2)（对法律的无知是一种免责事由）。

[166] Cf. Albert W. Alschuler & Andrew G. Deiss, A "Brief History of the Criminal Jury in the United States", 61 *U. Chi. L. Rev.* 867 (1994); Markus D. Dubber, "The German Jury and the Metaphysical *Volk*: From Romantic Idealism to Nazi Ideology", 43 *Am. J. Comp. L.* 227 (1995).

* 西西弗斯式的努力（Sisyphean efforts）是指徒劳无功的努力。——译者注

[167] 关于不能犯的讨论，参见下文第5章第2节。

然而，即使在教义学上可能无法明确区分，但在实际运用中，尤其是在《模范刑法典》的框架下，事实错误与法律错误的区分仍然存在。因此，大量阻却了某一罪行要素的错误——即作为第一阶层抗辩（缺乏证据）的错误——将是事实错误。因此，**普林斯案**中关于女孩年龄的错误是一个事实错误，如果有任何犯罪的主观心态依附于这个罪行的年龄要素，它将被阻却（当然，后来事实证明，这个罪行中没有任何精神状态被阻却）。相比之下，关于另一项附随情状要素的错误，例如女孩是否处于她父亲的"占有"之下，可能是法律错误，或者至少是一种"法律事实"（或将法律应用于一系列事实）的混合错误，如果它基于对当时国内法的占有概念有所误解的话。

同时，在《模范刑法典》中作为第三阶层抗辩（免责事由）的典型错误，则是法律的错误。当然，在普通法中，并不存在法律错误这一概念；法谚**"不知法不免责"**被认为是防止刑事混乱不可或缺的堡垒——毕竟，谁不会抗辩说他不知道谋杀是一项犯罪呢？这种担忧在很大程度上解释了人们对法律错误的敌意。因此，坚守事实错误与法律错误的划分，对于维护国王的和平——或后来的公共秩序——至关重要。

《模范刑法典》的起草者愿意在某些情况下为法律错误留出空间。我们已经看到，《刑法典》并没有完全排除法律错误作为第一阶层抗辩的可能性——只要这种错误否定了某罪行的一个构成要素。[168] 而且，《模范刑法典》规定了独立的第三阶层的法律错误。毕竟，在某些特定、有限的情况下，对法律的无知

---

[168] 最明显的是在将"非法"作为附随情状的犯罪中。参见前注 142；另参见利帕罗塔诉美国案 [Liparota v. United States, 471 U.S. 419 (1985)]（"未经授权"）。

可以作为免责事由。稍后，我们将对这种免责进行更详细的讨论。[169] 现在，让我们看看它与作为第一阶层抗辩事由的错误之间有何不同。

正确的说，对法律的无知是一种抗辩事由；对法律的明知并不是一个罪行的（构成要件）要素，因此，对法律的无知并不否定该罪行的成立。对法律的无知是一项积极抗辩，因此被告必须以优势证据证明之。[170]

作为第三阶层的抗辩，对法律的无知可以用于所有的罪行，包括严格责任罪。这是因为，与第一阶层的错误不同，它并不否定依附于特定罪行的构成要素（如年龄）的犯罪的主观心态。

那并不是说，对法律的无知不能作为第一阶层的抗辩，但只有某罪行定义在实际上将对法律的知晓作为其中的一个构成要素时，对法律的无知才能作为第一阶层的抗辩。一些法院正是以这种方式解释了非常不符合《模范刑法典》规定的"任意"这一犯罪的主观心态。由于"任意"并非《模范刑法典》规定的任何一种心理状态，因此《模范刑法典》司法管辖区的法院都尽其所能地试图将"任意"纳入《模范刑法典》规定的四种犯罪的主观心态之中——在很大程度上忽视了《模范刑法典》本身关于"任意"（它是"明知"的近义词）的说明。[171]

---

[169] 参见下文第 15 章。

[170] Cf. § 15.20（2）. 实际上，它是一种超级肯定性辩护，因为它将全部举证责任置于被告人身上，而不仅仅是提出证据的责任。关于另一种类似的辩护，如在某些性犯罪中对受害者年龄的辩护，参见上文第 4 章第 3 节第二部分。

[171] § 2.02（8）.《模范刑法典》在定义犯罪时，特意不使用"任意"（wilfulness）一词。在 1955 年美国法律协会的会议上，赫伯特·韦克斯勒回应了勒纳德·汉德（Learned Hand）法官关于"故意"是一个"可怕的词"的评论，他说："我同意汉德法官的观点，我向你保证，《模范刑法典》在定义任何犯罪时都不会使用这个词。但是，由于这个词是如此可怕且常见于监管法规中，我认为给它赋予某种规范意义是有用的。"ALI Proceedings 160（1955）.

例如，在纽约，"任意"就是"明知"加上"对法律的并非无知"，这里的"法律"并不是所讨论的特定刑法条文，而是从一般意义上讲的作为规范的法律。换言之，该被告就是在"任意"行为，只要她行为是"明知"的，并对于其行为的违法性（或不法性）* 是"知晓"的，即使其对于行为的犯罪性并不知晓。[172]

第4节　对他人行为的责任

为了完整讨论根据第 1.02 条可能构成犯罪的"行为"，让我们看看《模范刑法典》如何处理一个人的行为成为另一个人行为的情况。[173] 何时一个人的行为——符合某种犯罪定义——被视为另一人的行为？何时一个人的实际行为成为另一个人的构成性行为？何时一个人的行为可**归责于**（imputed）另一个人？

《模范刑法典》对于以上问题提供了两种答案：

(1) 当"行为时伴随着实施该罪行所要求某种责任心态，引起了一个无辜的或无责任能力的人参与该行为中"**，或者

---

* 在这里，应该注意的是，英美刑法对于犯罪的主观心态，是注重区分对事实的主观心态（构成要件阶层）与对规范的不法意识（责任阶层）的，而且，其不法意识不是对法规的认识（相当于我国的刑事违法性），而是对法规范的认识（形式违法性及实质违法性），这与德日刑法是一样的。——译者注

[172] People v. Coe, 71 N. Y. 2d 852 (1988); see also Ratzlaf v. United States, 510 U. S. 135 (1994); Bryan v. United States, 524 U. S. 184 (1998); see generally Sharon L. Davies, "The Jurisprudence of Willfulness: An Evolving Theory of Excusable Ignorance", 48 *Duke L. J.* 341 (1998).

[173] 关于普通法中共同犯罪及其历史发展的有益讨论，see Francis B. Sayre, "Criminal Responsibility for the Acts of Another", 43 *Harv. L. Rev.* 689 (1930).

** 这相当于大陆法系刑法中的间接正犯。——译者注

(2)"其是他人在实施某罪行时的共犯。"[174]

答案（2）往往吸引了最多的教义学的关注。这是有道理的，一方面是因为它比答案（1）（毕竟，什么是共犯?）更复杂，另一方面是因为它适用于更多的案件。但是，如果将关于共同犯罪的法律放在其教义学背景中来看待，即作为《模范刑法典》所说的"一个人因另一人的行为而承担法律责任"[175]的一种方式，那么共犯法就更容易理解了。要记住，共同犯罪是关于行为的，这可能也有助于我们更容易区分共同犯罪和共谋（conspiracy）。共同犯罪是一种归责理论，共谋是一种犯罪。共犯关注的是行为，而共谋关注的是一种协议。但是，我们现在讨论这些就是超前了。[176]

一、工具（Instruments）*

答案（1）背后的基本理念是，如果我把另一个人当作仅仅是实现犯罪目的的手段，那么刑法将把该人的行为视为我自己的行为。这个同样的原则排除了以下情形的刑事责任：一个人被另一个人扔进第三人的路径中，从而被用作实施对该第三人进行袭击的手段。在那种情况下，被扔的人没有刑事责任，因为她没有实施一个自愿（具有有意性的）行为。相反，扔人者——且只有扔人者——要承担刑事责任，因为只有他——且只有他——实施

---

[174] § 2.06（2）. 该条款还包含了另一个答案：每当《模范刑法典》如此规定时。《模范刑法典》第2.06（2）（b）条，一个适例就是"帮助自杀罪"。§ 210.5（2）.

[175] § 2.06（2）.

[176] 对照下文第5章第2节第二部分。

* 这里的"工具"所讨论的内容，对应大陆法系的间接正犯理论。——译者注

了这一行为。

现在,《模范刑法典》的归责条款处理的是该工具从事了一项具有有意性的行为(act),并在这种意义上从事了**行为**(conduct)——这引出了这样一个问题,即她的行为能否归咎于另一个人。根据《模范刑法典》,这种归咎在满足以下两个条件时是允许的:因果关系,以及无辜或不负责任。

从因果关系的角度来看,归责条款是多余的。它实际上说的是,如果一个人引起了犯罪的客观行为,那么她就要对此负责。然后,她是否引起了犯罪的客观行为的发生,将根据因果关系的法律来确定。[177] 当然,这里的困难在于,被引起的不是某种结果性损害——如死亡——而是另一个人的行为。然而,另一个人完全有能力自己决定是否要继续让她的行为被另一个人"引起"。

当然,这种假设是成立的,但也只是假设而已。在行为人的行为是"无辜或不负责任"的情况下,这种假设就不成立了。如果我甚至不知道自己正在从事某种犯罪的客观行为,那我就无法对是否要从事这种犯罪的客观行为作出自主决定。所以,如果你交给我一个药品,我认为是感冒药,我喂给了生病的孩子,但实际上——你很清楚——那是毒药,那么我"从技术上讲"可能就是实施了符合谋杀罪定义的行为的人——引起了他人的死亡——但你是导致我引起该死亡的人。

"无辜"并不一定局限于不知情。[178] 假设,我完全知道你

---

[177] 这将在下文第 5 章第 1 节讨论。
[178] "无辜"的概念并不十分适合出现在刑法典中,至少看起来如此。甚至刑事程序也不认可这一概念,而是采用"罪过"(或"有罪过的")概念,或是反义词"无罪过的"。对照下文第 14 章(诱捕的倾向)。

87　给我的是毒药，但你用枪指着我的头，迫使我去喂正在咳嗽的8岁小孩。在这种情况下，我的行为难道不应该也归咎于你吗？因为你的威胁使我变成了你犯罪目的的工具。

　　然而，这或许是对一个"不负责任"的人的利用，而不是一个无辜的人。根据对胁迫抗辩的看法——特别是该抗辩是否适用于谋杀罪——我可能能够使我的行为免责化。在《模范刑法典》中——该抗辩确实允许在谋杀罪中使用——我将拥有一个相当好的辩护理由，即你对我施加了一个如此严重的威胁，以至于我无法忽视这一威胁，不得不做你命令我做的事，因而我不能就此承担责任。[179]

　　那么，其他免责事由呢？军事命令？诱捕？不知法？如果一个人对责任有宽泛的理解，认为所有的免责事由，都是在解决一个特定环境下的特定行为者、能否为其已被确认的不法行为负责的问题，那么任何将另一个人置于可以免除其刑事责任地位的人，在法律上都应对该人表面的犯罪的客观行为*负责。

　　然而，《模范刑法典》似乎对责任——以及不负责任——持更狭隘的观点。它将一整条的内容都用于阐述"责任"（第4条），但其中只提到了两种可以免除刑事责任的抗辩事由，即精神错乱和年幼。因此，我们可以确定的是，任何利用"疯子"或"儿童"[180]去实施犯罪的客观行为的人，都将对该行为负责，

---

〔179〕 See § 2.09. 再次的，鉴于受害人是我要尽照顾义务的人，也许一个"处于我情境中的抽象理性人也会无法抗拒"这种威胁。

　* 表面上的犯罪之客观行为（facially criminally conduct），相当于大陆法系刑法中构成要件该当之行为。——译者注

　〔180〕 Commentaries § 2.06, at 302; see, e.g., Johnson v. State, 38 So. 182 (Ala. 1905).

"就像那个行为是他自己的行为一样"[181]。至于谁才算作"疯子"或"儿童",大概需要根据《模范刑法典》第4条对精神错乱和年幼的规定来确定。

二、共同犯罪（Complicity）*

无辜或不负责任的人类工具只是特殊情况。事实上,他们是例外。通常的假定和规则是,实际从事表面的犯罪行为的人既不是无辜的也不是不负责任的。那么,这个人的行为怎么能归咎于我呢?**我**的刑事责任怎么能"源自"**他**的犯罪的客观行为呢?[182]

这是对于共同犯罪法律的挑战。毫无疑问,如果某人实施了刑法条文规定的行为,他就实施了一个犯罪。该人是正犯。问题在于,刑事责任能否延伸至其他人,即可能的共犯。那么,谁是共犯呢?

在任何情况下,这都是《模范刑法典》体系下的问题。该体系大大简化了普通法下共同犯罪（"犯罪参与者"或"从属性责任"）的教义学。[183] 普通法建立了一套复杂的区分,以区

---

[181] Commentaries § 2.06 at 300; see generally Commonwealth v. Tavares, 382 Pa. Super. 317 (1989).

* "Complicity doctrine"对应大陆法系的共同犯罪理论,是指在特定情况下,如果行为人［从犯（the secondary party）］因为其与他人［主犯或正犯（the primary party）或实行犯（perpetrator）］所犯罪行的关联,将对该他人的行为负责。——译者注

[182] 这就是帮助自杀如何区别于共同犯罪——以及教唆罪的。自杀不再被认为是一个犯罪,因此,帮助或教唆自杀也不能成立共犯。因此,需要创造"作为一个独立罪行的帮助或教唆自杀"。§ 210.5 (2); 然而,引起自杀应认定为杀人罪, see People v. Duffy, 79 N. Y. 2d 611 (1992).

[183] 请再次注意,犯罪的客观行为的不同参与者存在差异,并不仅仅是旧式普通法的残余。德国刑法学对于参加者及其罪责也认可了类似的分类。

分各种犯罪参与者的不同参与程度。以下是最高法院的精辟总结:

> 在重罪案件中,犯罪参与者被分为四个不同的类别:①第一级主犯,即实际实施犯罪的客观行为的人;②第二级主犯,即实际或推定在现场并帮助或教唆犯罪实施的人;③事前从犯,即帮助或教唆犯罪但不在犯罪现场的人;④事后从犯,即在犯罪完成后提供帮助的人。[184]

和通常一样,《模范刑法典》用一个单一的、灵活的标准取代了这套复杂的规则,这一标准由根据《模范刑法典》的指导行使自由裁量权的程序参与者来适用。[185] 现在,挑战不再是弄清楚谁算作哪一类的主犯或从犯,而是要抓住问题的核心——谁算作共犯?答案是:

> 如果一个人……以促进或便利某一罪行的实施为目的,那么他便是另一个人所实施的罪行的共犯:
> (1) 教唆(solicats)该另一人实施该罪行;
> (2) 帮助(aids)、同意(agrees)或试图帮助(attempts to aid)该另一人策划或实施该罪行。[186]

因此,《模范刑法典》保留了普通法共同犯罪理论的实质性

---

[184] Standefer v. United States, 447 U.S. 10, 15 (1980); see also 4 William Blackstone, *Commentaries on the Laws of England* 34-35 (1769). 在轻罪中,并不存在如此精致的区分,每个参与者都是主犯。

[185] 参见上文第2章(《模范刑法典》的法律程序方法)。

[186] § 2.06 (3). 关于不作为共同犯罪,将在之后讨论。注意,第2.06条下的不同款是如何结合在一起的:第(1)款规定,你可能为他人的行为"承担法律上的责任",第(2)款接着解释"承担法律上的责任"的含义,包括成为"共犯",第(3)款规定谁才算上得一名"共犯"。

核心。普通法所说的"帮助"（aiding）或"唆使"（abetting），在《模范刑法典》中被称为"帮助"（aiding）或"教唆"（soliciting）。同时，《模范刑法典》的起草者试图从多个方面对普通法进行改进。最重要的是，他们试图将教义学的关注点集中在他们认为的核心问题上，即共犯行为与正犯行为的关系，* 而不是集中在主犯与从犯类型之间的形式上的区分上。除了说明显而易见的内容（但不一定是普通法），即不作为也可以构成共犯，起草者还试图为"唆使"（abetting）[187]这一晦涩概念的骨架增添一些血肉。因此，《模范刑法典》的"教唆"（solicitation）条款，将"教唆"（solicitating）定义为："以促进或便利犯罪的实施为目的……命令、鼓励，或要求另一人参与一个特定的行为，这一行为将构成该犯罪或构成该犯罪的未遂罪。"[188]

此外，《模范刑法典》通过将对共犯的处罚范围扩大到仅仅是企图帮助的行为，澄清了——并可以说扩大了——"帮助"（aiding）这一普通法共同犯罪形式的范围。普通法对于共犯责任并不要求具备条件因果关系（but-for/sine qua non），[189] 普通法并不将共犯责任仅限于主犯如果没有共犯的协助就无法实施犯罪的情形，而是仅仅要求共犯的帮助是一个促成因素，即它

---

* 注意："principal"既指正犯，也指主犯。在普通法中是指主犯，有一级主犯与二级主犯之别；而在《模范刑法典》中是指正犯，只与共犯相区别。相应的，普通法的"从犯"在《模范刑法典》中不再使用，而是换成了"共同犯罪"（complicity）概念。——译者注

[187] 根据《韦氏词典》（Merriam-Webster），"abetting"源于诺曼时代英国所用的法语"abeter"；"a"（源于拉丁文词头"ad"）+ "beter"，即使之上钩之意。

[188] §5.02（1）.关于共同犯罪的规定的最初草案并不使用"教唆"的概念，而使用了"教唆"所包含的"命令、要求、鼓励、刺激"。Tentative Draft No.1, § 2.04（3）, at 11（May 1, 1953）.

[189] 基于因果关系教义学的一般理论，既要求条件的（或事实的）因果关系，也要求相当的（或注意，法律的）因果关系。参见下文第 5 章第 1 节。（注意：英美刑法中"proximate causation"是指相当的因果关系，而不应译为"近因"，后者是"recent causation"或"recency"。——译者注）

产生了一些影响，而不是决定性的影响。[190] 相比之下，《模范刑法典》甚至将对共犯的处罚范围扩大到那些对主犯毫无用处的企图共犯。从刑罚治疗的角度来看，无论行为人是犯罪成功，还是只是尽其所能以取得成功而最终却因为这样或那样的原因没有成功，其危险性的刑法诊断都是相同的。正如我们稍后将看到的，这种方法推动了《模范刑法典》对未遂责任，尤其是共犯责任的普遍处理方法。[191]

同时，《模范刑法典》摒弃了所谓的**平克顿规则**，根据该规则，共谋（conspiracy）本身即意味着共同犯罪（complicity）。根据**平克顿诉美国案**（Pinkerton v. United States）[192]，共谋的每个成员都自动成立共同犯罪，对共谋者为推进共谋而实施的任何行为承担刑事责任。无需提供任何额外的帮助或者教唆的证据。共谋本身，无需其他证据，就满足了共同犯罪的条件，即使没有任何证据表明所谓的共犯实际上做了什么——或者试图去做什么——来帮助或教唆，或者，甚至不需要证明他知道其共谋者所犯的具体罪行。

由于共犯者的责任是从属于主犯的行为，通过将后者的行为归咎于前者，**就像**共犯自己实施了该行为一样，因此，根据《模范刑法典》，适当的调查重点是主犯在实施某一罪行时的行为，而不是主犯与其他人在此之前达成的某些协议。问题在于，企图成为共犯的人是否事实上教唆了企图成为主犯的人实施该特定的罪行，或者事实上帮助或试图协助她实施该罪行。共谋——对从事某种特定犯罪的客观行为的协议——也许可以充分地证实"帮助

---

[190] See, e. g., State v. Tally, 15 So. 722, 738-39 (Ala. 1894).
[191] 参见下文第 5 章第 2 节。
[192] 328 U. S. 640 (1946).

或教唆",但并非必须。在共同犯罪的问题上,共谋因此具有证据意义。它并不是法律上成立共同犯罪的依据。

《模范刑法典》的起草者认为,摒弃**平克顿规则**(该规则在包括联邦刑法在内的许多司法管辖区仍然有效),是"《模范刑法典》制定与(普通法)产生分歧的最重要之处"[193]。然而,这是否具有超乎教义学上的重要性,则是另一个问题。[194] 将一项法律规则转变为证据标准的实践效果在于,给事实发现者(理论上是陪审团,实践中则是法官,或在辩诉交易中的检察官)提供了更多的操作空间。至于相关程序参与者是否会利用这一自由裁量权得出不同的结果——在这种情况下,即在**平克顿规则**将之视为法律上的共犯,却认定不存在共同犯罪——则是另一个问题。(在《模范刑法典》起草者决定通过将其转变为证据标准来"摒弃"另一项严格的普通法规则——谋杀重罪时,也产生了同样的问题。[195])至少从理论上来说,以及按照良好的法律程序模式,他们会根据《模范刑法典》中规定的标准行使"由法典赋予的自由裁量权……在标准不足以决定时,则根据(第1.02条)所述的一般目的行事"[196]。

在现有的语境中,只需指出一点,即起草者在扩大共犯本

---

[193] Commentaries § 2.06, at 307.

[194] 在有些案件中,这种区别是明显的,see People v. McGee, 49 N.Y.2d 48 (1979); see also State v. Stein, 27 P.3d 184 (Wash. 2001).

[195] See § 210.2 (1) (b),基于轻率及"极度漠视生命价值"的假设而定义一种谋杀罪,这源于对某种所谓重罪的实施。与传统的重罪不同,州府保留了对谋杀罪所必须的犯罪的主观心态的证明责任,也就是说,在这种情形下,要证明轻率和漠视。关于这里的漠视是不是一种精神状态的问题,see People v. Register, 60 N.Y.2d 270 (1983). 在《模范刑法典》废除关于重罪谋杀罪的详尽的研究,see Guyora Binder, "Felony Murder and Mens Rea Default Rules: A Study in Statutory Interpretation", 4 *Buff. Crim. L. Rev.* 399 (2000); see generally Guyora Binder, *Felony Murder* (2012).

[196] § 1.02 (3).

身定义的同时，还竭尽全力补偿因放弃**平克顿规则**而缩小共同犯罪成立范围的做法。否则，我们又如何解释"帮助、同意或企图帮助另一人策划或实施"某一罪行这种语言上的怪象呢？或许，《模范刑法典》的起草者需要向全国各地的立法者、法官和检察官保证，情况并没有发生太大的变化，任何在**平克顿规则**下被认定为共犯的人，在起草者认为合适的情况下，也将被《模范刑法典》的共同犯罪条款所涵盖。

至于《模范刑法典》对所谓共同犯罪的犯罪客观行为本身的处理，就讨论这么多。在共犯的犯罪的主观心态的问题上，《模范刑法典》本来要采取的方案比其实际采取的方案更有趣。这是《模范刑法典》在少数几个问题上没有采纳其主要起草人赫伯特·韦克斯勒观点的问题之一。韦克斯勒倾向于将明知作为共犯的犯罪的主观心态。[197] 然而，勒纳德·汉德（Learned Hand）法官却主张蓄意说。最终，汉德法官的主张赢得了支持。[198] 在《模范刑法典》共犯章节的初稿中，有一个条款将共犯仅仅建立在明知自己的行为是在帮助他人实施某一罪行的基础上，但该条款被删除了。[199]

因此，根据《模范刑法典》，蓄意才是共同犯罪所要求的主

---

[197] "明知"在其他的司法管辖区是充分（的犯罪的主观心态）［它一般是包含故意与明知的泛指意义上的概念，经常还包括了其他东西，例如间接故意/未必故意（dolus eventualis）］。See, e. g., R. v. Hibbert, [1995] 2 S. C. R. 973 (Can.)（故意要件导致"不合情理的结论"）; see generally Markus D. Dubber & Tatjana Hörnle, *Criminal Law: A Comparative Approach* ch. 10 (2014). "Dolus eventualis"是"故意"向"轻率"扩张的一种形式，参见上文第4章第2节第四部分。

[198] Commentaries § 2.06, at 318-19. Contrast United States v. Peoni, 100 F. 2d 401 (2d Cir. 1938) (Hand, J.), with Backun v. United States, 112 F. 2d 635 (4th Cir. 1940) (Parker, J.).

[199] 其规定如下："一人是另一人所实施的犯罪的共犯，如果……他明知另一个正在实施犯罪或具有实施犯罪的故意而给予帮助，该帮助实质性地便利了该犯罪的实施。" Tentative Draft No.1, § 2.04 (3), at 11 (May 1, 1953). 另一版本则是，"明知另一人正在实施，或具有实施犯罪的目的而给予帮助，他明知是为犯罪的实施提供工具或机会，这实质性地便利了该犯罪的实施。" Id.

观心态。[200] 然而，明知与蓄意之间的界限也许并不是那么难以跨越。法律长期以来一直承认，可以从一般的明知情况中推断出蓄意，在共犯案件中尤其如此。[201]《模范刑法典》的起草者自己也承认，这两种心理状态之间的界限原本就是"狭窄"的。[202]

明知的帮助并不成立共同犯罪——即将一个人的行为归咎于另一个人——这并不是说，该行为不会受到惩罚。与《模范刑法典》本身不同，一些受其启发而修正的刑法典，插入了一个独立的"帮助罪"，这实际上是将《模范刑法典》原始的共犯规定中删除的明知条款所涵盖的行为予以犯罪化。[203]

总之，《模范刑法典》中的共同犯罪包括蓄意地帮助或唆使（"教唆"）另一人实施某项犯罪的客观行为。在这种情形下，另一个人成为我的正犯，而我成为她的共犯，这意味着她的行为可以归责于我，或我将为她的行为"承担法律上的责任"。

基于共同犯罪的基本概念，法典中关于共犯的其他内容就

---

[200] 然而，那并不是完全正确。尽管故意是将正犯行为归责于共犯所要求的，但根据《模范刑法典》第2.06（2）（a）条，它却不是将"工具"的行为归责于其使用者所要求的。Commentaries § 2.06, at 302-03. 在这个意义上，无辜或不负刑事责任的人被视为像无生命的物体——比如锤子或遥控机器人——能够以某种方式自愿行动，因此能够实施行为。他们的使用者的刑事责任将完全取决于所犯罪行所要求的主观心态。认定正犯"轻率"地使用人类工具去实施犯罪的客观行为，实际上就是在说其轻率地实施了犯罪的客观行为，从而应当为任何主观上要求轻率的罪行负刑事责任。《模范刑法典注评》有一个极端的案例，"行为人轻率地将车钥匙交给一个以疯狂驾驶著称但不具有刑事责任能力的人……如果那个不具有刑事责任能力的人真的以这种方式使用汽车，那么行为人就应该对其杀人行为负刑事责任。" Id, at 302.

[201] See, e. g., People v. Lauria, 59 Cal. Rptr. 628（Cal. App. 1967）.

[202] Tentative Draft No. 4, at 124（Apr. 25, 1955）.

[203] 例如参见《纽约州刑法典》第115.00条："一个人构成了第四级的刑事帮助罪，当他相信自己有可能在为另一个故意实施犯罪的人提供帮助，他通过向实施者提供工具或机会而参与了该行为，因为事实上帮助了该行为人实施重罪。"注意，纽约州立法要求的不是明知，而是对帮助可能性的相信。See, e. g., People v. Adams, 307 A. D. 2d 475, 763 N. Y. S. 2d 347（2003）. 尽管它被归类为未完成罪（或不完全犯罪），它仍然违背了其在共同犯罪中的起源，该起源要求实际实施帮助犯罪的行为。关于未完成罪的讨论，参见下文第5章第2节。

相对容易被理解了。由于共犯是行为的归责，而行为可能包括作为与不作为，因此，在负有作为义务的情况下不作为也可能构成共同犯罪，这并不令人意外。[204]

《模范刑法典》中关于结果犯的条款同样显得多余，这里所指的是那些包含结果要素的罪行。[205] 成为共犯，意味着在法律上要对另一个人的行为负责，而不一定需要对那个人的行为所产生的结果负责。共同犯罪使我处于另一个人的位置，将他的行为视作我自己的行为；我还需按他的行为来承担责任。换句话说，这意味着我的行为满足了该罪行的一个构成要件，即行为要素。至于是否也满足了另一个构成要件，即结果要素，则是另一个需要探讨的问题。[206]

如果结果要素要求具备某种犯罪的主观心态，包括除蓄意之外的其他犯罪的主观心态，那么我对该结果的责任将取决于我是否对该结果具备必要的犯罪的主观心态。而回答这一问题的答案，与回答正犯是否具备必要的犯罪的主观心态的问题毫无关系。这也意味着，如果这些罪行在它们所要求的结果要素上的犯罪的主观心态有所不同，那么正犯和我可能面临不同的刑事责任——即，我们实施了不同的结果犯之罪行。因此，以大家最喜欢的结果犯罪的客观行为例，共犯和正犯可能实施了不同类型的杀人罪。如果正犯有意识地以导致死亡为目标而行为，那么他就成立谋杀罪。如果他的共犯只是对可能导致死亡具有轻率的心态，那么她将成立误杀罪。

当我们说共同犯罪的犯罪主观心态是蓄意，其实就是说，

---

[204]　§ 2.06（3）(iii).
[205]　§ 2.06（4）.
[206]　See Riley v. State, 60 P. 3d 204（Alaska App. 2002）.

共同犯罪对于行为的犯罪主观心态是蓄意。至于对结果的犯罪的主观心态，则取决于犯罪定义中的规定。这留下了附随情状这一要素，它是《模范刑法典》中认可的第三个也是最后一个要素类型。至于共犯在此方面的犯罪的主观心态的要求——究竟是像行为一样以蓄意为导向，还是像结果一样由该罪行的定义来决定——该《模范刑法典》并未明确说明。[207]这也并无大碍，因为确定行为何时结束、附随情状何时开始并非易事，这一点我们在之前的犯罪要素类型讨论中已经有所了解。此外，请回顾一下，对于附随情状持有蓄意之犯罪的主观心态的行为，被定义为"意识到这些情状的存在"（这与"明知"的定义相吻合），或者"相信或希望它们存在"[208]（这接近于"轻率"的概念，因为相信是对小于实际确定性的风险的认知）。

但让我们假设，在某一特定的罪行中，我们能够区分行为与附随情状，并且轻率与疏忽（更不用说蓄意）在对待附随情状方面存在显著差别。在这种情况下，似乎《模范刑法典》应该像对待结果一样对待附随情状，因此，任何附随情状的犯罪的主观心态都应是犯罪定义中规定的，而不是蓄意。这样，正犯与共犯在刑事责任分析上的唯一区别就在于对行为所持的犯罪的主观心态（当然，除非该罪行本身要求对于行为持蓄意之心态，在这种情况下，共犯与正犯将被同等对待）。行为之所以不同，是因为正如我们所见，行为是正犯与共犯之间的纽带，是将责任从一方传递到另一方的通道。一旦这种纽带确立，每个人都将根据其精神状态所符合某一特定刑法规定的要求，而承

---

[207] Commentaries § 2.06, at 311 n.37. See also Commentaries § 5.03, at 408-14（共谋正犯）。
[208] § 2.02 (2) (a) (ii).

担相应的责任。[209]

由于共同犯罪将正犯的行为归责于共犯,从而使共犯处于正犯的境地,因此,对于那些自身无法实施某种罪行的人施加共犯责任也是合理的。[210] 因此,即使我不是公职人员,无法作为正犯成立受贿罪,我仍可以作为共犯成立受贿罪。我的责任是依附于正犯的行为的,因此,如果她犯了该犯罪,我也实施了该犯罪。

然而,如果**支付**贿赂款也构成犯罪呢?如果我是通过支付贿赂款来帮助收受贿赂者的,那么,我既要为受贿罪(根据共犯理论)承担责任,也要为行贿罪(作为正犯)承担责任。[211](事实上,如果公职人员索要贿赂,她也将面临双重责任,一是作为受贿的正犯,二是作为行贿的共犯。)为了处理这种情形,[212]《模范刑法典》规定,共犯责任并不延伸至"不可避免地

---

[209] 鉴于此,在《模范刑法典》下,对于实施一个不要求行为人对一个或多个构成要件要素具备预谋的犯罪的客观行为的主犯(正犯)而言,其行为的参与者仍然有可能被视为该犯罪的共犯。See, e. g., People v. Flayhart, 72 N. Y. 2d 537 (1988)(疏忽杀人)。虽然共犯对其行为必须具有预谋的心理状态,但主犯对于其所犯罪行的构成要件要素的心理状态在确定共犯的责任时是不相关的(当然,这对他自己刑事责任的认定是非常重要的)。主犯在共犯责任认定中的意义仅在于作为替代者,其实际行为可以视为共犯的行为。主犯与共犯之间仅通过行为这一线索相连,因此他们可能面临不同的责任,这在普通法中并不十分明确,因为普通法强调共犯与主犯(或更确切地说,是不同类型的共犯和主犯)之间的"共同故意"。See, e. g., Maiorino v. Scully, 746 F. Supp. 331 (S. D. N. Y. 1990)(共同犯罪中的一人犯有谋杀罪和谋杀未遂,另一人犯有误杀罪和故意伤害罪)。[对于共同犯罪的本质(即,共同犯罪要求什么是"共同"的),上述观点类似于大陆法系的行为共同说,而非犯罪共同说。——译者注]

[210] § 2.06 (5).

[211] See e. g., Standefer v. United States, 447 U. S. 10 (1980). 另外的例子,关于出售者与购买者的关系(或者分销商与持有者),对于刑法中的毒品犯罪具有尤其重要的意义。see People v. Manini, 79 N. Y. 2cJ 561 (1992).

[212] 但双重处罚并不仅仅限于这种情形,《模范刑法典》的起草者也在考虑这样的情形:当一个立法可能并不想将共犯行为犯罪化,甚至该行为并不被某些将产生正犯责任的罪行所覆盖,正如在行贿与受贿的情形中。起草者引用了"公众态度中的矛盾情绪",特别是在诸如晚期堕胎案件中,当一位女士起诉其医生时,这种情绪尤为显著。他们指出,如果在这一类案例中过度扩张正犯责任,将可能导致公众支持的完全丧失。Commentaries § 2.06, at 325.

附属于"某罪行实施的"伴随行为",除非立法机关另有规定。[213] 然而,应注意的是,《模范刑法典》起草者并不认为这种限制是其对共同犯罪的处理方式(或禁止双重定罪原则的要求[214])的必要组成部分:立法机关仍然可以将不可避免地附属于犯罪的伴随行为作为共同犯罪予以犯罪化;他们只需要明确表示要这么做。*

现在,由于共同犯罪的责任是从一个人(正犯)流向另一个人(共犯),那么共犯能否阻止这种责任的流动呢?如果可以的话,该如何阻止?通过"在某项罪行的实施前终止共同犯罪关系"。[215] 这一规定与未遂罪(以及其他未完成罪)法律中的放弃犯罪(或中止)规定的类推,不同之处在于,这里改变主意的是共犯,而不是(可能的)正犯。[216] 虽然"放弃犯罪蓄意"足以避免未遂罪的责任,但如果我是共犯,还需要付出更多努力。如果只要我,或者我是正犯,改变犯罪的主意就意味着犯罪不会发生。相比之下,如果我是共犯,即使我放弃了犯罪计划,正犯仍可能实施犯罪。因此,共同犯罪的法律不仅要求我停止正在做的事情——即停止帮助或教唆——还要求我消除已经做的事情带来的影响。根据《模范刑法典》的规定,这并不意味着我必须成功阻止犯罪的实施,或者我必须尽一切可能阻止它。相反,它要求我"使我的共同犯罪在犯罪实施中失去效

---

[213] § 2.06 (6).《模范刑法典》也特别规定了"被害人"的行为在其各自的被害过程中并不能产生责任。§ 2.06 (6)(a).

[214] 双重危险不应被认为是一个问题,因为《第五修正案》规定,任何人都不得"因同一罪行两次受到生命或肢体危险",而对等罪行不等于"相同(罪行)"。

* 对等罪行相当于大陆法系中的对向犯问题;而双重危险禁令相当于大陆法系中的禁止重复审判原则。——译者注

[215] § 2.06 (6)(c).

[216] 参见下文第5章第2节第四部分。

力",也就是说,我要消除它作为犯罪发生的一个原因。我如何做到这一点取决于我的帮助的性质。如果我为实施犯罪提供了手段(例如武器或盗窃工具),我就必须收回它们。如果我所做的只是鼓励,那么劝阻可能就足够了。另外,我也可以"做出适当努力来阻止该罪行的实施",也许是通过向警方或受害者报警,或以其他方式,不过,这些努力并不需要成功。

中止条款在本质上规定了在某些特殊情况下,故意帮助或唆使他人实施某一罪行并不会使我对该人的犯罪的客观行为承担法律责任。如果我放弃犯罪蓄意,并做出"适当努力"来阻止犯罪,那么正犯的犯罪的客观行为最终将不会归责于我。这是通过帮助进行归责的规则的一个例外。换言之,中止条款反驳由足以证明派生责任的行为引发的对于犯罪危险性的推定。

根据《模范刑法典》共同犯罪章节的规定,最不符合《模范刑法典》将共犯视为派生责任的普遍做法的是最后一项条款,即被指控的正犯的无罪开释并不会阻碍对被指控的共犯的定罪。但是,如果共犯的责任是从正犯那里派生出来的,则,如果没有主犯,又怎么会有共犯呢?[217]

根据《模范刑法典》起草者的说法,简短的回答是:陪审团。然而,众所周知的,陪审团可能会作出前后不一致的裁决。而正犯的一个错误的无罪开释就足够了。为什么要用一个错误来弥补另一个错误呢?正如《模范刑法典注评》所言,"虽然这种不一致的裁决会带来困难,但与因为对犯罪者的指控出现失误而给予共犯豁免相比,它们似乎是一个较小的恶行。"[218] 但是,我

---

[217] See, e. g., People v. Taylor, 12 Cal. 3d 686 (1974) ["从属禁止"(collateral estoppel)规则在正犯无罪释放后,阻止了对共犯的定罪]。

[218] Commentaries § 2.06, at 328; see also Standefer v. United States, 447 U. S. 10 (1980).

们如何知道哪个是司法失误呢？是正犯的无罪开释，还是共犯的定罪？不过，不用担心，因为——正如《模范刑法典注评》所强调的——某项罪行的实施仍然需要得到证明才能确定共犯的责任（即使被假定实施该罪行的人被宣告无罪），[219] 无论如何，"这都是程序上的问题，不需要在实体刑法典中解决"，[220] 至于这种规避有多大价值，那就另当别论了。[221]

三、法人（Corporations）

在我们继续深入之前，我们需要简要提及刑法教义学中的另一个方面，即一个人的行为被归责于另一个人，甚至被归责于除自然人以外的"法人"实体。[222] 在后一种情况下，《模范刑法典》规定，公司（或未注册的团体）需对代表其行事的某些人，即其"代理人"的行为承担法律责任。因此，法人责任与共同犯罪类似，都要求对行为进行归责。它不同于共同犯罪

---

[219] But see § 5.01 (3)（对于未实施帮助罪的未遂责任）。

[220] Id.

[221] 尽管如此，仍然存在一些实体性的问题。如果正犯被无罪释放不是因为她没有参与犯罪（即因为她没有满足刑事责任分析的第一阶层），而是因为她有有效的辩护，无论是正当还是免责，那么，该怎么办？如果她是正当的，似乎她的共犯也不会被追究刑事责任，但这不是因为他不是共犯，而是因为他也可以利用正当化的抗辩——将自己与她（正犯）置于同一处境。在免责的情形中，归责的工具理论是否适用（见上文），或者即使正犯被免责，他是否仍可能是共犯（即帮助犯或教唆犯）？不过于仓促地下结论（参见上文第7章），一种常见（尽管不是特别精确）的方式来区分正当化与借口是：前者关注的是行为本身，而后者关注的是行为人。正当使得该行为不是不法的，而免责使该行为人无需对该行为承担责任（尽管该行为是不法的）。作为行为的特征，将正当与行为一起从正犯归责（转嫁）于共犯。作为行为人的特征，免责就不能这样。See, e.g., United States v. Lopez, 662 F. Supp, 1083 (N.D. Cal. 1987); State v. Montanez, 894 A.2d 928 (Conn. 2006). See Thomas Weigend, "Societas delinquere non potest? A German Perspective", 6 *J. Int'l Cuim. J.* 927 (2008); see generally Markus D. Dubber & Tatjana Hörnle, *Criminal Law: A Comparative Approach* ch. 11 (2014).

[222] § 2.07.

之处就在于，归责的对象不是另一个人，而是非个人的实体（或者，用《模范刑法典》的行话来说，不是"自然人"，而是非自然人[223]）。这个被拟制出来的"人"——法人，没有能力，因此，严格来说，其代理人的行为根本无法归责于它。（因为它没有腿，无法站在与正犯相同的位置；即便它有腿，也无法像正犯一样行走[224]）。相反，法人的责任必须建立在另一个基础上，即前文提到的**代理关系**。[225]

尽管《模范刑法典》允许将一个人的行为归责于法人，但它并不规定人际间的替代责任，即，将法人内部的一个人（例如下级员工）的行为归责于另一个人（如他的上级）。当然，如果管理者按照共同犯罪法的规定帮助或唆使了其下属的行为，那么她可能作为共犯而承担责任。但是，法人内部两人之间的关系——或雇主与员工之间的关系——并不会导致一方因另一方的行为而承担刑事责任。根据《模范刑法典》，**上级责任原则**并不适用于刑事责任，即使是在法人的背景下也不适用。[226]

---

[223] 并非只有《模范刑法典》通过编纂法令的方式解决了关于法人人格的长期争议。它将"人"定义为包括"任何自然人，以及相关的法人或非法人团体"。§ 1.13 (8)。

[224] 人们可能会得出结论，认为这些和类似的困难，或者说是公司刑事责任的独特性，是彻底拒绝法人刑事责任可能性的理由。然而，《模范刑法典》并没有认真考虑这一选择；毕竟，最高法院很久以前就认可了法人刑事责任，尽管这种认可是在一个草率的意见中作出的，将该结果视为一个预先确定的结论。N. Y. Central & Hudson River R. R. Co. v. United States, 212 U. S. 481 (1909). 德国刑法，至少在法律上（如果不是事实上），继续拒绝法人刑事责任。See Thomas Weigend, "Societas delinquere non potest? A German Perspective", 6 *J. Int'l Crim. J.* 927 (2008); see generally Markus D. Dubber & Tatjana Hörnle, *Criminal Law: A Comparative Approach* ch. 11 (2014).

[225] 这种归责理论适用于公司代理人的任何行为，无论是什么罪行。See, e. g., Commonwealth v. Penn Valley Resorts, 343 Pa. Super. 387 (1985)（杀人罪）；People v. Warner-Lambert, 51 N. Y. 2d 295 (1980)（同样是杀人罪）。

[226] But see United States v. Dotterweich, 320 U. S. 277 (1943)（承认替代刑事责任）；Commonwealth v. Koczwara, 397 Pa. 575 (1959)（与前者相同，但"在涉及真正犯罪的案件中"除外）。

第5章
"……造成或可能造成……"

到目前为止，我们已经探讨了《模范刑法典》第1.02条中犯罪定义的第一部分，也是传统上最重要的部分：行为。请回想一下，该条将犯罪定义为"对个人的或公共的利益造成或可能造成重大损害的行为"。

传统英美刑法主要关注犯罪的两大要素：犯罪的客观行为（actus reus）和犯罪的主观心态（mens rea）。我们了解到《模范刑法典》如何将这两个概念细分为各个罪行构成要素和罪责模式，并配备了法定的解释规则和将一人的行为归责于另一人的理论。现在，让我们更深入地探讨刑法中定义的行为与其可能（或不可能）造成的损害之间的关系。在本篇的下一章，也是最后一章，我们将考虑这种损害的性质，而不是它与行为的关系。[227]

第1节 因果关系

关于行为与损害之间联系的问题，或者更具体地说，关于犯罪的行为要素和结果要素的问题，其理论定位在于因果关系

---

[227] 参见下文第6章。

(causation)法——"行为与结果之间的因果关系"[228]。首先要注意的是,因果关系只在结果犯中是一个问题,也就是说,只存在于包含结果要素的犯罪中。这些犯罪的一个主要例子是杀人罪,它完全是结果犯,正如《模范刑法典》的定义所明确指出的:"如果一个人蓄意、明知、轻率或疏忽地导致另一人死亡,则他犯有刑事杀人罪。"[229]根据这一定义,导致另一人死亡的方式并不重要,重要的是他确实这么做了。就杀人罪的责任而言,无论是下毒、绊倒、刺伤、射击、推搡还是撞倒,都是相同的。行为是必需的——即使是通过不作为——但行为与死亡之间的联系(在该罪名的定义中未具体说明)才是关键所在。因果关系在行为犯(例如,酒后驾车或通奸)或状态犯(例如,持有毒品或流浪)中不是一个问题,这些犯罪无论可能产生什么有害后果,都会被定罪。

关于因果关系的另一个要点是,它由两个部分组成:首先,存在事实上的原因(没有前者就没有后者)。在刑法中,要使一个行为成为结果的原因,它必须是结果的**必要条件**(conditio sine qua non)。其次,存在法律上的原因(相当性)。要使一个先前事件成为原因,它必须既是事实上的原因,也是法律上的原因。也许,将法律原因理解为因果关系法中除了事实原因外,还需要满足的其他条件,以便将行为视为原因,尽管这种说法听起来有些绕口,但可能是最佳的理解方式。[230]《模范刑法典》

---

[228] § 2.03. See David J. Karp, Note, "Causation in the Model Penal Code", 78 *Colum. L. Rev.* 1249 (1978).

[229] § 210.1 (1).

[230] 侵权法中"法律原因"的概念同样是同义反复的。See Restatement (Second) of Torts § 9 ("行为人侵权行为导致的因果序列,使得他人的某些受法律保护的利益受到侵犯……因此,除非有某种抗辩事由,否则法律认为行为人应对这种损害承担责任")。

在其因果关系部分的开头就直接指出了这一点：

(1) 当满足以下条件时，行为是结果的原因：

(a) 该行为是先前发生的事件，如果没有这个事件，所讨论的结果就不会发生；同时，行为与结果之间的关系满足了《模范刑法典》或定义该犯罪的法律所规定的任何额外的因果关系要求。[231]

也许并不令人意外，大部分因果关系法都是关于法律原因的。事实上，《模范刑法典》中关于因果关系的其余部分正是关于这些"由法典规定的额外因果关系要求"。结果证明，这些额外的因果关系要求，会根据相关犯罪结果要素所附带的罪责模式（如果有的话）而有所不同。

但在探讨模糊的法律原因概念之前，我们先简要地谈谈事实上的原因。《模范刑法典》并没有给传统的事实原因分析增加新的内容，也没有为旧的事实原因问题找到新的解决方案。这些问题往往会在有两个潜在事实原因的情况下出现。如果两个行为共同构成了结果的充分原因，也就是说，如果其中任何一个行为都足以导致结果发生，那么它们中的任何一个都不是结果的必要条件原因。假设两个人各自独立地向第三人发射了一发致命的子弹。这两发子弹都不是受害者死亡的必要条件原因，因为即使其中一发没有被发射，受害者也会死亡。受害者唯一不会死亡的情况是，两发子弹都没有被发射。然而，因果关系法将这两发子弹都视为必要条件原因。这是怎么做到的呢？通过强调因果关系调查关注的是在特定时间以特定方式造成的特

---

[231] § 2.03 (1).

定伤害，而不是法律条文中捕捉到的抽象的类型性损害（"另一人的死亡"）。而这个特定时间以特定方式造成的特定伤害实际上正是由这两发子弹造成的。此外，虽然每一发子弹单独来看并不构成必要条件原因，但二者共同构成了一个单一的、累积的必要条件原因。如果不是**其中一发子弹**被发射，该受害者的死亡就不会发生。

必要条件原因听起来似乎并不重要。但要看到它有一定的实质内容，可以将其与共同犯罪责任所需的因果关系类型进行比较。回想一下，为了将帮助行为构成共同犯罪，并不需要这种帮助是正犯无法实施犯罪的**必要条件**。[232] 在这方面，《模范刑法典》遵循了传统的分析方法，比如在著名的**国家诉塔利案**（State v. Tally）中就有这样的阐述：[233]

> 所提供的帮助……不必以必要条件的方式促成犯罪结果，即如果没有这种帮助，结果就不会发生。如果它仅仅使得结果更容易发生，即使没有它结果也会发生，那么这种帮助就已经足够了。只要这种帮助仅仅使得主要行为人更容易实现他和帮助者唆使者所意欲的目标，尽管在所有可能性中，即使没有这种帮助，目标也会达到，但这就足够了。

并非每一个先前事件都是促成原因，并非每一个促成原因都是必要条件原因，而且——最重要的是——并非每一个必要条

---

[232] 侵权法也是如此，它所要求的并未超过条件原因，成为"导致损害的实质性因素"就足够了。Restatement (Second) of Torts § 431 (a).

[233] 15 So. 722, 738-39 (Ala. 1894).

件原因都是相当的原因*或法律上的原因。刑事法中关于因果关系的大部分内容都关注于这第三个也是最终的过滤条件，它应用于导致特定损害的无数先前事件之中，而这种损害是刑法所禁止的。

从这个意义上说，因果关系法类似于共同犯罪法。两者都涉及归责或归咎。共同犯罪法规定了何种条件下一个人的行为可以归咎于另一个人。因果关系法则确定何时可以将特定的损害——"结果"——归责于一个人的行为。

当然，有一种相当直接的方式可以建立结果与行为之间的必要联系，从而能够将结果归咎于实施行为的人：人们可能会决定，事实上的原因，或者严格意义上的原因就足够了。[234]

然而，《模范刑法典》并没有止步于此。它明确提出了传统普通法因果关系分析中看似事实调查中的规范性成分。与普通法使用"因果关系链条"被"介入因素"中断的说法不同，《模范刑法典》将法律原因分析明确地以罪责（可归责性）**和公平归咎为框架。问题不在于某种行为是不是某种结果的原因。问题在于是否应该将某种结果归咎于实施该行为的人。

---

* "Proximate cause"，一般译为"近因""直接原因"，但应更规范的翻译为"具有相当性的原因"。"Proximate cause"来源于法谚"Cause Proximate non Remote Specular"（只看近因，不看远因）。这里的"近"和"远"并非指时间或空间上的距离，而是指因果关系的直接性和紧密性，是指导致某个结果发生的最直接、最有力、最有效的原因。美国刑法使用"相当的因果关系"原则来确定因果关系使其判断更公平公正。See Joshua Dressler, *Understanding Criminal Law*, Carolina Academic Press, 2018, p. 188.——译者注

[234] 可以说，这同样适用于侵权法。See Restatement (Second) of Torts § 435（可预见性无关）。

** 原文为"culpability"，中文译为"罪责""可归责性"，均可。在内容上，它实际上相当于中国刑法中的罪过形式（包括故意、过失）。它与刑事责任（与刑罚相联系，是三阶层评价结束后才讨论的内容）、归责（与因果理论相联系，是第一阶层构成要件论的讨论范畴），为免混淆，此处译为"罪责"。——译者注

再次强调,《模范刑法典》的起草者可以被视为用一般、灵活的标准取代了普通法中关于如何处理特定的成群因果关系问题的规则,而将这一标准的应用留给了程序参与者(特别是陪审团)在指导下的自由裁量。[235] 然而,值得注意的是,起草者在灵活性和规范性方面并没有走得太远。最终,他们回避了特别指示事实认定者——即假想的陪审团——去忽略一个"发生得太遥远或太偶然,以至于无法**公正地**影响行为人的责任或其罪行的严重性"的结果。相反,对正义的考虑则被置于没有约束力的括号中。[236]

由于《模范刑法典》中的因果关系涉及归责,它与共同犯罪法相似。然而,从另一个角度考虑,《模范刑法典》中的因果关系可以与另外两个相关的教义学问题相提并论:犯罪的主观心态和未遂。在共同犯罪的案件中,与在因果关系法中一样,归咎主要是罪责(可归责性)的问题——特别是精神状态的问题。这并不是说因果关系和犯罪的主观心态是完全相同的事情。可以把犯罪的主观心态看作是从抽象层面对罪责(可归责性)问题的初步考虑——即犯罪的定义层面。如果没有犯罪的主观心态,那么因果关系的问题甚至都不会被提出来。

因果关系将可归责性的调查带到了一个更具体、更事实层面的层次——即实际发生的事情的层面。假设行为人(即被告)与一项法规中定义的一般的类型性结果(例如,死亡)之间的联系已经确立,接下来我们就会问自己,行为人的特定行为与

---

[235] 参见上文第 2 章(法律程序和《模范刑法典》)。
[236] (这意味着相当因果关系的考量并非强制性的,而是留给事实认定者自由裁量的空间。——译者注)§ 2.03 (2) (b) & (3) (b) ("太过偏僻或偶然,以至于影响到行为者的责任或犯罪的客观行为的公正性"); see Commentaries § 2.03, at 261. 使用该起草技术的其他地方,see § § 4.01 (1) (精神错乱), 210.6 (死刑裁量因素)。

抽象结果（即死亡）发生的特定方式之间是否存在类似的联系：是通过刺伤、开枪、用拳头击打、击中头部还是胃部，是一次、两次还是三次，是瞄准一个人但击中了另一个人，这个人在被醉酒司机撞倒后、接受不恰当的医疗护理后、因绝望于自己的伤势而自杀后，在三分钟内、五天内还是两年后死亡，等等。这些细节在刑事法规的表面上都没有出现——在这种情况下，与绝大多数的因果关系案件一样，是杀人案——然而，正是这些细节决定了能否将一个特定的结果有原因地归咎于特定人的特定行为。

因此，《模范刑法典》的因果关系测试看起来像是法典中犯罪的主观心态测试的特定化和简化版本。法规中定义的类型性结果（即死亡）经过了复杂的犯罪的主观心态测试；现在，实际发生的具体结果（即在黑暗中使用电线勒死）则要经过流水线式的因果关系的检测。

罪责（可归责性）有五种模式——包括严格责任。[237] 有三种因果关系测试。一种是针对蓄意和明知（或者更确切地说，是针对将蓄意或明知附加到结果要素上的犯罪；谋杀罪就是一个例子）。一种用于轻率和疏忽（例如，分别是轻率致人死亡罪*和疏忽致人死亡罪）。还有一种用于严格责任。

其基本思路很直接。如果需要对抽象的犯罪要素（即死亡）具有蓄意或明知，那么对于具体的结果（例如，通过勒死导致的死亡）也需要有"蓄意"或"预见"。如果轻率或疏忽是结

---

[237] 参见上文第4章第2节。

* 《模范刑法典》将误杀罪进一步区分为轻率致人死亡（manslaughter/reckless homicide）和疏忽致人死亡（negligent homicide）。轻率致人死亡包括以下两种情形：一是杀人行为系轻率为之；二是行为人在极度精神或情感干扰的影响下实施原本可能构成谋杀的行为，且该干扰具有合理的解释或免责事由。参见《模范刑法典》第210.3条。——译者注

果的犯罪的主观心态，那么实际结果无需在行为人的蓄意或预见之内；相反的，对于轻率（你会记得，它被定义为意识到风险但置之不理），它只需要是"处于行为人意识到的风险范围之内"；对于疏忽（在《模范刑法典》的犯罪的主观心态条款第2.02条中，它被定义为拟制的但非实际的对风险的意识），它只需要是处于她"应当意识到"的风险范围内。

大多数有趣的因果关系案件并不受这些背景规则的约束。它们是这些规则的例外。《模范刑法典》特别处理了两种特别常见的例外：①不同的受害者，②不同的伤害。受害者的身份差异是无关紧要的。如果实际结果与预期结果[238]的不同仅仅在于它影响了一个不同的受害者（一个人或一件财产），那么该结果仍然会被因果地归咎于行为人。假设我瞄准了卡尔的头并扣动了扳机，完全预料到我会打中并杀死他。卡尔在最后一刻躲闪了，我打中并杀死了站在卡尔身后的梅琳达。根据《模范刑法典》的因果关系分析，梅琳达的死亡将被归咎于我的行为（瞄准并扣动扳机），尽管我唯一曾预料到的结果是卡尔的死亡。*

实际损害与预期伤损之间的差异可能是具有相关性的，也可能不具有相关性，这取决于实际损害是否比预期损害更严重。如果我认为我会造成比实际损害**更大**的损害，那么实际损害仍然会被归咎于我的行为。但如果相反，我计划造成的损害比我最终造成的损害小，那就不会这样。假设我瞄准了理查德的腹

---

[238] 或者，无论（该罪名）所需的主观心态是什么——例如，如果法条规定的是轻率，而不是故意或明知，那么，预谋就不是必须的，但意识到可能会产生实际结果的风险则是必须的。

* 对于具体事实错误（含打击错误与对象错误），英美刑法是放在因果关系中讨论，而不是放在错误论中讨论，这是与大陆法系刑法不同的。——译者注

第5章 "……造成或可能造成……"

部并扣动了扳机，打算杀死他。如果他幸存下来，我仍然要对（加重）袭击罪负责，尽管——严格来说——实际发生的特定损害并不在我的预料之中［毕竟，我原本希望杀死他，而不仅仅是造成（严重）身体伤害］。[239] 相反，如果我只是想伤害他，但最终却杀死了他，我就不会被判谋杀罪。但这并不意味着我不会对其他类型的杀人罪负责。即使我没有打算杀死他，如果我知道——或者应该知道——他很有可能因腹部中弹而死，那么我可能在对他死亡的轻率或疏忽上负有责任。

因此，《模范刑法典》使用因果关系分析来处理刑事责任的两个棘手问题。或者更准确地说，它特意解释说，尽管实际结果与预期结果之间存在差异，但严格的因果关系分析并不妨碍在某些据称是无可非议的情况下，根据实际结果与预期结果对行为人分配刑事责任。

更困难的是那些不属于上述两类（不同的受害者，或预期损害比实际损害更严重）的实际结果与预期结果不匹配的情况。当实际损害与预期损害（如死亡）有足够的相似性，但仍然是"遥远的或偶然的"时，我们该如何处理？换句话说，我们该如何处理法学院考试中最可能出现（而现实生活中最不可能出现）的因果关系问题？如果我为了报复邻居在零度气温降连续一周大雪后使用超压式吹雪机却不考虑他人感受的行为，用雪铲击中了他毫无防备的头部，并完全打算杀死他，该怎么办？再假设我从杀人狂怒中恢复过来后，带着悔恨把这个还在流血但仍然有意识的男人拖进我的车里，穿过雪堆和未铲雪的侧街，急忙把他送到医院，他落入了不可避免的不称职的外科医生或实

---

[239] §211.1（2）.

习生或护士的手中,后者自然地将他误诊为阑尾炎,错误地切除了他的左肺,然后,在给他缝合之前,不小心把三美元零钱掉进了他打开的胸腔里。如果你愿意的话,再加上他第二天早上奇迹般地醒来后,扯掉了"插入鼻腔和气管以维持呼吸过程的管子"[240],再加上一些额外的生僻因素,即他在接受适当治疗后康复的机会原本是100%。

正是在这一点上,《模范刑法典》起草者束手无策,将这个问题完全交给了陪审团。因为《模范刑法典》只是简单地解释说,"遥远的或偶然的"的损害只有在"不是**过于**遥远或偶然"的情况下,才能归咎于行为人。陪审团如何区分遥远和过于遥远?通过问自己这些损害是否仍然"对行为人的责任或其罪行的严重性有一个(合理的)影响"。换句话说,如果"遥远"的损害是可以(合理地)归咎于一个人的,那么它们就是可以归咎于他的,在这种情况下,它们并不"过于遥远"。

除了它的循环性之外,这种方法在处理刑法中最棘手的因果关系问题时的另一个问题是,它并没有为事实认定者提供太多可说的指导(毕竟,它是一个标准,而不是规则)。起草者抛弃了普通法法官发展出的一系列或多或少有些僵硬的规则,这些规则取决于诸如"自然或人为的介入或并发条件;不可预见的身体条件;致命与非致命伤害之间的区别"等因素,[241] 以及也许最重要的是,结果的(实际或推定的)可预见性。[242] 另一种表述方式是将后一因素纳入因果关系分析,询问结果是否"以

---

[240] United States v. Hamilton, 182 F. Supp. 548, 549 (D. D. C. 1960).

[241] Commentaries § 2.03, at 261.

[242] 我们还可以添加这些规则中最直接、最不具有吸引力的规则,即 "一年零一天的规则",该规则禁止对有关行为发生一年后产生的死亡进行归责。Cf. Rogers v. Tennessee, 532 U. S. 451 (2001).

行为人知道或应该知道其行为会使其发生的可能性大大增加的方式发生"[243]。然而，请注意，《模范刑法典》的灵活标准并没有使传统的因果关系因素变得无关紧要。它只是将它们从决定性的规则转变为更不人为的标准的适用指南，从而使归责问题的本质暴露无遗，让所有人都能看到，无论它可能具有多么令人不安的模糊性。因此，（实际）预见性和（推定）可预见性在当代因果关系法中仍然活跃，即使在纽约等采用 MPC 的司法管辖区也是如此，[244] 其他熟悉的分析工具如"后续原因"也是如此。[245]

但是严格责任又该如何处理呢？如果你从归责（attribution）的角度来考虑因果关系，从而也就涉及可归责性（culpability），那么严格责任犯罪（更确切地说，是具有严格责任的结果要素的犯罪）就会成为一个问题。如果你即使在法律条文中对于抽象的结果要素缺乏犯罪的主观心态，也要承担刑事责任，那么当你对于实际发生的具体损害也缺乏犯罪的主观心态时，你自然也要承担刑事责任。

换句话说，因果关系将被简化为事实上的条件因果关系[如果没有前者，就不会有后者（but-for）]。这就是因果关系条款在最初草案中的立场。[246] 一些法院也正是得出了这样的结

---

[243] Commentaries § 2.03, at 261, n.17 [quoting Tentative Draft No.4, at 16 (Apr. 25, 1955)].

[244] See, e.g., People v. Kibbe, 35 N.Y.2d 407 (1974); People v. Warner-Lambert, 51 N.Y.2d 295 (1980). 纽约并没有对因果关系进行法典化。对于与《模范刑法典》司法管辖区的类似结果的处理，see Commonwealth v. Rementer, 410 Pa. Super. 9 (1991).

[245] See, e.g., People v. GrifHn, 80 N.Y.2d 723 (1993)（医疗事故）。这也意味着哈特（Hart）和奥诺雷（Honoré）对《刑法》因果关系的著名研究并没有失去意义，该研究强调了自发人格介入（即人的有意识的介入——译者注）的重要性。See H. L. A. Hart & A. M. Honoré, *Causation in the Law* (1959).

[246] Commentaries § 2.03, at 264, n.21.

论，即使是在（或许尤其是在）所有严格责任犯罪中最严重的一种——重罪谋杀罪中也是如此——在这种犯罪中，对于"谋杀"的结果要素不需要犯罪的主观心态，但可能对于它的另一半，即，该（所谓的）"重罪"中任何的或所有的要素都需要各种形式的犯罪的主观心态。[247]

但《模范刑法典》的最终版本并非如此。即使是严格责任犯罪，现在也要求除了事实上的原因之外，还要求有法律上的原因，即客观上的**可能性**——也就是说，不要求行为人意识到或预见到这一结果，甚至不要求他们意识到或预见到可能发生这种结果的风险。正如《注评》所解释的，任何其他情况都是不公正的。[248]但严格责任本身也是如此。

因此，因果关系与共同犯罪类似，都涉及归责，只不过因果关系是将某一特定结果归咎于某个人的行为，而不是另一个人的行为（即主犯的行为）。和共同犯罪一样，因果关系也涉及犯罪的主观心态。为了归责的目的，可归责性在很大程度上取决于一个人对结果的态度（或者在共同犯罪的案件中，是对另一个人行为的态度）。

如果"行为与结果之间的因果关系"[249]并不足以将结果归咎于行为，从而也不足以归咎于我（即行为人），那又会怎么样呢？如果对于结果犯罪来说，刑事责任要求有因果关系，那么缺乏因果关系是否就意味着缺乏刑事责任？答案是否定的，因为总是有**犯罪未遂**的情况。

---

[247]　See, e. g., People v. Stamp, 82 Cal. Rptr. 598 (Cal. App. 1969).
[248]　Commentaries § 2.03, at 264.
[249]　§ 2.03.

第2节 未完成罪

犯罪未遂是《模范刑法典》的"未完成罪"(inchoate offenses)之一。[250] 其他的未完成罪,按照出现的顺序,分别是:共谋、教唆与持有。[251] 之所以称未完成罪是"未完成的"[252]（或"不完全的"[253]"预期的"[254]"预备的"[255]）,是一种委婉的说法,意思是它们并不完全符合刑事犯罪的法定定义,至少从刑事犯罪是一种行为（包括非行为,即不作为）的角度来看是如此。因此,无论未遂谋杀罪是什么,它都**不是**谋杀罪。但是,在刑法中——至少在现代刑法中——如果你足够接近一个刑事罪行的实际实施,* 即使你未完成犯罪,你也将受到惩罚（或受到刑事矫正处遇）。

因此,未完成罪不是独立的罪名,而是指即使某人并未实际实施一项刑事罪行,刑法也会让其承担责任的方式。因此,我们不会以"未遂罪"的罪名来定罪,而是以"未遂谋杀罪"

---

[250] See generally Herbert Wechsler et al. , "The Treatment of Inchoate Crimes in the Model Penal Code of the ALI: Attempt, Solicitation, and Conspiracy", 61 *Colum. L. Rev.* 571 (1961).

[251] 《模范刑法典》没有关于帮助罪（facilitation）的规定,该规定在基于《模范刑法典》的某些刑法中属于未完成罪。See, e. g. , N. Y. Penal Law § 115. 00. 但是,由于帮助罪要求罪行的实施,因此最好不要将帮助罪视为未完成罪,而应将其视为一种小规模的共同犯罪,即并非目的性的帮助。参见上文第 4 章第 4 节第二部分。

[252] "①在初始或早期阶段；初期的。②未完全成型或发展的."*American Heritage Dictionary of the English Language: Fourth Edition* (2000).

[253] See, e. g. , Chisler v. State, 553 So. 2d 654 (Ala. Crim. App. 1989) (quoting Ala. Code § 13A-2-23 cmt. at 40).

[254] See, e. g. , N. Y. Penal Law tit. G ("预期犯罪")。

[255] See, e. g. , Texas Penal Code ch. 15 ("预备犯罪")。"预备的"是有问题的,因为未达到"未遂"的预备是不受惩罚的。

* "Actual commission",字面意义为"实际实施",这里指"实施完成"之意。——译者注

的罪名来定罪，不会以"共谋罪"的罪名来定罪，而是以"共谋贩卖毒品罪"的罪名来定罪，等等。换句话说，未完成罪责任是依赖于"既遂"犯罪的责任的[256]——至少在理论上，因为犯罪从未真正完成。

然而，请注意，《模范刑法典》和美国刑法通常也将未完成罪视为"普遍适用的犯罪"。[257] 企图——或共谋或教唆他人——犯下**任何**罪行，无论多么轻微，都是刑事犯罪。换句话说，未完成状态本质上是一种刑事责任的一般模式，而不是用于扩大特定犯罪定义范围的教义学工具。[258]

尽管未完成罪具有派生性的地位，并且在英美刑法中引入的时间相对较晚，但它们在《模范刑法典》中处于核心地位。[259] 法典编纂者在这一话题上投入了大量关注，我们也会如

---

[256] 根据《牛津英语词典》所述，"choate"是一个错误的单词，构造出来表示"完成的""结束的"，就像"inchoate"中的"in-"是拉丁语的否定词一样。

[257] 这是1971年《新联邦刑法典草案》（Proposed New Federal Criminal Code）中关于未完成罪的章节的标题。Prop. New Fed. Crim. Code ch. 10 (1971). 在德国刑事法律中，重罪的未遂总是应受惩罚的，只有在法规明确规定的情况下，轻罪的未遂才应当受处罚。§ 23 StGB. 关于比较研究，see Markus D. Dubber & Tatjana Hörnle, *Criminal Law: A Comparative Approach* ch. 12 (2014).

[258] 这并不是说，《模范刑法典》在分则中不承认特殊的未遂罪。对于未遂，see, e. g., §§ 211.1（伤害），221.1 (2) (a)（夜盗），224.7 (3)（欺诈性商业行为），241.6 (1)（干扰证人）；对于教唆，see, e. g., §§ 210.5 (2)（帮助自杀），224.8（商业贿赂），224.9 (2)（操纵公开展示的竞赛），240.1（公务贿赂），240.3（对过去的公务行为的赔偿），240.5（向公务员赠送礼物），240.6 (2)（补偿公务员协助私人利益），240.7（出售政治许可），241.6 (3)（干扰证人），251.2 (2) (d) & (h)（卖淫），251.4 (2)（猥亵），251.3（为引诱不正当性关系而游荡）；对于共谋犯罪，see, e. g., §§ 224.8（商业贿赂），224.9 (2)（操纵公开竞赛），240.1（官方贿赂），240.3（对过去官方行为的补偿），240.5（给公务员的礼物），240.6 (2)（为协助私人利益而向公务员提供补偿），240.7（出售政治支持），241.6 (3)（妨害证人作证），251.2 (2) (h)（卖淫），251.4 (2)（淫秽）。

[259] 现代未遂法的起源一般要追溯到1784年英格兰的案件 Rex v. Scofield; Cald. 397 (1784). See generally Francis B. Sayre, "Criminal Attempts", 41 *Harv. L. Rev.* 821 (1928). 实施特定罪名而未遂，尤其是抢劫罪，早在那之前就受到惩罚了。William Blackstone, *Commentaries on the Laws of England* 241 (1769).

此。正是在这里,《模范刑法典》的"治疗主义"表现得最为明显。未遂罪之所以受到惩罚,是因为——并且在某种程度上——它揭示了一个人的异常犯罪倾向。其他的未完成罪也是如此。由于犯罪倾向是关键,因此没有理由保留旧的普通法规则,即对未遂的处罚应当轻于既遂犯罪。[260] 既遂犯罪和它的未遂版本同样能证明犯罪倾向。如果我们能早一点抓住罪犯,而不是晚一点,那么我们没有理由对他的惩罚少于我们原本会给的。他的刑法诊断是相同的,他对刑罚治疗的需求也是相同的,因此他的惩罚(这不过是刑罚治疗的过时说法)也应该是相同的。[261] 同样,不可能实现的未遂罪(甚至是在法律上不可能未遂)也应受到惩罚,[262] 单方面的"共谋"[263] 以及未传达的"教唆"[264],也应受到惩罚。

一、未遂(Attempt)

行为可能无法成立完成罪的一种方式是未实现刑事法条中规定的**结果**。如果我打算用牛排刀刺入室友的肋骨来杀死他,但仅仅是成功地伤害了他;那么我的行为在除结果以外的所有要素上都符合谋杀罪的定义(蓄意或明知地导致他人死亡)。他是一个人,他是另一个人,我是蓄意而行为。但是我没有引起

---

[260] See § 5.05(1).

[261] 同等诊断同等处遇,也意味着要废除其他(普通法)规则,①可以对未完成罪的处罚比其完成罪版本更为严厉,②未完成罪(特别是共谋)与其完成罪版本可以累计处罚。See, e.g., Pinkerton v. United States, 328 U.S. 640 (1946);Callanan v. United States, 364 U.S. 587 (1961).

[262] See § 5.01(**如果伴随的情况是他认为的那样**,该行为将构成犯罪)(重点系另行添加);Commentaries § 5.01, at 307-20.

[263] See § 5.04.

[264] See § 5.02(2).

我蓄意引起的结果,即他的死亡。由于我试图进行的行为在各个方面都符合谋杀罪的定义,但未能做到,因此我不承担谋杀罪的责任,而是承担未遂谋杀罪的责任。

请注意这里未遂与因果关系之间的区别。本案并未提出因果关系问题,因为法律条文中规定的抽象结果要素(死亡)并未实际发生。由于我的室友存活了下来,我的行为不能被描述为导致他人死亡——或者任何其他人的死亡。没有这个结果要素——没有死人——关于这一结果能否归咎于我的问题就不会出现。因此,没有因果关系问题。*

现在假设我的室友确实死了,但那是由于一系列介入原因和不可预见的事态发展所导致的,这使得他的死因"太间接",不能公正地归咎于我。换句话说,假设我刺伤他的行为不构成他死亡的法律原因。在这种情况下,我不会承担谋杀罪责任,因为虽然谋杀罪的大部分要素都满足了(目的、死亡、另一个人),但有一个不满足:因果关系。虽然这次有死人,但我的行为与犯罪事实(corpus delicti)之间没有因果关系。不过,由于我尽我所能去满足所有要素,包括因果关系,我仍然要为未遂谋杀罪承担责任。[265]

与因果关系不同,未遂的问题不仅仅出现在结果犯罪中。未遂可能以多种方式失败,与刑事责任构成要件(犯罪构成要素类型)一样多。[266] 未能实现预期的**结果**只是其中之一。例如,考虑一个游说者误将一个游客认作有权势的立法者,并向其塞

---

* 应当注意的是,在这里,作者将"归责"视为因果关系问题(而非与刑罚关联的刑事责任的归属问题),这与德国刑法的见解是一致的。——译者注

[265] Cf. People v. Dlugash, 41 N. Y. 2d 725 (1977).

[266] Cf. Francis B. Sayre, "Criminal Attempts", 41 *Harv. L. Rev.* 821 (1928).

了一个装满现金的信封。在这里，缺失的要素是一个附随情状，即受贿者是一个"公职人员"[267]。或者再考虑一个案例，一位前夫计划纵火焚烧他汽油浸泡过的前家庭住宅，但由于他口袋里的湿火柴无法点燃火焰而失败。在这里，没有行为要素（假设纵火罪要求"点燃火焰"[268]）。

通过试图实施犯罪但由于某种原因失败，我已经暴露了自己是一个需要接受惩罚性矫正治疗的人。用纽约上诉法院的话说，"最终的问题在于，尽管某人的蓄意和行为未能达到明显的恶意犯罪目的，但这些蓄意和行为是否对有序社会构成了足以需要施加刑事制裁的足够大的危险。"[269]或者，用《注评》中的话来说，"惩罚未遂罪的主要目的是中和危险的个人。"[270]因此，未遂罪法律是关于诊断这些人身危险性的，是关于发现极其重要的"迹象"，"表明行为人不仅在这一次，而且在其他场合都倾向于（犯罪）活动。"[271]

在考虑未遂罪时，区分不完全未遂和完全未遂是很有用的。不完全未遂指的是被告没有完成她认为完成犯罪所必需的一切行为。在完全未遂的情况下，她已经完成了她计划要做的所有事情，但她的努力仍然未能成功。

让我们从**未完成的未遂**开始讨论。在行为上有所欠缺的未遂［即第 5.01（1）(c) 条所述］中，当存在两个症状时，可

---

[267] § 240.1 (1).

[268] § 220.1 (1).

[269] People v. Dlugash, 41 N.Y.2d 725, 726 (1977).

[270] Commentaries § 5.01, at 323.

[271] Commentaries art. 5, at 294 (introduction). 犯罪未遂法的重点是，即使犯罪未遂也可能对目标受害者造成伤害（例如，他们可能未被击中而侥幸逃脱了死亡）。与侵权法不同的是，没有要求目标受害者甚至意识到对其身体或心理完整性的未遂。See Restatement (Second) of Torts § 22.

以表明存在危险性：一是"实质性的步骤"（未遂的犯罪的客观行为），二是蓄意（未遂的犯罪的主观心态）。然而，第一个症状实际上与第二个症状紧密相连，因为实质性步骤的要求本质上只是证据性的——一个步骤如果"强烈证实了行为人的犯罪蓄意"[272]，那么它就是实质性的。但这里的"蓄意"实际上只是极端危险性的代名词。正如我们在讨论《模范刑法典》对心理状态的分类时所看到的，蓄意在罪责模式的层次结构中处于最高位置，因此，它要求以最严厉的惩罚性矫正干预。换句话说，有蓄意的犯罪的客观行为人是最危险的。而未遂法正是为了识别和消除这些人类危险而存在的。

再次，《模范刑法典》起草者确定了一个基本问题——即异常刑事危险性的诊断，其表现为"蓄意"，然后采用了一个灵活的标准（"实质性的步骤"），以取代普通法法院为划分模糊的教义学领域〔（不可罚的）"预备"和（可罚的）"未遂"之间的区别〕而制定的众多历史悠久的规则。这些规则随后被重新归类为解决基本问题时需要考虑的证据因素。然而，与其他教义学领域不同的是，在未遂罪的情况下，《模范刑法典》起草者实际上列出了许多传统的规则来界定**悔罪场合**（locus poenitentiae），通过区分单纯的"预备"与"未遂"，以及现在区分一个普通步骤与那个至关重要的"实质性的步骤"[273]：

---

[272] § 5.01 (2). 实际上，得益于双重否定的《模范刑法典》规定，除非某一步骤能成为证明犯罪故意的证据，否则它不能被视为实质性的步骤。

[273] 更精确地说，它列举的并不是规则本身（"最接近的行为"，"物理上的接近"，"危险的接近"，"必不可少的要素"，"可能的终止"，"异常的步骤"，当然还有"事实自证"）（"事实自证"的拉丁文系"res ipsa loquitur"，属于过错推定的范畴——译者注），而是推动适用这些规则的事实场景。Cf. Commentaries § 5.01, at 321-29.

(1) 埋伏等候、搜寻或跟踪预期的犯罪被害人；

(2) 诱骗或企图诱骗预期的犯罪被害人前往预期作案地点；

(3) 侦查预期犯罪发生的地点；

(4) 非法进入预期犯罪将发生的建筑物、车辆或围场；

(5) 持有用于实施犯罪的材料，这些材料是专为这种非法用途设计的，或者在当时情况下，行为人无法将其用于任何合法目的；

(6) 在预期犯罪发生地或附近，持有、收集或制造用于犯罪的材料，而在当时情况下，这些持有、收集或制造不能服务于行为人的任何合法目的；

(7) 引诱无辜的参与者参与构成某一犯罪的行为要素。[274]

人们常说，《模范刑法典》对于（未完成的）未遂的犯罪的客观行为的审查重点不在于行为人没有做什么，而在于行为人做了什么。[275] 将预备转变为未遂的，是一个"实质性的步骤"，而不是在实施目标犯罪之前的"最后的接近行为"。当然，这是完全合理的，因为《模范刑法典》并不因为未遂几乎完成犯罪而惩罚之。未遂不仅是**接近**真实的犯罪；从《模范刑法典》的治疗主义角度来看，它与真正的犯罪一样重要。重要的是行为人的异常的危险性，无论它如何表现出来。

在牢牢记住预备与未遂之间的神秘界限的同时，值得提醒

---

[274] §5.01 (2) (a) – (g).

[275] Commentaries § 5.01, at 329; see, e.g., Commonwealth v. Donton, 439 Pa. Super. 406 (1995).

自己的是，有一种未完成罪比预备更为未完成，即持有。[276] 与《模范刑法典》中其他未完成罪不同，持有实际上是一项独立的罪行。《模范刑法典》中包含两项广义的持有犯罪，允许国家在行为人从事相当于预备的行为之前很久，就识别出危险人物，更不用说尝试犯下特定罪行却未遂了。持有"任何犯罪工具"和持有"任何攻击性武器"都是轻罪。[277]

持有某一犯罪工具需要有"使用它进行犯罪活动的目的"，而拥有攻击性武器则没有这样的要求。然而，犯罪目的很容易被认定，这要归功于由持有引发的一系列推定，如，"随身携带或置于其附近的枪支或其他武器、其乘坐的车辆中的武器，或易于使用的其他武器"。建立那样的持有，可以引起犯罪蓄意的推定，又因其自身的一系列"在汽车中对犯罪工具的持有的推定"而被简化。

如果持有的物品被归类为攻击性武器，而不仅仅是犯罪工具，那么就没有必要显明犯罪目的。然而，攻击性武器的定义相当宽泛，包括"任何炸弹、机枪、锯短猎枪、特别制造或特别适应于隐蔽或无声射击的枪支、任何黑色手杖、沙袋、金属指节铜套、匕首或其他用于造成严重身体伤害且没有合法普通用途的工具"。如果持有的物品不属于这类常见的物品类别，那么它更有可能被归类为犯罪工具，包括"①专为犯罪目的而特别制造或特别适应的任何东西；或②通常用于犯罪目的，且行为人持有该物品的情况并不否定非法目的"。

在我们讨论行为要求时，我们已经看到，我与一个物体的

---

[276] 参见上文第 4 章第 4 节第四部分。持有不但不是一种未遂，拥有的未遂本身就是犯罪。People v. Ryan, 82 N. Y. 2d 497 (1993).

[277] §§ 5.06 & .07.

关系可能有多么微妙，以至于可以被认为是"持有"。如果我们把这个灵活的持有概念与广泛的持有犯罪物品的范围结合起来，我们就会得到一个范围极其广泛的犯罪。关键，就像所有未完成罪一样，是目的，作为犯罪危险性的定位器。持有是犯罪的，因为——而且在某种程度上仅仅因为——它表现出犯罪目的。[278] 持有是犯罪目的的推定证据，除非我能反驳这一推定或"否定"这一目的，否则将诊断为具有犯罪危险性，并开出惩罚性矫正治疗的处方。[279]

现在，让我们继续探讨**完成的未遂**。在第一种情况下，即《模范刑法典》第 5.01（1）（a）条所描述的，行为人已经完成了她计划要做的一切，但由于事情并非如她所想象的那样，因此未能完全实施犯罪。以埃尔登夫人（Lady Eldon）为例。在弗朗西斯·沃顿（Francis Wharton）的经典假设案例中，埃尔登夫人竭尽全力将法国的蕾丝走私到英国。然而，她的尝试证明是徒劳的，因为——她不知道的是——那批蕾丝原来不是法国的，而是英国的（坏消息），因此价格便宜，更重要的是，不需要缴税（好消息）。[280] 然而，对埃尔登夫人来说，真正的坏消息是，根据《模范刑法典》，她符合未遂罪的责任；她具有必要的目的，做了她认为走私犯罪所必需的一切，如果"附随情状如她所相信的那样"，也就是说，如果蕾丝是法国的，她就会成功。

---

[278] 甚至更遥远的是，接近某物就是犯罪，因为这是作为持有的推定证据，除非我可以反驳该推定。See, e. g., § 5.06（3）.

[279] See § § 5.06（1）（b）& 5.07.

[280] 美国关于法律的不能犯的经典案例是 People v. Jaffe，这是一连串的判决中的第一个，该判决是关于我是否成立未遂的"接受被盗财产"罪，该财产实际上并不是被盗的，尽管我认为它是被盗的。185 N.Y. 497（1906）(不是未遂); Booth v. State, 398 P.2d 863 (Ct. Crim, App. Okla. 1964)(不是未遂, 建议采用《模范刑法典》关于未遂的规定); Commonwealth v. Henley, 504 Pa. 408（1984）(是未遂, 适用《模范刑法典》关于未遂的规定)。

有趣的是，埃尔登夫人的假设案例通常不是作为未遂罪的例子而被引用，而是作为非未遂罪的例证，即如果不是因为所谓的不可能性抗辩，特别是法律上的不可能性抗辩，它原本可以被判定为未遂罪。这种观点是，埃尔登夫人不可能完成她打算实施的犯罪，因此她不应该因为试图实施无法完成的犯罪而承担责任。法院试图在法律上的不可能性（这是抗辩理由）和事实上的不可能性（这不是抗辩理由）之间划清界限，然而，他们从未能够超越所列举每一类不可能性的实例、而制定出一个可行的标准来区分这两者。（一个经典的事实上的不可能性——因此与案件无关——的例子是，一个试图从空口袋扒窃的扒手。[281]）

《模范刑法典》明确拒绝所有形式的不可能性抗辩。[282] 它在所考虑的完成未遂罪类型的定义中就明确表达了这一点；无论是否可能，如果被告在"附随情状如他所相信的那样"时，本会成功实施犯罪，未遂罪的责任就适用。从《模范刑法典》的治疗主义角度来看，行为人的未遂是否不可能并不重要，因为重要的是危险性，而不是成功的可能性（或接近完成的程度）。而一个不可能的未遂罪与一个可能的未遂罪（或成功的犯罪）一样，都提供了同样程度的危险性证据："行为人的犯罪目的已经得到了明确的展示；他尽他所能去实现这个目的；结果，他的'危险性'得到了明显的表现。"[283] 简而言之，使用"不可

---

[281] See, e.g., Booth v. State, 398 P. 2d 863, 870 (Ct. Crim. App. Okla. 1964); see also People v. Dlugash, 41 N.Y. 2d 725 (1977).

[282] See Commentaries art. 5, at 295.

[283] Commentaries § 5.01, at 309. 尽管如此，《模范刑法典》仍认可了对于一般规则的一个有限的例外情况，即不能犯并非对于未遂的抗辩。正如错误地认为没有适用于我的行为的刑事法规（在有限的情况下，在下文第15章中进行了讨论），可以使我违反该法规却能免责，如果错误地认为存在一个刑法规范，而实际上却不存在，亦将使我免受因试图违反该规范而受到

能性作为人格危险性的指导"存在严重困难,因此任何旨在准确诊断犯罪危险性的刑法体系都应该忽略它。[284]

最后,让我们来看看《模范刑法典》中规定的另一种**完成的未遂**的情形,即第5.01(1)(b)条。在这种情况下,行为人未能造成被禁止的结果;她按照计划进行了行为,但并没有产生预期的效果。以大家都喜欢的结果犯罪——谋杀罪——为例,我装上子弹,瞄准目标,扣动扳机,开枪射击,但仍然没有打中。《模范刑法典》对于这种常见的未遂罪类型的处理,并没有什么特别有趣或创新之处。

但是请注意,《模范刑法典》在这里实际上并不要求有犯罪蓄意才能构成未遂罪的责任。尽管没有实现预期结果的蓄意是足够的,但"相信(该行为)会导致这样的结果"也同样可以。[285]这里,一般的蓄意要件(未遂罪的"犯罪的主观心态")的纯粹证据意义变得更加清晰,或者更明确地说,对于未遂罪的责任,不要求有针对结果的犯罪蓄意,因为如果行为人只是相信她的行为会导致某种被禁止的结果,"行为人的危险性的表现就同

惩罚。Commentaries § 5.01, at 318; see Commonwealth v. Henley; 504 Pa.408, 416 (1984) ("渔夫认为,他正在实施一个犯罪,既在没有许可证的情况下在某个湖泊钓鱼,而实际上,在该管辖区并不需要钓鱼许可证")。虽然这样,如果我尽全力去实施某一犯罪,但犯罪并不存在,我应当被指控为什么罪名?根据《模范刑法典》,企图实施一个"非犯罪"并不比共谋实施犯罪更有犯罪性。对照下文第5章第2节第二部分。(《模范刑法典》拒绝普通法规定的共谋实施"腐败、不诚实、欺诈或不道德的"行为。)

〔284〕 在极端的情形下,当行为人的行为"从其本质上不太可能导致或完成犯罪,则该行为或该行为人都没有展现出公共的危险",《模范刑法典》授权法官减少处罚,甚至撤销起诉。§ 5.05(2).在这些例外情况下,行为人企图实施犯罪,而其犯罪目的,无论是现在还是将来,都没有表现出犯罪的危险性。

〔285〕 "蓄意或相信"实际上就意味着"故意",后者是一个概括性的概念,其范围涵盖了蓄意与明知。See Commentaries § 5.01, at 305. 在未遂罪的语境中,《模范刑法典》的起草者无法绕开故意的概念,尽管他们曾极力避免使用这一概念。

有犯罪蓄意的行为一样——或者几乎一样严重。"[286]

事实上，根据《模范刑法典》对未遂罪的处理方式，对于附随情状，也不需要蓄意。对于附随情状，未遂罪的要求与目标犯罪的要求一样多——或者一样少。这意味着，例如，如果目标犯罪对某一附随情状（如法定强奸案中受害者的年龄）不需要任何犯罪的主观心态，那么未遂罪也不需要。如果附随情状是目标犯罪中的严格责任的要素，那么它也是未遂罪中的严格责任的要素。[287]

经常提到的未遂罪的"蓄意"要求，即主张蓄意是未遂罪的"犯罪的主观心态"，其涵盖的范围并不像初看时那么广泛。那么，《模范刑法典》会如何处理试图实施非故意犯罪的问题呢？首先，我们需要将这个问题转化为《模范刑法典》的术语。经过重新表述，这个问题可能是：对于不以蓄意为精神状态特征的罪行，是否有可能成立未遂。答案显然是肯定的。我们已经看到，《模范刑法典》保留了目标犯罪对于任何附随情状要素的精神状态要求。然而，这个问题最常见于杀人罪中，尤其是轻率与疏忽的杀人罪。因此，真正的问题是：对于结果要素是"非故意"的精神状态的罪行，是否有可能成立未遂。

如果我们抛开《模范刑法典》起草者对"故意"概念的厌恶——这在本案中是公平和适当的，因为他们自己也这样做了[288]——那么《模范刑法典》对我们的问题有一个直接的答案：不可以。正如我们刚才所了解的，当"造成特定结果是某

---

[286] Commentaries § 5.01, at 305. 这就假定低于蓄意的犯罪的主观心态——明知或更低程度的犯罪的主观心态——将能充足对目标罪行的定罪，几乎总是这样。否则，该人将不会"以实施该犯罪所要求的罪责来行事"。§ 5.01（1）.

[287] Commentaries § 5.01, at 301-02.

[288] See Commentaries § 5.01, at 305.

罪行的一个要素"（如在杀人罪中，死亡就是这样一个要素）时，我将不得不去实施某种作为（或不作为），"以蓄意造成或相信它会造成"该结果。[289] 换句话说，未遂罪的犯罪主观心态［此处为蓄意或相信（可理解为"明知"）］——与目标犯罪的犯罪主观心态（此处为轻率或疏忽）不同——决定了与结果相关的犯罪的主观心态。因此，根据《模范刑法典》，轻率或疏忽的杀人未遂实际上相当于谋杀未遂（谋杀需要对于结果的蓄意或明知）。[290] 或者，换句话说，我不应对"误杀未遂"或"疏忽杀人未遂"负责，至少从这点上来说，这暗示了我对于死亡风险仅持轻率或疏忽心态。对于未遂罪，我需要关于结果的蓄意或明知，这将使我承担谋杀罪责任——或者更确切地说，是谋杀**未遂**的责任，毕竟我没有成功造成另一个人的死亡。

然而，这并不意味着，那些轻率地无视他人有很大可能性受到致命伤害而实施某种行为的人——比如，向"一辆载有三名十几岁女孩的皮卡车"开枪射击[291]——但幸运地没有造成伤害的人，会完全逃脱刑事责任。对于这些"非故意的未遂"案例，[292] 起草者引入了一个全新的、广泛适用的罪名，即轻率危险罪，该罪名将任何"使或可能使他人处于死亡或严重身体伤害危险之中的行为"认定为犯罪。[293] 但是，轻率危险罪并没有

---

[289] 为什么是相信，而不是明知呢？因为明知是一种准确的相信。然而，如果我对结果将发生的相信是准确的，那么，我就已经成功地实现该结果，从而真正地完成该罪行的实施，而不是虽然尝试过却遭遇失败了。"蓄意"被定义为"有意识的目标"，不需要对它进行类似的调整，因为它既适用于成功的尝试，也适用于失败的尝试，我是否实现了目标都没有关系。

[290] See J. C. Smith, "Two Problems in Criminal Attempts", 70 *Harv. L. Rev.* 422, 434 (1957).

[291] See, e. g., State v. Lyerla, 424N. W. 2d 908 (S. D. 1988).

[292] 它们是非故意的，因为行为人对结果缺乏蓄意（或相信）；它们是未遂的，如果结果未发生的话。

[293] §211. 2.

完全填补因忽略轻率或疏忽未遂而留下的空白。首先，它不包括疏忽的危险犯。此外，它只是一个轻罪，这一指定与其广泛的范围（仅包括可能危险的行为，如威胁伤害他人的威胁）一致，但不太符合《模范刑法典》对未遂法律的治疗主义方法。毕竟，那个因子弹偏离目标而侥幸逃脱杀人罪指控的轻率危害者，表现出了需要刑罚和矫正治疗的重大犯罪倾向——事实上，这种危险性与那些不那么幸运、被标记为杀人犯并因此被视为重罪犯而非仅仅是轻罪犯的人没有什么区别。

还请注意，起草者决定废除非故意结果犯——如过失杀人——的未遂，这一决定并非基于逻辑上的不可能性、概念本质、词源学起源，或甚至语言上的笨拙性，这些因素在普通法意见和学术评论中都曾被讨论过。[294] 问题不在于非故意性尝试造成结果是"不可能"的，因为未遂"暗示"或"要求"故意，无论是逻辑上还是其他方面。[295] 相反，问题在于，"如果一个人轻率或疏忽地造成了任何结果的风险，而该结果的实际发生会导致刑事责任，那么他就要为这种未遂行为承担责任，这将**不恰当地扩大**刑法的适用范围。"[296] 然而，从起草者的治疗

---

〔294〕根据《模范刑法典》，对于轻率的或疏忽的结果犯的未遂是"不可能的"，因为未遂罪对于结果要求蓄意、相信，对于实施轻率或疏忽的结果犯的未遂，将自动成为实施蓄意或明知的结果犯的未遂。

〔295〕Contrast People v. Campbell, 72 N. Y. 2d 602, 605 (1988) （"由于犯罪未遂的实质正好是被告故意导致被禁的结果，这意味着，实施某种犯罪是不存在未遂的，如果该罪使得引发一个特定结果的行为犯罪化，即便该行为完全是非故意的"）。

〔296〕Commentaries § 5.01, at 304（重点系另行添加）。起草者对于将未遂责任扩大到以下罪名并没有感到类似的不安，这类罪名对于结果之外的要素仅要求低于蓄意的犯罪的主观心态。例如，他们特别指出，轻率的危险犯是可以成立未遂的，即便它需要的只是低于蓄意程度的犯罪的主观心态；这类犯罪正好是为行为犯设计的，它不能被当作实施轻率或疏忽的结果犯的未遂案件来看待。他们解释说，轻率的危险犯"以该被禁止的特定的轻率'**行为**'作为目标，而不以该禁止的'**结果**'为目标"。Id. n. 16（重点系另行添加）。

主义角度来看，这种对结果犯的例外并不完全合理。再次强调，这名幸运的几乎成立误杀罪的人所表现出来的危险性与不那么幸运的、完成犯罪的行为人是一样的，因此他们需要相同的刑罚和矫正治疗。而且，正如我们所知，未遂法律的核心在于鉴别和诊断具有犯罪倾向的人。

二、共谋（Conspiracy）

美国法院长期以来都对共谋概念本身所固有的独特危险性感到震惊和恐惧。以下是来自1961年菲利克斯·法兰克福特（Felix Frankfurter）法官的一份意见书中的一个例子：

> 集体犯罪协议——犯罪伙伴关系——对公众构成的潜在威胁大于个体犯罪。协同行动既增加了犯罪目的成功实现的可能性，又降低了涉案人员偏离犯罪道路的概率。犯罪团伙的联合常常（虽然不是总是）使得实现比单个罪犯能够完成的更为复杂的目标成为可能。此外，共谋组织的危险不仅仅局限于它开始着手的特定目标。犯罪团伙的结合使得与原始目的无关的犯罪更加容易发生。总之，共谋所产生的危险不仅仅局限于作为该行为直接目标的实体罪名。[297]

那么，治疗主义的《模范刑法典》会将这种具有异常的人类危险性的传统犯罪置于显著位置，也就不足为奇了：

> 毫无疑问……作为执法机构进行预防性干预的基础，

---

[297] Callanan v. United States, 364 U. S. 587, 593–94 (1961).

以及为那些表现出犯罪倾向的人提供矫正治疗，刑法典明确规定，共谋犯罪本身就是一种刑事犯罪。[298]

与普通法一样，《模范刑法典》中的共谋罪的核心是合意。[299] 正是这个合意产生了刑事责任，将一个无能的个体在脑海中萌生的孤独犯罪思想转变为一个犯罪计划。通过与他人达成合意，我揭示了自己是那些有异常倾向从事犯罪的客观行为的人之一，我与那些心中怀揣犯罪思想却从未与他人分享、从未想过以任何方式实施它们的人区分开来。但是，我决定寻找志同道合的潜在罪犯，并与他们携手追求共同的犯罪目标，这不仅是我特别危险性的症状；通过与另一个同样危险的人联手，通过合作的协同效应，我使自己本来已经相当可观的危险性成倍增长了。

接下来要说的是法院喜欢称为共谋的要点。如果牢记这个基本理念，《模范刑法典》对共谋的处理方式就相当容易理解了。就像未遂罪的情况一样，共谋的"犯罪的客观行为"和"犯罪的主观心态"构成了一个与危险性诊断相关的一系列因素的列表。犯罪的客观行为就是合意。法典并没有说明合意是什么。可以假定，任何形式的共同意志都可以，无需合意采取任何特定形式，无论书面或其他形式。这并不是什么新鲜事，只是《模范刑法典》甚至允许**表面**的共同意志。《模范刑法典》采用了起草者所说的"片面的"共谋理论，也就是说，这是单方面的合意。[300] 当然，如果从治疗视角来看，共谋法的目的是

---

[298] Commentaries § 5.03, at 388.

[299] Id. at 421（§ 5.03，"基于合意的原始概念是共谋理论的核心"）。

[300] See People v. Berkowitz, 50 N.Y.2d 333（1980）（共谋者被判无罪）; see also People v. Washington, 8 N.Y.3d 565, 869 N.E.2d 641（2007）.

识别和消除危险的人，那么这种类似独舞探戈的刑法版本——或者如果你喜欢，可以说成是一只手鼓掌的声音——就完全说得通了。在前一节中，我们说了没有不可能的未遂罪，现在也没有不可能的共谋罪。即使某个特定的"共谋"，比如我和警方线人之间的共谋，完全不构成任何危险，《模范刑法典》也会介入，为我分配指定的惩罚性矫正治疗。[301] 我所谓的犯罪同伙的"无能力、不负责任或有豁免权"，对于对我进行个性化的危险性评估来说，完全是无关紧要的。[302]

传统上，普通法要求共谋责任需要另一个行为作为证据：一些"公开的"行为，它是第一个、核心的、令人震惊的隐蔽行为，即合意行为的"进一步发展"。《模范刑法典》保留了公开行为的要求，但严重共谋的情况除外，也就是说，共谋犯重罪的情况。[303] 显然，共谋犯重罪的合意本身就足以表明异常的刑事危险性，足以为其提供惩罚性矫正治疗，即使没有进一步的证据（即旨在将合意付诸行动的额外行为）表明犯罪蓄意。

与未遂罪的情况一样，共谋罪中的犯罪的客观行为表明它纯粹是工具性的。共谋法对于任何犯罪的客观行为的要求，是用来支撑其对于犯罪的主观心态（即犯罪的危险性）的诊断。与未遂罪的情况一样，这种犯罪的主观心态就是蓄意。只有蓄意，即《模范刑法典》中责任模式的"最高"形式，才能在犯罪未遂阶段就受到国家的干预，甚至在《模范刑法典》分则定义的罪行被实施之前的未完成罪阶段。勒纳德·汉德法官认为

---

[301] See People v. Schwimmer; 66 A. D. 2d 91, 411 N. Y. S. 2d 922 (1978)（卧底警员与机密线人的共谋）。

[302] 对此，我们从共同犯罪的法律中了解了很多。See § 2.06 (7).

[303] § 5.03 (5).

只有蓄意才能构成**共同犯罪**，而明知则不能，这在共谋犯罪中也同样适用。正如《注评》所指出的那样，"美国法律协会 1953 年的会议采纳了汉德法官关于共同犯罪的观点"，并且"这种立场在犯罪未遂方面似乎更为有力"。[304]

请注意，这里《模范刑法典》的意思是明确的。共谋不仅要求有针对行为的蓄意，还要求有针对结果的蓄意。[305]请回想一下，当我们仔细审视条文细节时，我们会发现，在未遂罪的情况下，蓄意要求完全适用于行为。但在结果（杀人罪中的关键要素）的情况下，即使那些只是相信自己犯罪努力成功的人，也就是那些对未来事件持有最接近明知（而非蓄意）的信念的人，也会承担未遂罪的责任。[306]

既然已经确定共谋的犯罪主观心态是蓄意，现在让我们简要看看《模范刑法典》如何处理对于实施非蓄意罪行的共谋。如果共谋的目标是**结果犯**（例如杀人罪），并且对该结果（死亡）的心理状态是轻率或疏忽（正如误杀罪与疏忽杀人罪中分别要求的那样），那么《模范刑法典》的处理方法是与未遂的情形相同的。[307]根据《模范刑法典》，我不能成立轻率或疏忽造成伤害的未遂，我也不能成立这种行为的共谋。同样，就像未遂罪一样，行为犯罪则是另一回事；在立法者看来，只要我在共

---

[304] Commentaries § 5.03, at 406.

[305] 至于附随情状，未遂需要完成罪所需的任何精神状态。这对于共谋而言是否足够，或者，蓄意是否也是那种要素类型所需要的，起草者对此持开放态度，正如他们对于共同犯罪的处理态度一样。Id. at 413.

[306] 参见上文第 5 章第 2 节第一部分。

[307] 但是，与未遂的情形不同，如果目标罪名对于结果要求明知，答案也将是否定的。因为，与未遂不同，共谋对于结果需要蓄意（而不是蓄意或明知）。如果我们坚持杀人，实施谋杀罪的共谋（这需要对于结果的蓄意或明知）是可能的，但前提是公诉人证明了对于结果（死亡）的蓄意。

谋或企图实施行为犯罪时，自己进行了有蓄意的行为，那么即使该行为犯罪要求的心理状态低于蓄意，对我施加刑事责任也没有问题。在我们讨论未遂罪时，对于"以行为来定义的犯罪，该行为创设了某种损害的风险，如轻率驾驶或超速驾驶"，或者说是轻率危险犯，我们可以补充这一点，这可以从我们在未遂的讨论中看出，"只要行为人的蓄意是促进或便利这种行为——例如，如果他敦促汽车司机开得越来越快——就足以构成共谋的罪行。"[308]

《模范刑法典》侧重于个人的危险性，可能很难与将共谋视为合意的概念相协调。然而，与另一种将共谋视为**团体**（如联合体、组织、帮派、秘密集团——或联盟、政党）而非合意的观点相比，这种观点是更为可取的。共谋罪有过相对短暂的作为普通的未完成罪的历史，它一直被用来发现和摧毁"共谋"*，这些"共谋"出于某种原因而被掌握刑法的权力人视为危险的。[309] 鉴于其历史，以及其核心概念的模糊性，共谋法有可能规避美国刑法的一个备受推崇的原则——罪责是个人的。[310] "共谋"不仅将刑法责任施加于一个称为"共谋团伙"的团体之上，由此推导出其复数成员的责任；除了"团体责任"外，它还为"替代责任"留出了空间，也就是说，一个人对另一人的行为承担责任。而且，这种理解的共谋通过基于某人作为共谋者的身份强加"身份责任"，公然违反了美国刑事司法的另一个基本原则——行为要求。

---

[308] Commentaries § 5.03, at 408.

* 这里的"共谋"，是指共谋的内容，而不是共谋罪。——译者注

[309] 因此，现代美国共谋法的历史在很大程度上是被滥用的历史，也许是最著名的反对工会的历史。See generally Francis B. Sayre, "Criminal Conspiracy", 35 *Harv. L. Rev.* 393 (1922).

[310] See, e.g., People v. McGee, 49 N.Y.2d 48, 60 (1979).

《模范刑法典》试图通过多种方式澄清共谋的行为。通过将共谋责任限制在实施犯罪的合意上，而不是参与任何被视为"腐败、不诚实、欺诈或不道德，因此是非法的"行为，[311] 起草者同时降低了共谋的宽泛性和模糊性。[312] 通过强调每个"共谋者"（一个不幸的术语，因为它将个人定义为共谋中的成员身份，而这个共谋则被视为一个团体）的个人危险性，《模范刑法典》将共谋的重点从团体缩小到个人。甚至可以从这个角度看待《模范刑法典》对于单方面合意的虚构，《模范刑法典》对于共谋的分析是如此地集中于个人，以至于它否认合意所固有的双边属性。

此外，《模范刑法典》还拒绝了所谓的**平克顿规则**，这是共谋责任不受个人罪责原则约束的特别明显的表现。正如我们在讨论共同犯罪时所指出的，这一教义学原则在美国联邦法律和一些州的法律中仍然存在，它认为每个共谋者都应对任何其他共谋者为"促进"共谋而实施的任何犯罪负责——作为共同犯罪人。平克顿规则混淆了共谋与共同犯罪的区别，将一方视为另一方的充分依据，从而将每个共谋者转变为她的同谋者的共犯。如果人们将共谋视为一个犯罪集团，其成员作为成员应对彼此的行为承担替代责任，那么这种处理方案就很有道理。平克顿共谋责任的基础不是个人与实体犯罪的联系，而是实体犯罪与共谋（"促进"）的联系。假设犯罪与犯罪团伙之间存在必要的联系，则该集团中每个成员的责任都源于她与该团伙的

---

[311] State v. Kemp; 126 Conn. 60, 78 (1939) [quoting State v. Parker, 114 Conn. 354, 360 (1932)].

[312] 但是，他们没有采取进一步措施，将共谋的对象从"仅仅是犯罪"进一步限制为"仅仅是某些犯罪"。在刑法中，共谋仍然是普遍适用的未完成罪。See Commentaries § 5.03, at 391–93.

联系（成员资格）。因此，共谋在刑事责任分析的中心地位，这是十分明显的。

相反，《模范刑法典》试图将共谋与共同犯罪区分开来。它坚持认为，共谋者与其他人一样，因此，必须个别地评价共谋合意中每个参与者的责任。问题不在于该罪行是否可以与团伙（促进）具有功能上的关联，而在于我在实施该罪行时的行为是否可以归咎于合意中的另一方。我们已经知道归责是如何运作的：

> 在一项罪行的实施中，某人是另一人的共犯*，如果他
> (a) 以促进或便利某一罪行的实施为目的
> (1) 教唆该另一人实施该罪行，或者
> (2) 帮助、同意或试图帮助该另一人策划或实施该罪行。[313]

正如第 2 款明确指出的那样，一项合意或一项共同计划很可能构成共同犯罪责任。因此，共谋很可能意味着共同犯罪。但是，只有在该合意足够具体，以至于可以将其视为"旨在促进或便利"特定的犯罪的客观行为的实际实施的合意，而不是一些制造刑事恶作剧的一般性计划，或形成犯罪组织的一般性计划时，一种情况才会导致另一种情况的发生。换句话说，是合意的特定范围，而不仅仅是它的存在，决定了由合意产生的共同犯罪责任的范围。

在许多，也许是大多数的情况下，《模范刑法典》的分析结

---

* "Accomplice" 是共同犯罪人，包括实施帮助行为（aiding）或教唆行为（abetting）的人，对应大陆法系"共犯"的概念。——译者注

[313] §2.06 (3).

论将与**平克顿规则**相同，特别是，如果"合理的预见可能性"被视为限制共谋者之间平克顿责任扩大的一个有意义的界限时。[314] 然而，这种分析仍然明显不同。在采用个体化的处理方案时，《模范刑法典》尽其所能地控制一种臭名昭著且难以控制的犯罪，一种"如此模糊以至于几乎无法定义"的犯罪。[315] 起草者并没有完全放弃共谋的概念，而是尽其所能地驯服它，方法是放弃平克顿规则。[316]

毕竟，将共谋作为一个一般性的未完成罪加以消除，将意味着忽视一个用来评估至关重要的刑事危险性的方便的教义学框架。事实上，最初看似共谋的压迫性弱点已经转变为它的刑罚强度。它的灵活性为《模范刑法典》未完成罪理论核心中的刑罚诊断提供了空间。

共谋者的异常犯罪倾向一旦被证实，就需要进行适当的刑罚与矫正治疗。由于共谋者的危险性与其所策划的目标犯罪的实施者的危险性相同，《模范刑法典》规定对两者实施相同的刑罚与矫正治疗，这与其对未完成罪的一般处理方法一致。共谋和其目标犯罪的处罚是相同的。在未遂罪的法律中，将未完成罪和完成罪同等对待意味着增加对未遂罪的惩罚，而传统上未完成罪的惩罚少于——常常是显著少于——实质犯罪的惩罚。在共谋犯罪的法律中，这也意味着要终止过去那种做法，即基于共谋行为本身所表征的危险，这种危险是独立于并且超出了其目标罪行所带来的危险，而对共谋行为施加比目标罪行**更严**

---

[314] See Pinkerton v. United States, 328 U.S. 640, 648 (1946).

[315] Krulewitch v. United States, 336 U.S. 440, 446 (1949) (Jackson, J., concurring) (quoted in Commentaries § 5.03, at 402).

[316] Commentaries § 2.06, at 307 ["（放弃'平克顿规则'）的原因是，似乎没有其他的或更好的方法将共谋在理论上可能产生的责任限制在合理范围内"]。

厉的且**额外的**惩罚。[317]

根据《模范刑法典》，策划犯罪者的危险性是由实际实施犯罪者的危险性来确定的。共谋实施 X 行为的危险性既不多于也不少于实施 X 行为本身。共谋实施谋杀罪所体现出的刑事危险性，在数量和质量上与实施谋杀罪（或试图实施谋杀罪，或者如我们稍后将看到的教唆谋杀）是相同的。

同时，《模范刑法典》修改了普通法中的另一项规则，即将共谋并入已完成的犯罪中。虽然对共谋的惩罚比对其实施目标犯罪的惩罚更严厉是毫无意义的，但如果共谋包含了除实际已犯之罪以外的其他罪行，那么累积惩罚仍然是适当的。因此，共谋杀人的共谋将并入谋杀罪。* 但共谋谋杀和盗窃则不会。毕竟，被告已经表现出了与谋杀以及盗窃相关的危险性程度和类型。[318]

三、教唆（Solicitation）

我们已经看到，单方面合意也可以构成共谋。从《模范刑法典》的治疗主义视角来看，**认为**自己正在与另一人共谋犯罪的人，与实际上成功达成共谋的人并无区别。换句话说，既然未完成罪与完成罪无法区分，那么未完成罪的未完成版本**与未

---

[317] 由于每项未完成罪都只是一种诊断单一状况的、异常危险性的工具，因此对每项没有达到完成的犯罪定罪认定为不只一项未完成罪（即每个犯罪进程只存在一个犯罪停止形态——译者注），也没有道理。§ 5.05（3）。任何未完成罪都将出于诊断目的。必须进行刑事矫正治愈的，正是这种情况，即由目标罪决定的具体程度和性质的危险性，而不是该危险性的症状或症状群。

* 这相当于我国刑法理论中所说的实行犯吸收预备犯的原理。——译者注

[318] Commentaries § 5.06, at 390.

** 这里是指教唆行为。——译者注

完成罪本身也无法区分——尽管存在无限回溯的问题。

此外，事实证明，《模范刑法典》实际上承认了一种单独的未完成的未完成罪：教唆，正如《注评》所解释的那样，"教唆确实可以被视为共谋的未遂。"[319] 治疗主义所要求的也正是这一点：

> 在这个问题上不应该有任何疑问。蓄意的教唆存在需要预防性干预的危险性，并且充分表明了一个人具有向犯罪活动发展的倾向，因此应该承担法律责任。[320]

教唆的设立旨在对那些成功逃脱了两种主要未完成罪——未遂和共谋——已经精心编织的法网的异常危险人员进行刑罚和矫正治疗，这两种未完成罪被合并为一个单独的未完成的未完成罪，从而扩大了国家干预的范围，延伸至这两种未完成罪都不适格的行为。

《模范刑法典》中关于教唆的规定最引人注目的可能是其存在本身，这证明了起草者对于治疗主义的一般性坚持，以及对于未完成罪进行起诉的特殊性坚持。然而，紧随其后的、第二个令人瞩目的，就是教唆的范围，即使在《模范刑法典》下的未完成罪中也是不同寻常的。我们知道，单方面共谋，或者与自己达成的合意，与实际共谋一样都是犯罪。我们也知道，对教唆的惩罚，就是对尝试达成单方面合意的惩罚。更重要的是，教唆未遂，即试图达成单边或多边犯罪合意却未成功——"未

---

[319] Commentaries § 5.02, at 365-66; see also State v. Jenson 195 P. 3d 512 (Wash. 2008).
[320] Commentaries § 5.02, at 366.

沟通的教唆"——与成功的教唆受到相同的处理。[321]

假设存在至关重要的"蓄意",我误将一封给便衣警察的信件投进当地公共图书馆的退信口(而不是旁边的邮筒),信中承诺给他 1000 美元,让他杀害我的前夫,这会使我因教唆而承担刑事责任——不是因未遂教唆,而是因教唆本身。信件是否实际到达其预定的收件人、收件人是否有意接受我的提议甚至假装接受我的提议,或者她是否有可能(同意或假装同意)接受我的提议,这些都不会影响我的责任和接受刑罚和矫正治疗的可能性;[322] 如果我们处理的不是一级重罪,那么她是否实际将这一合意付诸实施,或者至少试图这样做,都不会有任何区别。将这些截然不同的场景联系在一起的唯一线索,就是我的蓄意,我们很久以前就认识到这是异常危险性的指标。"危险性的关键表现在于努力将犯罪信息传达给另一个人,而信息是否实际被接收完全是偶然的。"[323]

然而,教唆不仅仅是共谋的未遂——一种双重的未完成罪。它也是共同犯罪责任的为人所熟悉的基础。将另一个人的行为归责于我的一种方式是通过"教唆"她从事该行为。[324] 然而,将另一个人的行为归责于我,是假定该行为确实发生了。相比之下,教唆则不需要。因此,教唆不仅是共谋的未遂,也是共

---

[321] § 5.02(2);cf. People v. Lubow, 29 N. Y. 2d 58, 62(1971)(探讨这种"新型犯罪"的范围,其"在结构上比未遂或共谋更简单,仅仅依靠沟通就能成立,而无需采取任何行动")。

[322] 作为一种共谋的未遂,不可能性并不是教唆的抗辩事由,这是并不奇怪的,例外情形是完成的不可能性(如巫毒娃娃中的大头针)(这是一种幻想犯的教唆——译者注),这在未遂法中也是较常见的。Commentaries § 5.02, at 370 [citing § 5.05(2)]。

[323] Commentaries § 5.02, at 381.

[324] § 2.06(3).

同犯罪的未遂。[325]

四、中止（Renunciation）

《模范刑法典》中的每一种未完成罪——未遂、共谋和教唆——都规定了中止这一肯定性抗辩事由。[326] 中止必须是"完全的和自愿的"，这是《模范刑法典》起草者以特有的间接方式定义的两个条件：

> 如果中止犯罪意图是出于行为人在行为开始时不存在或不明显的情况，这些情况增加了被发觉或被抓获的可能性，或者使得实现犯罪目的变得更加困难，那么这种中止就不是自愿的。如果中止是出于决定将犯罪的客观行为推

---

[325] 未遂的共同犯罪（即，本有资格被视为共同犯罪，但该实质性的犯罪的客观行为并没有发生，从而防止了将该拟作为正犯者的行为，归责于该拟作为共谋者）也是在未遂的规定中处理的。《模范刑法典》第5.01（3）条将之视为"某一行为旨在帮助他人实施犯罪，如果该犯罪实施的话，则他的共同犯罪将获得证实"，这是基于目前所熟知的理由："行为人企图去帮助……与行为人企图自己实施犯罪，显示了同样的**危险性格**。"Commentaries § 5.01, at 356（重点系另行添加）。教唆涵盖了对于实施犯罪的未遂的教唆，而不是未遂的帮助，see § 2.06（3）(i)（教唆）& (ii)（帮助）。因此，一个狡猾的但运气不好的警员试图向赌徒透露警察搜捕的信息，但他滞后了，是在搜捕已经发生了才进行通风报信 [see Commonwealth v. Haines；147 Pa. Super. 165 (1942)]，这位警员将被成立《模范刑法典》第5.01（3）条规定的未遂罪，而不是第5.02条的教唆罪。当然，是否有必要对这些案件进行区别对待——质言之，如果我们未遂罪足够广泛，我们是否还需要教唆罪——就是另一个问题了。

[326] §§ 5.01 (4), 5.02 (3), 5.03 (6). 回想一下，基于《模范刑法典》的肯定性辩护事由并不要求被告承担举证责任，而仅仅要求其承担证据提出责任。§ 1.12 (3).《模范刑法典》总则中规定的其余未完成罪，即持有——无论这一规定看起来会是什么——都没有关于中止的规定。当然，存在一种可能性，即不再继续持有某物，或推翻持有某物是出于"犯罪目的"的推定，就可以避免关于危险性的诊断推断。此外，还有一种肯定性抗辩事由允许"被告以优势证据证明，他持有或使用（一件'攻击性武器'）仅仅是将它当作一件收藏品，或仅仅是在一场戏剧表演中使用，或者，他短暂地持有该物，只是他发现该物后的自然而然的结果，或他从一位攻击者手中夺取了该物，或者在类似的否定任何的情形下持有该物"。§ 5.07.

迟到更有利的时间，或者将犯罪的客观行为转移到另一个类似的目标或受害者身上，那么这种中止就是不完全的。[327]

因此，仅仅因为警察已经到达而中断抢劫加油站的行为，并不等同于中止。[328]

就如未完成罪关注的是危险性一样，中止的抗辩事由也是如此。根据《模范刑法典注评》，中止"显著地否定了性格的危险性"[329]。假设行为人的预备行为表明了犯罪意图，那么就会得出具有异常的危险性的诊断，除非有相反的证据表明并非如此。中止就是能够反驳该危险性推定的相反证据：

> 在行为人的行为已经超出了为定义预备行为而划定的界限，表明其犯罪意图具有初步充分的坚定性时，应当允许他通过完全中止实施该犯罪的意图，来反驳这一结论，从而清晰地表明自己缺乏坚定的犯罪意图。[330]

《模范刑法典》中，关于中止抗辩的规定在不同的未完成罪中并没有显著的差异。[331] 在未遂罪中，中止要求行为人"放弃

---

[327] § 5.01 (4).
[328] E. g. , Stewart v. State, 85 Nev. 388 (1969).
[329] Commentaries § 5.01, at 360. 起草者还提到了中止抗辩的另一种理由：向行为人提供一种激励，使其放弃犯罪计划，即使在最后一刻，即在危险性的证据已经形成定论之后，也当如此。Id. at 359-60.
[330] Id. at 359.
[331] 对照上文第4章第4节第二部分，讨论的类似于共同犯罪中终止（termination）的抗辩事由。§ 2.06 (6) (c). 与"中止"不同，在《模范刑法典》中，"终止"并不是一项肯定的抗辩事由。

其犯罪的努力或以其他方式阻止犯罪的实施"[332]。在教唆犯罪中，要求他"说服"被教唆者不要去实施该犯罪，"或以其他方式阻止该犯罪的实施"[333]，在共谋犯罪中，要求他"挫败了共谋的成功"[334]。然而，每次都要考虑的是，中止是否发生"在表明行为人对犯罪意图的完全和自愿中止的情况下"。

[332] §5.01(4).
[333] §5.02(3).
[334] §5.01(3).

第 6 章
"对个人或公共利益的重大损害"

我们已经几乎要结束关于刑事责任分析第一阶层的讨论，这一阶层主要关注是否从形式上构成犯罪的问题，即行为是否符合刑事犯罪的定义。迄今为止，我们已经深入探讨了《模范刑法典》中所指的"行为"如何"造成或可能造成"某种损害。现在，我们简要地转向这种"损害"，即"对个体或公共利益（individual or public interests）的重大损害（substantial harm）"。不过，我们不会在此过多探讨这一刑法方面的内容，并非因为它不重要，而是因为它超出了我们当前讨论的范围。对刑事损害的分类和定义主要属于刑法分则的范畴，而非适用于所有犯罪的刑事责任原则的刑法总则要处理的问题。

第 1 节 重大损害

在总则中有一个条款，虽然没有直接涉及刑事损害的对象（或复数对象），但确实涉及了它的程度。第 2.12 条赋予了审判法官广泛的权力，可以驳回起诉，即使这些起诉所指控的犯罪的客观行为，既符合罪名定义的行为，并且也没有正当或免责事由。[335] 传统上，剔除《模范刑法典》中所称的"轻微违法行为"的任务是留给检察官自由裁量的。但《模范刑法典》的条款规定了在某些情况下，在某种原因（包括检察官过度热心或甚至报复心理）导致这一传统过滤机制失效时，进行司法审查。

对于我们的目的而言，最有趣的是起草者试图指导法官在行使自由裁量权时忽略"仅仅是法律上的技术性违规"[336]。传统上，法律并没有对在特定案件中动用国家执法机器的自由裁量权施加任何限制。美国刑法将适用自由裁量权视为一种现实，并信任"检察官的良好判断力"[337]。相比之下，大陆刑法则采取了强制起诉的原则来保护被告免受检察官和其他政府官员的不当影响。然而，禁止检察自由裁量权并不等于消除它。事实上，最近，大陆法系国家已经认识到"机会原则"作为强制起诉的制衡机制，允许在满足一定条件（包括犯罪的严重性、对刑事诉讼的公共利益以及罪责的程度）的案件中进行驳回。[338]《模范刑法典》的"轻微违法行为"条款试图设定这类标准。

驳回起诉的三个理由中，有两个是正当化事由和免责化事由的缩小版。这是有道理的。毕竟，即使是轻微违法行为，仍然是违法行为，"技术性违规"也仍然是违规（违警罪）。如果指控的行为不符合某种犯罪的定义，那么就没有必要进行特殊

---

[335] See Stanislaw Pomorski, "On Multiculturalism, Concepts of Crime, and the 'De Minimis' Defense", 1997 *B. Y. U. L. Rev.* 51.

[336] Commentaries § 5.12, at 399.

[337] United States v. Dotterweich, 320 U. S. 277, 285 (1943).

[338] See, e.g., §§ 153, 153a, 153b, 257c StPO（德国刑事诉讼法）。这些规定已成为辩诉交易（或大陆的对等制度）的共同基础。See, e.g., Markus D. Dubber, "American Plea Bargains, German Lay-Judges, and the Crisis of Criminal Procedure", 49 *Stan. L. Rev.* 547 (1997). 对于二者的比较研究，see Markus D. Dubber & Tatjana Hörnle, *Criminal Law: A Comparative Approach* ch. 5. C (2014).

第6章 "对个人或公共利益的重大损害"

的驳回。其中一个驳回理由涵盖了默示同意（一种正当化事由）的情况，即行为"属于习惯上的许可或容忍范围内，并且没有被利益受损者明确否定"[339]。另一个理由，可能是最广泛的,[340]听起来更像是针对特殊情况和非预期情况的一般性的免责抗辩，即不可避免性，涉及的行为"存在其他减轻情节，以至于立法机关在禁止该罪行时不可能预见到这种情况"[341]。在这里，法院显然是在对立法机关进行质疑，理由是立法机关不可能想要惩罚无法避免的行为，这是布莱克斯通"第十规则"的应用，即"若国会的法案是不可实施的，则是无效的"[342]。

严格来说，只有一个轻微违法行为驳回的理由是真正关于轻微违法行为的。它授权在以下情况下驳回起诉：当被禁止的行为①"实际上没有造成或可能造成法律定义该罪行所旨在防止的损害或邪恶"，或者②"即使造成了损害或邪恶，但其程度过于轻微，不足以定罪"。《模范刑法典注评》将第一个条款视为未遂罪法中绝对不可能（巫毒娃娃）案例的概括。[343]对于第二个条款，起草者考虑到了日常生活中的一些情况，如地铁上、购票队伍中或摇滚音乐会上未经同意的接触，这些行为在技术上可能被视为袭击。当然，更直接的处理这个问题的方式是对该罪行进行更狭义的定义，从而排除即使是轻微损害的"技术性"

---

[339] 对于同意的讨论，参见下文第 11 章。
[340] 也许并不奇怪，基于该事由而撤销起诉需要一个书面的正当化事由。《模范刑法典》第 2.12（3）条。
[341] 对于免责事由，将于下文第 12 章讨论。
[342] Commentaries § 2.12, at 404 n.18.
[343] Id. at 403.

责任——就像《模范刑法典》起草者处理袭击罪一样。[344]

第 2 节　个人或公共利益

  刑法的领域不仅由特定程度的干涉——"重大损害"——所定义，还由一系列干涉对象——"个人或公共利益"——所定义。这些利益构建了《模范刑法典》分则的框架，相较于之前法定编纂工作中按字母顺序排列的做法，这是一个巨大的进步。例如，《联邦刑法典》（第 18 篇）至今为止，仍从＊"飞机（aircraft）和机动车辆""动物（animals）、鸟类、鱼类和植物""纵火（arson）""伤害（assault）""破产（bankruptcy）"和"生物（biological）武器，到"恐怖主义（terrorism）"，"走私（trafficking）香烟"，"叛国（treason）、煽动叛乱和颠覆性活动"，"从事非法性活动的运输（transportation）"，"战争罪（war）"，"电线（wire）和电子通讯的拦截和拦截口头通讯"，以及——反映出突然失去了按字母顺序排列的意愿——在"存储的（stored）电缆和电子通讯以及交易记录的访问权限"之后，接着是"禁止（prohibition）从国家机动车记录中释放和使用某些个人信息"。[345]

---

  [344] Id. at 404; see § 211.1（通过在大多数情况下至少要求轻率，并通过限制对人身伤害的相关损害结果，该损害被定义为"身体疼痛，疾病或任何身体状况的损害"，或者严重人身伤害，定义为"身体伤害，该伤害极可能导致死亡，或引起严重的、永久性毁容，或长期丧失或损害任何身体组成部分或器官的功能"）。

  ＊ 为便于理解这种按字母顺序排列的方式，特在译文中标明英文首个单词。——译者注

  [345] 对于一个体系性的、以利益为基础的联邦犯罪的排序，必须参考联邦量刑指南。See Markus D. Dubber, "Reforming American Penal Law", 90 *J. Crim. L. & Criminology* 49, 78 (1999).

第6章 "对个人或公共利益的重大损害"

与此不同的是,《模范刑法典》将下列"私人或公共利益"视为值得刑法保护的对象:

国家的存在或稳定(第200条)[346]
个人(第210~213条)[347]
财产(第220~224条)
家庭(第230条)
公共管理(第240~243条)
公共秩序及礼仪(第250~251条)
其他[348]

尽管《模范刑法典》的起草者根据这些利益——或者至少是可以转化为利益的类型——来组织他们的分则部分,但认为他们花费了大量时间思考犯罪危害的本质和类型将是一个错误。事实上,正如我们一再看到的那样,他们并不是特别关注危害现象。相反,他们的重点是诊断异常的犯罪危险性,并开出适当的惩罚和矫正治疗方案。

事实上,"私人或公共利益"这一表述只是后来才采用的。最初,第1.02(1)(a)条提到的是"个人和公共利益"。[349]"和"变成"或"是在一本名为《法律与电子学:新时代的挑战——一项就新技术对司法行政改进影响的开创性分析》(*Law and Electronics: The Challenge of a New Era—A Pioneer Analysis of*

---

[346] Model Penal Code 123 (Proposed Official Draft 1962).
[347] 实际上,是"危及个人的罪行"。
[348] Model Penal Code 241 (Proposed Official Draft 1962)(包括麻醉品、酒精饮料、赌博、税收、贸易)。
[349] Tentative Draft No.4, § 1.02(1)(a), at 2 (Apr. 25, 1955)(重点系另行添加)。

the Implications of the New Computer Techology for the Improvement of the Administration of Justice）的书中，"逻辑与法律"一章指出原始表述可能存在一些歧义之后，"和"才被改为"或"。[350]

---

[350] See Commentaries § 1.02, at 16 n.3 [citing Layman E. Allen, "Logic and Law", in *Law and Electronics: The Challenge of a New Era—A Pioneer Analysis of the Implications of the New Computer Technology for the Improvement of the Administration of Justice* 187-98 （Edgar A. Jones, Jr. ed., 1962）].

第二篇
正当事由

我们已经讨论完了什么样的举动可以该当一项刑事罪行（criminal offense）*，接下来要探讨的是，要对实施这一行为的具体个人施加刑事责任，还需要满足哪些条件。行为是否符合某条刑事法规或其他规定，是行为受刑事处罚的必要前提条件，但这还远远不够。本书接下来要探讨的问题是，除了符合某项罪行的定义之外，还需要哪些条件才能使行为受到刑事处罚（具备刑罚可罚性）。

---

* "Criminal offense"，刑事罪行，是指某一种特定的犯罪在法律上的概念，对应大陆刑法中某一种犯罪的构成要件。——译者注

第7章
抗辩事由概述

传统上，英美法系在处理这一问题时，并非将其视为关于刑事责任构成要素的实体问题，而是将其视为程序问题，更具体地说，是证据问题。[1] 从程序的角度来看，我们的问题属于"抗辩事由"的范畴。行为符合某种罪行的定义，就初步证明了刑罚可罚性。这种对于犯罪性的推定（或者用《模范刑法典》中治疗主义的术语来说，犯罪的危险性）随后可以由"被告人"——而不是"被指控人"——通过提出某些"抗辩事由"来反驳。

这种从程序视角来审视问题的方式，可能深深根植于英美刑事审判程序中对抗式诉讼的传统之中。即使在今天，美国的刑事程序，不仅限于审判阶段，都被视为是"对抗式的"，而非"纠问式的"，就像一场对抗或者至少是竞赛，双方你来我往，互相攻击和反击。

然而，这种程序观念可能有些误导性，因为它给人的印象是，一方（控方）负责证明犯罪的罪行（offense），而另一方（被告）则负责证明针对该罪行的抗辩（defense）。然而，我们

---

[1] See Note, "Justification: The Impact of the Model Penal Code on Statutory Reform", 75 *Colum. L. Rev.* 914 (1975).

第 7 章 抗辩事由概述

之前已经看到，诸如醉酒、错误（或共同犯罪中的终止）等"抗辩事由"，并非由被告来证明，而是由控方来证否，只要它们与控方关于被告具有某种必要的犯罪的主观心态的主张不一致。

现在**有**这样一种说法，即这些辩护事由在抗辩的意义上属于辩护方的责任，辩护方有责任提出这些主张，并为其提供一些最低限度的（"微量的"）证据支持，然后举证责任才会转移到控方，由控方来反驳这些抗辩事由。[2]《模范刑法典》将这些抗辩事由称为"积极的抗辩事由"。[3] 有些法典，例如《纽约州刑法典》，将某些抗辩事由的举证责任置于被告方，[4] 甚至要求达到排除合理怀疑的程度。[5]

然而，关于是否满足刑事责任条件的实体问题，与关于应由哪一方证明这些条件已经（或未）满足的程序问题，甚至这个关于应由哪一方承担微量的证据以上的举证责任的问题，是截然不同的。在美国法中，程序（狗的尾巴）往往会反过来影响实体（狗），前者受到的关注远超过后者。事实上，关于刑事责任先决条件的宪法性法律，大多属于证据法的细分领域。这些法律详细阐述了不同类型和级别的举证责任——包括提出证据的责任、说服责任或证明责任，以及证明标准如排除合理怀

---

〔2〕 See, e. g., Hoagland v. State, 240 P. 3d 1043, 1047 (Nev. 2010) （"不论证据是薄弱的、矛盾的、可信的，还是难以置信的"）。

〔3〕 § 1. 12. 为明确起见，《模范刑法典》并未规定被告需承担有关这些问题的举证责任。肯定性抗辩事由的证据可能也会偶尔——很可能是无意识地——出现在控方的案件中。只不过，"通常"情况下，这些证据是由被告方提出的。《模范刑法典注评》第 3.01 条中的第 6 点提到了这个问题。因此，重要的一点是，即使在存在肯定性抗辩事由的案件中，《模范刑法典》所关注的是"**存在**支持这种抗辩事由的证据"，而不是谁提出了这些证据。§ 1.12 (2)(a)（重点系另行添加）。

〔4〕 See N. Y. Penal Law § 25. 00.

〔5〕 Leland v. Oregon, 343 U. S. 790 (1952) （精神错乱）。

疑、清晰且令人信服的证据，或证据优势。[6]这些举证责任在诉讼的不同阶段（如审判和量刑）[7]会在不同的诉讼主体（如国家和被告）之间进行分配和转移。[8]此外，一旦举证责任得以分配，还可能会采用各种证据推定来减轻举证责任，尽管这并不意味着举证责任的完全转移。这些证据推定包括可反驳的、不可反驳的、强制性的以及许可性的推定。[9]

《模范刑法典》明确将两类抗辩事由——正当事由与免责事由——视作认定刑事责任的实质性条件。[10]换言之，只有缺乏这两类抗辩事由，刑事责任才能得以确立。因此，在《模范刑法典》对犯罪构成要件的界定中，明确包含了以下几点："（i）行为或（ii）与该行为相关的附随情状或（iii）该行为的结果……（c）该行为不具有免责事由或正当事由。"[11]从程序的角度出发，控方在提起诉讼时，必须就上述每个犯罪的构成要件进行充分证明，以排除所有合理怀疑。[12]这也意味着——从程序上讲——控方也有责任证否——反驳——被告提出的正当事由和免责事由，证明其不存在。[13]总之，刑事责任的成立要求行

---

[6] In re Winship, 397 U. S. 358 (1970).

[7] McMillan v. Pennsylvania, 477 U. S. 79 (1986).

[8] Mullaney v. Wilbur, 421 U. S. 684 (1975)（挑衅）; Patterson v. New York, 432 U. S. 197 (1977)（极度情绪干扰）; Martin v. Ohio, 480 U. S. 228 (1987)（自卫）.

[9] Sandstrom v. Montana, 442 U. S. 510 (1979).

[10] 尽管《模范刑法典》起草者拒绝在正当事由与免责事由之间"划定明确的界限"，但他们确实在两者之间"进行了粗略的区分"。Commentaries art. 3, introduction, at 2. 我们将在具体的正当事由与免责事由的背景下探讨这一区分。

[11] §1.13 (9) (c).

[12] §1.12 (1).

[13] 一旦在审判中引入了有关抗辩事由的证据——通常是由被告方提出的——则即便该抗辩事由被归类为积极的抗辩事由，举证责任仍然保留。§1.12 (2) (a). 该规定的唯一例外是那些《模范刑法典》"明确要求被告方以优势证据证明"的超积极抗辩事由。See, e.g., §§

为符合①"犯罪定义中被禁止行为的描述",包括②"所要求的罪责类型",同时还要求③该行为不具有"正当事由或免责事由"。[14]

从这一角度来看,抗辩的要素看起来就像罪行的要素,只是方向相反。* 在总则中规定的正当事由和免责事由是罪行概念无形的附加条件,适用于任何罪行。以谋杀罪的**罪行**为例,该罪被定义为蓄意地或明知地导致他人死亡。然而,在认定谋杀罪的**刑事责任**时,我们需要额外添加"不存在正当事由或免责事由"的条件。

此外,《模范刑法典》不仅将(不存在)正当事由和免责事由归类为犯罪成立要素,而且将其视为**实质性**要素。[15]这意味着其一般性的刑事责任条款不仅适用于"犯罪定义中被禁止行为的描述",同样也适用于该行为的正当事由和免责事由。我们可以将正当事由和免责事由视为刑事责任认定框架中的构成要素。否定正当事由或免责事由,意味着否定罪行中的主观心态。例如,我们稍后会看到,基于自卫而使用武力(否则属于犯罪的)行为是"正当的,当行为人**相信**这种武力对于保护自己免受他人使用非法武力的侵害是立即必要的"[16]。因此,否定自卫的正当事由就需要证明行为人对于抗辩事由的成立条件(紧

2.04(4)(法律的认识错误),2.07(5)(尽到合理注意义务),2.13(2)(诱捕),5.07(临时占有),213.6(1)(对年龄的认识错误)。

〔14〕 §1.13(9)(a)-(c)。

* 罪行要素(offenses)从正向证明犯罪的成立,抗辩事由(defenses)从反向证明犯罪的不成立,相当于大陆刑法中的违法阻却事由与罪责阻却事由。——译者注

〔15〕 §1.13(10)。

〔16〕 §3.04(1); see also §§3.02(1)("行为人相信其行为是避免自己利益受损所必要的"),3.03(3)("行为人相信其行为是被要求的或经授权的"),3.06(1)("行为人相信使用这种武力是紧迫的必要的"),3.07(1)(相同的)。

迫的必要性、非法武力等）并不具有该罪行所要求的"相信"。

需要注意的是，这里使用的是"相信"而不是"知道"。也就是说，行为人并不需要具有**准确的**相信。[17] 法律允许行为人存在认识错误。从表面上看，即使我认为自己具有自卫所要求的任何或所有条件，但最终证明我的这种相信是错误的（例如，对在人行道上向我跑来的滑板手进行撞击，严格来说，不是"必要的"），正当事由也仍然是有效的。

虽然允许行为人存在认识错误，但这种认识错误是否足以证明我的行为是正当的，这则是另一个问题。事实上，《模范刑法典》还规定，某些类型的错误构成了所谓的**不完全抗辩事由**（imperfect defense），即这种抗辩事由能够减轻刑事责任，但不能完全免除刑事责任。具体来说，如果我对抗辩事由的成立条件存在轻率或疏忽的认识错误，那么对于定罪要求轻率或疏忽以上的罪行（如谋杀罪，它要求蓄意或明知），我拥有抗辩事由；但对于那些只要求轻率或疏忽以下的罪行，我仍然需要承担刑事责任。如果我的认识错误是轻率的（reckless），我必须对那些要求轻率的罪行［如误杀罪（manslaughter）］承担刑事责任。如果我是疏忽的（negligent），我必须对那些要求疏忽的罪行［如疏忽致人死亡罪（negligent homicide）］承担刑事责任。

需要注意的是，《模范刑法典》并没有直接提及"合理"的相信，或错误的相信。在普通法下，以及至今许多美国司法管辖区，对于抗辩事由的成立条件而言，相信——即使是错误的（mistaken）——也足够了，但前提是这些信念必须是合理

---

[17] Cf. § 2.02（2）(b)(i)（将关于附随情状的"明知"定义为"意识到其存在"）。

（reasonable）的。* 例如，如果我对自卫的条件存在不合理的误解，那么我就不存在任何抗辩事由。普通法的规则是一个非此即彼、全有或全无的命题，也就是说，如果行为人的相信是合理，则他的行为就是正当的；如果行为人的相信是不合理的，则他的行为就是不正当的。[18]

《模范刑法典》间接地对不同类型的不合理的认识错误进行了区分。根据《模范刑法典》，合理的相信是"行为人在持有该相信时并非出于轻率或疏忽的"[19]。然而，正如我们刚才所说的，我轻率或疏忽地对事实的认识发生错误，并不意味着我完全没有抗辩事由，从而需要对任何罪行，甚至是要求蓄意或明知的罪行（如谋杀罪）承担刑事责任；而是意味着我将免于对此类严重罪行承担刑事责任，从而——假设这些罪行存在——只需要对与我的错误性质相符的罪行（或较轻的罪行）承担刑事责任：如果我是轻率的，就承担轻率罪行的刑事责任；如果我是疏忽的，就承担疏忽罪行的刑事责任。[20]

现在，我们已经对《模范刑法典》在处理抗辩事由时所遵

---

* 这里的"错误相信"（mistaken belief）是英美刑法对于大陆刑法的"认识错误"的习惯性表述，"错误相信"即"认识错误"，指行为人的主观认识与事后查明的客观事实不符的情形。——译者注

[18] See People v. Goetz, 68 N. Y. 2d 96 (1986).
[19] § 1. 13 (16).
[20] 这是一种折中立场，即在对自卫的条件存在不合理的相信的情形下，将谋杀罪的刑事责任降低为误杀罪的刑事责任，see Weston v. State, 682 P. 2d 1119 (Alaska 1984). 这种理论通常被称为"不完全的自卫"。与《模范刑法典》的立场相似的是，该理论在行为人对自卫的条件存在不合理的相信的案件中，它并没有完全排除抗辩事由；而该理论与《模范刑法典》不同的是，它并没有根据行为人的认识错误的性质来调整其刑事责任。无论是轻率或疏忽，不合理错误的行为人均承担误杀罪的刑事责任。Cf. State v. Bowens, 108 N. J. 622 (1987)（在《模范刑法典》司法管辖区拒绝接受"不完全的自卫"）。还要注意，这种抗辩事由与挑衅抗辩一样，仅限于杀人案件。关于挑衅抗辩，参见下文第 16 章。

循的一般原则有了初步的认识。接下来，我们将进一步深入地探讨具体的抗辩事由，首先是正当事由，而关于免责事由的探讨则留待第三篇进行。在探究《模范刑法典》中关于正当事由的规定时，牢记这一总体处理方案至关重要，因为这些规定往往极为细致，甚至可能略显复杂。

第8章
紧急避险

紧急避险（necessity）是所有正当化事由之母，正如第3.02条的标题所明确指出的："正当化事由之基础：两害相权取其轻（Choice of Evils）。"将之放在《模范刑法典》第3条所提及的所有其他正当化事由之前，是正确的和适当的。如果其他正当化事由无法适用，它也是可能获得适用的备选方案。

将紧急避险作为一种正当化抗辩事由的基本思想是，在某些情况下，表面上看似犯罪的行为，实际上在一般意义上的法律的语境下并不具有不法性。[21] 假设法律的一个目的——至少其中一个目的——是防止"损害或邪恶"[22]，而刑法作为法律的一种，也具有这一目的，那么，如果某种行为虽然违反了某项刑事法规，但却促进了法律的整体目标，那么这种行为并不违反法律。换句话说，如果我能通过违反旨在防止"损害或邪

---

[21] 必须谨慎对待这种对"一般意义上的法律"的引用。《模范刑法典》的起草者并未提出或支持一种统一的法律理论，认为各种法律主题都能像抽屉放入柜子或饼图切片那样一一对应。例如，他们坚持认为刑法中的正当化事由不能支持"任何民事诉讼"，参见《模范刑法典》第3.01（2）条。没有迹象表明侵权法中的"特权"抗辩与刑法中的"正当化事由"涵盖相同的领域，这就使他们在试图定义自卫"不法武力"的"不法性"时存在困难，参见下文第9章第1节第四部分。

[22] 该短语在《模范刑法典》中频繁出现，参见上文第4章第2节第二部分，注40。

恶"的刑事法规来防止"损害或邪恶",那么我就是正当的,前提是我所要防止的"损害或邪恶"大于我所造成的"损害或邪恶"。例如,如果我能通过烧毁邻居的农场来拯救整个小镇,那么我的行为就不是不法的。

紧急避险之所以得名,是因为它仅限于必要的情形或甚至是"紧急情况"。[23] 通常,权衡某种行为的潜在成本和收益是在立法层面,由社会的政治代表们前瞻性地进行的。这些——我的——代表们指定了一部刑法包含了我所违反的刑事法规,例如纵火罪。如果我的行为和判断违背他们为避免"损害或邪恶"的目标而制定的准则,我必须面临特殊的情况。简而言之,我必须面临紧急情状。没有紧急情状,我就没有权利使法律站在我这一边,我通过违反制定法的条文而实现了法律的目的,或者更生动地说,我为了法律本身的缘故而违反法律。

这种基于法律目的(而实际上一般是政府的目的)的权衡是所有正当化抗辩事由的基础。在紧急避险中,正当化抗辩事由的原理体现得最为明确,所受的限制也最少。《模范刑法典》中关于紧急避险的规定比关于自卫或法律执行等正当化事由的规定要短得多,这并不是偶然的。其他正当化抗辩事由是在特定且常见的情境中详细阐述了"紧急避险"的细节。在这些抗辩事由中,立法机关试图预测一些特殊的情形,在这些特殊情形下,按照列入制定法的刑事规范处理可能产生适得其反的效果。例如,自卫就详细描述了这样的情形,即如果行为人遵循了禁止损害他人的刑事法规定将造成比违反该规定更大的损害。

《模范刑法典》中关于紧急避险的规定简明扼要,令人耳目一新:

---

[23] N. Y. Penal Law § 35.05 (2).

第 8 章 紧急避险

> 行为人相信其行为是为了避免自己或他人免受损害或邪恶，该行为是正当的，前提是……该行为所要避免的损害或邪恶，大于该行为所涉及罪行的法律定义所要保护的"损害或邪恶"。[24]

此外，《模范刑法典注评》以一段经常被引用的文字阐述了这种抗辩事由的要点：

> 紧急避险原则，如果得到正确理解，可以为那些在其他情况下构成犯罪的行为提供一般的正当化事由。它反映了这样的观点，即刑事责任的判断，就像罪责的一般要求一样，对于刑法的合理性和正当性至关重要，并且应该在刑法中得到适当处理。根据本条规定，为了防止火灾蔓延，可以毁坏他人的财产；在追捕犯罪嫌疑人时，可以违反限速的规定；救护车可以闯红灯；在风暴中迷路的登山者可以在他人的房屋中避难或占有食物；为保存船只，可以抛弃船上的货物或违反禁运令；外国人为躲避空袭可以违反宵禁规定；药剂师在紧急情况下，为缓解病人的严重痛苦，可以在无处方的情形下发放药物。[25]

从这段话可以看出，首先，将一般的紧急避险抗辩进行法典化在《模范刑法典》时代是一个全新的概念。即使在有着长期法典化传统的法律体系中，紧急避险抗辩也长时间一直没有被法典化。例如，德国法院曾将"利益冲突"(balance-of-evils)

---

[24] § 3.02 (1).
[25] Commentaries § 3.02, at 9-10.

称为"超法规的紧急避险",正是因为它的承认与相关刑事法规的罪行定义相悖。从这个意义上说,紧急避险不仅没有被法典化,而且也是无法被法典化的。[26]

同时,需要注意的是,《模范刑法典注评》在这里使用了"理性与正义"的要求,这与在未完成罪的条文中占据主导地位的"危险性"的讨论相去甚远。实际上,在对《模范刑法典》正当化事由规定的注评中,人们更有可能看到关于什么是"不公正"的说法,[27] 或者什么是"在刑法中有其一席之地"或"没有其一席之地"的讨论。[28] 然而,起草者仍然没有对"正义"或"刑法"(或"法律")给出定义,这将有助于我们理解为什么需要采纳特定的教义规则。然而,即使在像《模范刑法典》这样彻底致力于治疗主义的法典中,关于"正当化抗辩"的讨论也会转变为关于正义的讨论,关于"不法性"(unlawfulness)[29]的讨论会转变为关于法律的讨论,关于"违法性"

---

[26] 在德国,紧急避险之抗辩最先是在一起堕胎案中得到认可,该案中,医生为了拯救母亲的生命而进行了堕胎手术。RGSt 61, 242 (1927)(德国帝国法院)。直到1969年,德国才对紧急避险进行法典化。参见《德国刑法典》第34条(作为正当化事由的紧急避险)。有关更详细的比较分析,see Markus D. Dubber & Tatjana Hörnle, Criminal Law: A Comparative Approach ch. 13. B (2014).

[27] See, e. g., Commentaries § 3.04, at 36; see also Commentaries § 2.09, at 373, 375 (胁迫)。

[28] 28 See, e. g., Commentaries § 3.04, at 39. 同样,《模范刑法典注评》中关于正当化事由的部分经常出现侵权法(一套关注补救损害,而非危险性消除的法律体系)有类似问题的讨论,并且经常采用侵权法的处理办法。事实上,《模范刑法典》中的每一条完整的正当化事由规定只不过是对侵权法的引用。See § 3.10 (财产犯罪中的正当化事由)。

[29] See, e. g., Commentaries § 3.04 (1)(非法武力); see also §§ 2.09, 2.10 (非法命令), 3.04 (2)(a)(i) & 3.07 (4)(非法逮捕), 3.04 (2)(a)(ii)(2), 3.06 (1)(a)(非法侵入与夺走), 3.06 (3)(c)(非法再次侵入与夺回), 5.01 (2)(d)(非法侵入), 5.01 (2)(e)(非法使用)。

(wrongfulness)[30]的讨论会转变为关于错误的讨论,关于"权利主张"[31]的讨论会转变为关于权利的讨论,以及关于"利益衡量"[32]的讨论会转变为关于损害或邪恶的讨论。[33]

《模范刑法典》中关于紧急避险的规定不仅异常清晰,而且相对宽容。与大多数其他法规不同,尤其是与《纽约州刑法典》相比,它并未包含"紧迫性"的要求。[34] 这并不是说"紧迫性"或"紧急性"在《模范刑法典》中不重要。这只是说,在评估紧急避险所做出的选择,或者选择一种损害而非另一种损害的正当性时,对比于其它要素,紧迫性并不是那么重要。《模范刑法典注评》以著名的**海上食人案**(Regina v. Dudley & Stephens)为例,说明紧迫性可能产生影响的情况。在这个案例中,三名海难船员杀死并吃掉了第四名同伴,但在随后的几天内获救。[35] 该案

---

[30] See, e. g., § 3.06 (6) ("违法的阻碍者"); see also § § 2.08 (4) & 4.01 (1) (行为的违法性)。

[31] See, e. g., § § 3.04 (2) (a) (ii) & (b) (ii), 3.06 (1) (b) (ii), (2) (c), (3) (d) (i), (6) (a).

[32] See, e. g., § 3.02 (1); see also § § 109 (1) (c), 1.10 (1), 1.13 (10), 2.02 (6), 2.11 (1), 2.12 (3).

[33] 这并不是说不能用治疗主义术语来阐述正当化事由的问题,只是说起草者并没有像人们可能期望的那样经常使用这种方式。毕竟,一名女性为了拯救村庄免受即将到来的火海之害而烧毁房屋,其显示的犯罪危险性,与不具有任何正当化事由就纵火烧毁邻居房屋的女性是不同的。

[34] 事实上,与《模范刑法典》中其他正当化事由不同,紧急避险甚至不要求符合犯罪构成要件的行为必须是"立即"必要的。See, e. g., § § 3.04 (1) (自卫), 3.06 (1) (财产防卫), 3.07 (1) (法律执行)。

[35] Commentaries § 3.02, at 16 n. 20 [citing Regina v. Dudley & Stephens, 14 Q. B. D. 273 (1884)]. 请注意,《模范刑法典》一般允许达德利(Dudley)式的杀人行为成立紧急避险的正当化抗辩,Commentaries § 3.02, at 15. 然而,如果不存在"获救人数相对于牺牲人数的数量优势",则不能主张正当化抗辩。这对于那些发现自己处于另一个经典的海难情境的人来说是个坏消息——他们共享一块只能承载一人而不能承载两人的浮板。在这种情况下,我就没有理由推开我的同伴以救自己的命。Id. at 17. 事实上,在这种情况下,我甚至没有免责的抗辩事由,因为正如我们稍后会看到的,《模范刑法典》并不认可在面临必要选择但恶害权衡并不偏向我的情况下的作为免责事由的紧急避险(或来自环境的胁迫,与来自他人的胁迫不同)。参见下文第13章。

的争议在于，一方面，这三名船员本来可能能够存活下来，即使不能坚持到救援，至少也能存活一段时间，而不必采用吃掉其中一人的方式来保护自己的生命。但另一方面，最终的受害者病得很重，即使没有被谋杀，他很可能也会在很短时间内自己死掉。根据《模范刑法典》，紧迫性的缺失并不会自动排除紧急避险的抗辩。因此，只要未来损害的可能性足够大且足够严重，紧急避险就可以为预防这种损害提供正当化。

此外，行为人对紧急避险的相信（包括对紧迫性的相信），对于成立紧急避险就足够了。适用于抗辩事由的认识错误的一般规定也适用于此，因此不要求行为人对行为之必要性做出正确评估。[36] 只要行为人具有对紧急避险的相信就足够了，对于轻率或疏忽的错误相信，也成立不完全的抗辩。（相反，在纽约，紧急避险仅适用于"**作为必要的紧急措施的**"行为。[37]）因此，即使达德利（Dudley）和斯蒂芬斯（Stephens）在评估杀死船上同伴的必要性和他们死亡的紧迫性时存在认识错误，他们也不会承担谋杀罪的责任，因为根据《模范刑法典》，谋杀罪需要有蓄意或明知。然而，根据他们的认识错误的性质，他们可能会承担轻率杀人或疏忽杀人的责任。

然而，值得注意的是，《模范刑法典》的紧急避险规定确实包含一个客观要素。对于紧急避险发生认识错误而实施符合犯罪构成要件行为的，不会妨碍该抗辩事由的成立，除非这种错误是关于"利益衡量"（choice of evils）的错误。[38] 这一关键

---

[36] N. Y. Penal Law § 35.05 (2); Commentaries § 3.02, at 19-22.
[37] See People v. Craig, 78 N. Y. 2d 616 (1991)（紧急避险要求客观性）。
[38] See Commentaries § 3.02, at 12; § 3.02 (1) (a).（"通过这种行为试图避免的伤害或邪恶，**要**大于通过定义该罪刑的法律所试图防止的伤害或邪恶"）（重点系另行添加）。

限制旨在防止紧急避险为此类被告人提供正当化事由,例如:他真诚地认为他人的生命不如自己的财产利益重要。[39]《模范刑法典注评》将关于利益衡量的错误与关于必要性的错误区分开来,因为前者是法律问题,后者是事实问题:

> 考虑到所陈述的特殊情况,需要权衡各种冲突的价值,才可能对刑事禁止规定做出例外的处理。而这种例外情况,立法机构在合理考量下是不太可能排除的。[40]

最后,对于紧急避险之危险源是由行为人的过错引起的情形,《模范刑法典》并不必然排除紧急避险的抗辩。[41] 根据《模范刑法典》对抗辩事由的条件的认识错误的一般处理原则,它区分了不同类型的因果关系:轻率地造成和疏忽地造成。[42] 虽然在行为人蓄意或明知地造成违反法律的紧急避险的危险源时,行为人不能主张紧急避险的抗辩;但如果行为人轻率或疏忽创造了紧急避险的危险源,其仅仅需要承担要求轻率或疏忽的罪行。

---

[39] Commentaries § 3.02, at 12.
[40] Id.; cf. § 2.12 (3)(情节显著轻微)。
[41] Contrast N. Y. Penal Law § 35.05 (2)(特别将抗辩事由限于"非因行为人过错而产生或发展的情形")形成对比。关于自卫法中的权利丧失,参见下文第9章第3节。
[42] Cf. § 3.09 (2).

第9章
人身（自己或他人）防卫与财产防卫

152　《模范刑法典》对自卫的处理区分了两种情况，一种是未使用"致命武力"的情况，另一种则是使用了"致命武力"的情况。[43] 起初，两者都遵循相同的普遍标准，这一标准非常简单：

> 当行为人认为，为了保护自己免受他人当前使用非法武力的侵害，立即使用武力是必要的，那么对他人使用武力是正当的。[44]

到目前为止，正当防卫条款看起来与紧急避险条款非常相似，简洁明了。在形式和实质上，它本应如此，因为正当防卫只是紧急避险的一种特殊情况。正如该条款明确指出的那样，只有在以下情况下，自卫中使用武力才是正当的：①使用武力是必要的；②符合某种类型的犯罪的客观行为（伤害、非法拘禁、杀

---

[43] 这些关于（人身和财产）防卫的条款，是真正意义上的"抗辩事由"。虽然从程序意义上看，任何正当事由或免责事由都可以算作一种抗辩事由，但自卫、防卫他人和防卫财产（包括自己的和他人的）在实体意义上也是抗辩事由。更具体地说，这些防卫之所以在程序意义上是抗辩事由，是因为它们在实体意义上就是抗辩事由——它们的共同核心在于我有权保护自己的权利和他人的权利免受无权利的攻击。

[44] §3.04（1）.

人)的"损害或邪恶"被另一种类型的犯罪的客观行为(伤害、非法拘禁、绑架、强奸或杀人)的"损害或邪恶"所超过的一般情形,即当我不得不使用前者来保护自己免受后者非法侵害时。

然而,起草者并不满足于已有的成果。他们决定,如果我想要以"使用致命武力"而不是任何其他形式的"武力"主张正当防卫的抗辩,那么我就必须再跨过一些额外的门槛,他们随后将以相当详细的方式对这些门槛加以说明。

第1节 自 卫

但是,让我们首先来看看自卫(self-defense)的基本要求,尤其是关于致命武力的规定往往吸引了所有人的注意。[45]

一、对他人或朝他人使用武力(Use of Force Upon or Toward Another Person)

首先需要注意的是,该规定——与其他所有正当化事由的规定一样,只有两个例外——仅涉及使用武力的犯罪,尤其是针对他人所实施的武力(《模范刑法典》分则部分的第210~213条)。这两个例外是第3.02条关于紧急避险的规定,这部分我们之前已经讨论过;以及第3.10条关于财产犯罪正当化的规定,这部分我们将不会详细讨论。从标题可以看出,第3.10条处理的是涉及对财产而非人身造成损害的犯罪的防卫(《模范刑法典》分则部分的第220~224条)。《模范刑法典》的起草者对这个问题并不特别关注,只是简单地参照了侵权法的相关规定,

---

[45] 作为一篇关于自卫的历史性文章,其本身不仅仅具有历史意义,see Joseph H. Beale, "Retreat from a Murderous Assault", 16 *Harv. L. Rev.* 567 (1903).

将"民事诉讼中的特权抗辩"等同于刑事案件中的正当化事由。以下是《侵权法第二次重述》中对"故意侵犯动产现有和未来占有利益"这一特权的阐释:"A 在 B 的家中做客时,遭到 B 的袭击,B 抓起一个珍贵的花瓶想要朝 A 扔去。为了保护自己,A 拿起 B 的雨伞,用它将花瓶从 B 的手中击落,结果花瓶碎了,雨伞也坏了。无论是对于雨伞还是花瓶的价值,A 对 B 都不负赔偿责任。"[46]因此,根据第 3.10 条,A 在刑事上同样不应承担责任,例如 A 不会因故意毁坏财物罪而受到刑事追究。[47]所有其他不涉及对人身或财产造成损害的犯罪的正当化事由,大概只能由一般的紧急避险的规定来涵盖,该规定并不局限于任何特定的犯罪类型。

二、相信(Belief)

接下来,我们来对照一下"相信"这一概念的常见提法,即认识错误的法律效果。如果"相信"是轻率或疏忽的——因此是不合理的——那么只分别存在轻率或疏忽犯罪的刑事责任。如果"相信"既不轻率也不疏忽——因此是合理的——那么它们就不会阻碍使用武力的正当化。[48]

然而,在涉及自卫中使用武力的非法性时,《模范刑法典》明确指出,如果这种关于不法性的认识错误"是由于对《模范刑法典》规定(或)刑**法**其他规定的无知或误解",那么这种

---

[46] Restatement (Second) of Torts §261.
[47] §220.3; see also N. Y. Penal Law §145.00.
[48] 正是在这里,在评估被告对正当防卫条件的相信的性质时,《模范刑法典》可能采纳了受虐妇女综合征的证据。See State v. Leidholm, 334 N.W. 2d 811 (N.D. 1983); see also State v. Kelly, 97 N.J. 178 (1984).

第9章 人身（自己或他人）防卫与财产防卫

错误将不会被考虑。[49]因此，如果我在你试图从我手中抢走属于你钱包时使用武力来保护自己，并且我坚定地相信，[50] 即使是为了夺回被盗财物而使用适度的武力也永远是不合法的，那么这种"相信"对我没有任何帮助。

三、必要性（Necessity）

与紧急避险一样，自卫仅在"必要"的情况下才允许使用武力。此外，自卫还要求一种对于其行为要素（"保护自己"）持"蓄意"的主观心态，正如紧急避险要求行为人实施表面上违法的行为是"为了"避免更大的损害。正如我们刚才所见，行为人对案发情境（紧迫性、必要性、非法性）只要具备"相信"就足够了——这里再次强调了必要性（"必要的"[51]）。因此，如果事后才发现符合正当防卫条件（或要素）的行为（例如，攻击者在外套口袋里藏了一把刀，但声称自卫的人并不知情）*，不能成立自卫。然而，另一方面，事后发现不符合自卫条件的行为，但如果行为人在案发时认为符合自卫条件的，那么该行为可以成立自卫，但是受到关于轻率和疏忽的认识错误的常见规定的制约。

然而，与紧急避险不同，自卫并不要求损害后果的平衡，至少不是明确要求的。立法机构制定自卫条件时已经抽象地考

---

[49] § 3.09（1）（重点系另行添加）。
[50] 但这是错误的。§ 3.06（1）；Commonwealth v. Donahue, 148 Mass. 529（1889）（为恢复财产而实施伤害行为）。
[51] 再次需要指出的是，关于法益平衡的要求，即"此类行为试图避免的损害大于该行为涉及的起诉罪名所要避险的损害"。Commentaries § 3.02, at 12.
* 这种情形属于偶然防卫，即行为人不具有防卫意识而实施行为，在客观上保护了更大的法益，起到了防卫的效果。作者认为，偶然防卫不是正当防卫，不具有正当性。——译者注

虑了这种平衡。例如，在杀人案件中，紧急避险会权衡被拯救的生命与牺牲掉的生命。因此，基于紧急避险，牺牲三个人的生命来拯救一个人的生命永远无法被正当化。相比之下，在自卫中，牺牲三个人的生命（或更多）来拯救一个人的生命则可能是正当的。实际上，不法侵害人的生命之价值小于那些没有参与不法行为的人的生命。

我只有在他人使用"不法"暴力时，才有权使用武力进行自卫，针对一人或多人皆是如此。然而，在紧急避险的名义下，使用武力的权利——或从事任何其他犯罪的客观行为的权利——并没有类似的限制。仍以杀人案件为例，以紧急避险为理由，为了拯救我自己和我的朋友杰克，我可以将吉尔扔下船，即使她并没有从事任何不法行为。但是，我不能以自卫为理由，仅仅为了拯救自己就将她扔下船，因为她的生命和我的生命同样重要。[52]

四、非法性（Unlawfulness）

由于自卫——以及我们稍后将看到的胁迫[53]——在很大程度上取决于侵害者武力的"非法性"，因此，《模范刑法典》的起草者小心翼翼地界定他们认为的"非法武力"是什么，这并不令人感到意外。不幸的是，他们的定义并不清晰明了：

"非法武力"是指未经被害人同意而使用的武力，包括

---

[52] 如果没有非法性的概念，布莱克斯通（Blackstone）会认为这种情形成立自卫，因为"他们都是无辜的，但他们两人留在同一块脆弱的木板上是一种相互的、对彼此生命的威胁"。William Blackstone, *Commentaries on the Laws of England* 186 (1769). 一个世纪后，达德利和斯蒂芬斯尝试了类似的论点，但失败了。Regina v. Dudley & Stephens, 14 Q. B. D. 273 (1884).

[53] 参见下文第 13 章。

非法拘禁，且该武力的实施构成犯罪或可提起诉讼的侵权行为，或者除非具有特权的抗辩事由（例如：缺乏故意或过失，精神能力缺失，胁迫，年幼，外交身份），否则将构成犯罪或侵权行为的武力。[54]

人们可能期望起草者仅仅是简单地说非法武力是指不正当的武力，因为一般而言，行为如果不违反法律，就是正当的，即使它在表面上具有犯罪性，即符合刑事犯罪的定义。按照这一表述，自卫仅针对不正当的武力才是正当的，或者说，自卫仅仅是针对非法的武力才是合法的。（因此，例如，使用武力对抗自卫中的武力是不正当的。）然而，起草者没有提及一般的正当性，而是提及了一个特殊的正当化事由（"同意"[55]），和正当化事由在侵权法中的大致类似物（"特权"），因此，非法武力被定义为不包括被同意或享有特权的武力。[56]

《模范刑法典》条文还明确指出，自卫的武力不能对抗正当的行为，但可以对抗免责的行为。* 起草者再次列出了特定的免责抗辩事由，而不是笼统地提及一般的免责事由；非法武力包括对方具有"精神能力缺失、胁迫、年幼"等抗辩事由的情况

---

[54] § 3.11 (1).

[55] 最初，关于同意的部分计划出现在《模范刑法典》第 3 条"正当事由的一般原则"中。See Tentative Draft No. 8, § 3.11, at 81 (May 9, 1958). 在最终版本中，它被放在了第 2 条中，作为第 2.11 条。有关同意的更多信息，参见下文第 11 章。

[56] 然而，根据起草者的说法，正当化事由并不完全与类似的特权相对应。有时它们更宽泛，有时则更狭隘。Commentaries art. 3, introduction, at 2. 进一步的复杂性在于，为确定使用武力的非法性而给予的同意与作为名义上责任抗辩的同意是不同的。Commentaries, § 3.11, at 157-59.

* 可见，《模范刑法典》中的"非法武力"对应大陆法系刑法中的"不法侵害"，是指符合构成要件的、具有违法性的武力，该武力如果仅仅是免责的，仍是非法武力，仍是可以防卫的。——译者注

下所实施的武力。[57]

区分正当的攻击行为和免责的攻击行为是合理的。正当的行为意味着行为不是非法的。相反，免责的行为仅仅是免除了行为人的刑事责任，但并不改变行为的非法性。我基于胁迫杀死罗格的行为可能是免责的，但不是正当的。因此，罗格可以使用自卫的武力来对抗我试图杀死他的行为。更戏剧性的是，在面对一个精神错乱的人（即符合免责条件的精神疾病或缺陷的人[58]）或一个小孩（即因不成熟而免责[59]）的攻击时，我使用武力，甚至致命武力对抗他们的行为都可能是正当的。

值得注意的是，《模范刑法典》在此处实际上允许，甚至将使用自卫武力对抗不具惩罚性的行为正当化。换句话说，我可以不受惩罚地在自卫中杀死某个人，即使国家根本不能对他进行任何形式的无论多么轻微的惩罚。事实上，《模范刑法典》甚至允许人们使用自卫的武力对抗那些因不符合犯罪概念*而不具有惩罚性的行为（区别于符合犯罪概念，但得以免责的行为）。非法武力——因此也是我正当防卫使用的武力所对抗的——不仅包括"构成犯罪"的武力，还包括"如果没有抗辩事由……如缺乏故意（或）过失……将构成犯罪"的武力。换句话说，即使威胁我的人缺乏构成刑事犯罪所必需的主观状态，我也有权使用自卫的武力。只要"攻击者"实施了被法律禁止的行为，即使其不具有任何形式的主观罪过，包括疏忽，我使用的自卫武力都可以被正当化，必要时我甚至可以使用致命武力。因此，

---

[57] 关于胁迫、精神错乱与年幼的免责事由，参见下文第 13 章和第 17 章。
[58] §4.01.
[59] §4.10.
* 这里的"犯罪"，相当于大陆法系三阶层犯罪论体系中的构成要件符合性。——译者注

例如，我可以朝一辆即将以高速撞向我的汽车的司机开枪，即使我知道司机没有任何疏忽，并且严格遵守了交通法规。"无论侵权法上可能如何看待，保护无辜的人（无论是行为人还是其他人）免受未经授权的死亡或伤害的威胁，即使这种威胁的来源**没有过错**，也不能被视为犯罪。"[60]在评论这种处理办法时，起草者以特有的实用主义态度指出："（如）果由此产生了一个棘手的概念，那么它在起草法条时所带来的好处也超过它所面临的困难。"[61]

通过将自卫所对抗的对象限定在非法武力，而不是非正当武力，《模范刑法典》的起草者避免了在正当事由和免责事由之间划清界限的需要。然而，自卫界限划定的问题由此仅仅是从"正当性"的定义，转移到了"非法性"的定义上。而且，《模范刑法典》中关于"非法性"的定义如此宽泛且模糊，包含了对侵权法含糊地引用（甚至在《模范刑法典》其他地方回避的"故意"概念），以至于它无法承受起草者赋予它的教义学性质的重量，或者至少不比试图区分正当事由和免责事由更容易。

在我们继续讨论自卫的另一个条件之前，值得注意的是使用正当防卫武力对抗"非法武力"的一般规则的例外。但当自卫的正当性与职务行为正当性发生冲突时，后者优先。与侵权法不同，《模范刑法典》不认可使用武力对抗非法逮捕的正当

---

[60] Commentaries § 3.11, at 159（重点系另行添加）。(即使美国刑法中的交通肇事罪是严格责任犯罪，即主观上不要求行为人具有故意或过失的罪过，该案例的司机也不能成为正当防卫的对象，因为其行为没有违反任何法律法规，不具有"非法性"。——译者注)

[61] Id. 将此情景视为紧急避险是不可行的，因为法益损害的平衡不会倾向于我——我将为了自己的生命而牺牲司机的生命。免责的紧急避险也不适用，因为《模范刑法典》坚决否认非人为的来自环境的胁迫是一种抗辩事由。参见下文第13章。

性。[62] 被逮捕者对逮捕之非法性的相信与此无关。无论在何种情形下,被逮捕者针对逮捕而实施的防卫行为都不能被正当化。[63]

五、紧迫性(Immediacy)和保护(Protection)

由于放弃了"选择两害相较取其轻"的明确要求,自卫的正当性抗辩超出了紧急避险抗辩的界限。同时,《模范刑法典》将自卫的范围限制在对非法攻击的保护上,进一步限缩了自卫的范围。此外,与紧急避险条款不同,自卫被局限于具有紧迫的必要性的场合,这旨在排除那些以自卫为名进行的预防性打击。自卫与紧急避险之间的一个重要区别在于,前者纯粹是防御性的,而后者可能是,而且经常是,带有攻击性的。[64]

然而,防御性并不意味着事后追溯性。自卫的武力本质上是预防性的,因此是前瞻性的,其重点在于保护自己或他人的生命,或保护自己的财产免受未来伤害,而不是对过去的伤害甚至过去的关于伤害的威胁进行报复。正如布莱克斯通所解释的那样,"如果被攻击者没有在争斗结束之前或在攻击者逃跑时

---

[62] § 3.04 (2) (a) (i); Commentaries § 3.04, at 42 [citing Restatement (Second) of Torts § 67]。另一方面,《模范刑法典》还免除了警察在逮捕时使用致命自卫武力的撤退要求,即使这种逮捕是非法的。相比之下,侵权特权仅限于合法逮捕。§ 3.04 (2) (b) (ii) (2); Commentaries § 3.04, at 57 [citing Restatement (Second) of Torts § 65 (2) (c)]。

[63] 逮捕者在不相信逮捕是合法的情形下仍实施逮捕所应承担的刑事责任则是另一回事。Cf. §§ 3.07 (1) ("合法逮捕"), 3.09 (1) (a) (对逮捕非法性的错误)。此外,《模范刑法典》中的"拒捕"罪仍要求犯罪的对象是"合法逮捕", § 242.2; People v. Peacock, 68 N.Y. 2d 675 (1986)。

[64] 但请注意,《模范刑法典》并未将武力的使用限制为直接(或"紧迫")的暴力威胁。相反,攻击必须"正在发生",或者担心"即将发生"。这一表述比传统的紧迫性要求更为宽松,例如,将防止攻击者去召集援军的行为正当化,因为人们相信有必要使攻击者丧失能力从而防止自己免受更多人的攻击。Commentaries § 3.04, at 39–40。在灵活解读紧迫性要求的情况下,这类案件是否也能得到处理则是另一个问题。

攻击对方，其使用武力的行为就是报复而不是自卫。"[65] 恐惧是正当的，愤怒则不是。[66]

六、自卫（Self-Defense）和为他人防卫（Other-Defense）

自卫仅限于个人为保护"自己"而使用的武力，而非为他人或财物进行保护。保护他人或财物的权利由其他条款单独规定，我们在此不会过多讨论。关于保护他人的第 3.05 条并不需要单独关注，因为起草者可能明智地决定，将保护他人的防卫问题（即为他人防卫）类比为自卫来处理。在《模范刑法典注评》简明扼要地写道："其规则与自卫的规则相同。"[67] 这意味着，如果我置身于他人的处境，我可以实施正当防卫对抗第三人以保护自己，那么我就有正当理由去保护他人不受该第三人伤害。棘手的案件涉及好心但误判的撒玛利亚人，即他们错误地帮助了纠纷中违法的一方。这类棘手案件的处理方式与其他关于正当性条件的错误相同：如果他们的错误是合理的，那么这将构成完全的防卫。如果他们的错误是不合理，那么对于轻率或疏忽以上的罪名而言，这构成不完全的抗辩事由，但对于不要求轻率或疏忽的罪名而言，则不起任何作用。[68]

然而，值得注意的是，《模范刑法典》没有限制允许为他人实施防卫的第三人的范围。与普通法不同，普通法将防卫行为限定在与行为人具有特殊关系的人身上——如亲属、上级、下

---

[65] William Blackstone, *Commentaries on the Laws of England* 185 (1769).
[66] See Weston v. State, 682 P. 2d 1119 (Alaska 1984).
[67] Commentaries § 3.05, at 62-63.
[68] Id. at 65-66. 普通法并不总是如此宽容。See, e. g., Wood v. State, 128 Ala. 27 (1900)（第三方防卫者"自行冒险参与战斗"）。

属[69]——而《模范刑法典》所规定的代理自卫（vicarious self-defense）则适用于任何人（"他人"）。

第2节 财产防卫

自卫与财产防卫（defense of property）之间的联系，并不像自卫与为他人防卫之间的联系那样显而易见。然而，这两者之间确实存在联系。关于《模范刑法典》对使用武力保护财产权利的处理，最重要的一点是，财产权不能凌驾于生命权之上。[70]正如《模范刑法典注评》所解释的：

> 这一条的一般原则很容易阐述，尽管它的起草过程比较复杂。它所反映的基本判断是，"在我们的文化和社会中，生命的保护具有如此重要的道德和伦理地位，以至于法律不应允许仅仅为了保护财产而故意牺牲生命。"[71]

将这一条"一般原则"转化为法定形式则是"复杂"的过程，由此产生的章节也非常晦涩难懂，因为这一原则并不像起草者，尤其是赫伯特·韦克斯勒所认为的那样具有普遍性。[72]

---

[69] William Blackstone, *Commentaries on the Laws of England* 186（1769）（"主要的民事和自然关系"）；see also Restatement (Second) of Torts § 76, cmt. e.

[70] 财产防卫在另一方面与人身防卫相似。正如为他人防卫与对自卫的类似处理一样，为他人财产的防卫也与为我自己财产的防卫类似处理。然而，没有单独的条款处理为他人财产的防卫。§ 3.06（1）（a）；Commentaries § 3.06, at 79.

[71] Commentaries § 3.06, at 72 [quoting ALI Proceedings 285-86（1958）]（statement of Herbert Wechsler）.

[72] 关于该部分在美国法律协会年会上引发的争议，当时的一名学生笔记中有记录，"The Use of Deadly Force in the Protection of Property under the Model Penal Code", 59 Colum. L. Rev. 1212（1959）.

第9章 人身（自己或他人）防卫与财产防卫

几位美国法律协会成员强调，需要起草一部不会偏离"社区基本情感"[73]和"民意"[74]太远的法典，这一观念反映在一系列先例中，这些先例明确承认每个"户主"[75]都有基本权利来捍卫自己和"家庭成员"[76]免受夜盗（burglar）这种典型的夜间犯罪的侵害。有人批评说，当面临对其住所的公然袭击时，刑法不能剥夺一个人"保护自己和家人"的权利。[77]

作为回应，韦克斯勒所能做的无非是重申这个有争议的原则。当被要求提供支持该原则的论据时，他以一种不同寻常的无奈的态度回答道："我想这是一种无法论证的主张，最终涉及个人的内心确信。有些人有这种确信，有些人却没有。"显然，许多美国法律协会的成员并没有这样的确信。然而，批评者却没有提出比较可行的改进方案。[78]会议结束时，韦克斯勒无奈地说："我只能代表报告员说，我希望文字记录能告诉我，我应该做什么。"[79]

最终，韦克斯勒在保留"一般原则"的同时，对该部分进行了一些修改。在提议稿和最终稿中，《模范刑法典注评》都简洁地总结了关于财产防卫部分的理论核心：

> 这一条的一般原则是，可以使用适度但非致命的武力来防卫财产免受侵占或非法侵入，但在特殊情况下允许使

---

[73] Id. at 1223.
[74] Id. at 1224 n. 64.
[75] Id. at 1223 n. 56.
[76] Id. at 1216.
[77] Id. at 1216 n. 19.
[78] Id. at 1222 n. 54 ［quoting ALI Proceedings 285-86（1958）］.
[79] Id. at 1223 n, 59 ［quoting ALI Proceedings 325（1958）］.

用致命武力的除外。[80]

对我们的目的而言，最重要的是，修订后的章节包含了一项专门规定"使用致命武力"进行财产防卫的规定，其中列出了关于不能为保护财产而牺牲生命这一一般规则的两个"具体例外"：

致命武力的使用。根据本条规定，使用致命武力是不正当的，除非行为人相信：
（i）使用武力指向的对象正在试图剥夺其对住所的占有，并且非基于对该住所的合法占有权；或者
（ii）使用武力指向的对象正在试图实施纵火、夜盗、抢劫或其他重罪性质的盗窃或毁坏财物的行为，并且具有以下任何一种情形：
（1）已对行为人使用或威胁使用致命武力，或在行为人在场时实施上述行为；或者
（2）为防止该犯罪的实施或完成，除致命武力以外的其他武力的使用将使行为人或其他人面临严重身体伤害的重大危险。[81]

第（i）项涉及使用致命武力防止自己被无权利之人赶出自己的住宅，这项规定在这一章的初稿中已经存在。[82]
第（ii）项是新增的，但并未增加任何内容。虽然它一方面

---

[80] Commentaries § 3.06, at 72.
[81] § 3.06 (3) (d). 关于《纽约州刑法典》中"财产防卫"的广义概念，see, e.g., People v. Petronio, 192 Misc. 2d 240, 746 N.Y.S. 2d 781 (2002).
[82] See Tentative Draft No. 8, § 3.06 (2) (b), at 34 (May 9) 1958.

扩大了使用致命武力阻止财产犯罪的权利,但另一方面又将其限制在个人受到威胁的情形。[83] 然而,使用致命武力保护人身安全的权利从未受到质疑,这在前面的两条,即第3.04条(自卫)以及通过类推适用的第3.05条(为他人防卫)中作了明确规定。[84] 正如密西西比州最高法院早在1883年就已经解释的那样:

> 法律没有要求任何人将自己占有的财物让与没有权利主张的第三人。任何人可以保护自己的占有权;虽然他不得为阻止非法侵入住宅而杀人,但他可以为保护自己的人身免受非法侵入者的致命攻击而杀人。换言之,为防止受伤的危险而攻击非法侵入者的人是防卫者,而非攻击者,他并不因为其实施攻击行为而丧失自卫的权利。[85]

《模范刑法典》对使用武力,特别是使用致命武力来保护财产的处理办法,体现在其对弹簧枪和类似装置的处理上。根据《模范刑法典》,这些装置的使用只有在不对非法入侵者构成使用致命武力的情况下,才是正当的。[86] 鉴于不能为了保护财产而牺牲生命的一般原则,这样的规定不足为奇。正如第(ii)项所明确指出的那样,对非法入侵者使用致命武力只有在防止一人或多人死亡或严重身体伤害的情况下才是正当的。然而,机器(装置)不是人,它无法评估在特定情况下,侵犯或威胁侵

---

[83] See generally Commentaries § 3.06, at 91-97.
[84] Contrast N. Y. Penal Law § 35.20 (有权利使用致命武力以防止没有人身威胁的纵火或夜盗); see N. Y. Penal Law § 35.25 (无权利使用致命武力以防止盗窃或刑事破坏)。
[85] Ayers v. State, 60 Miss. 709 (1883).
[86] Compare § 3.06 (5) (a) with § 3.11 (2).

犯我财产权的人是否也对我或者他人的人身权利构成威胁。[87]

第3节 致命武力

除了满足对自卫武力的一般要求之外，使用致命武力（deadly force）对抗针对自己或者他人的攻击者，必须满足额外的要求，其行为才能是正当的。换句话说，一般原则没有禁止牺牲一个人的生命来保护另一个人，或者为了保护自己或他人免受某些非致命伤害，包括"严重身体伤害、绑架或以武力或威胁以武力进行性行为"。

致命武力问题是自卫法中的核心问题。事实上，自卫成为一种适用于任何犯罪的普遍性抗辩是近期才发展起来的。从历史上看，自卫不是英美刑法总则中的问题，而是分则中的问题。更具体地说，自卫是杀人罪法中的问题。[88] 只有在涉及使用致命武力的情况下，自卫才是一种抗辩。即使在今天，绝大多数的自卫案件——以及法学院提出的假设性案例——都是将自卫作为针对杀人罪，尤其是谋杀罪的抗辩。

虽然如此，值得注意的是，《模范刑法典》对致命武力的定义比对杀人的武力的定义更广泛。根据《模范刑法典》，致命武力包括有蓄意、明知或轻率地（但非疏忽）使用武力，* 如果成功地使用这些武力，将导致的非致人死亡但致人"严重身体伤

---

[87] Cf. People v. Ceballos, 12 Cal. 3d 470 (1974).

[88] 与正当防卫相类比的免责事由——挑衅，一直存在至今。参见下文第16章。

* 《模范刑法典》的主观罪过区分为蓄意（purposely）、明知（knowingly）、轻率（recklessly）和疏忽（negligently）。虽然在内容上可以完全包括我国刑法中的直接故意、间接故意、过于自信的过失以及疏忽大意的过失，但二者属于两套不同的话语体系，不存在对应关系，这是尤其要注意的。参见上文第4章第2节。——译者注

第 9 章　人身（自己或他人）防卫与财产防卫

害"的损害结果，构成加重的伤害罪，[89] 而非杀人罪。[90]

使用致命武力的基本规则是，除了已经讨论过的自卫的一般条件外，如果"行为人认为这种武力对于保护自己免受死亡、严重身体伤害、绑架或以武力或威胁以武力进行性行为是必要的"，则可以使用致命武力。因此，行为人所面临的法益威胁的性质决定了行为人反应是否正当。反应必须与法益的威胁成比例，但不必等同。我不仅可以使用致命武力来防止死亡，还可以使用致命武力来防止对我自己或他人造成较小（尽管仍然严重）的伤害。

除了对法益威胁的严重性与使用致命武力的反应之间的比例性提出一般要求（尽管这种要求是隐含的）之外，《模范刑法典》还对致命武力的使用规定了其他几项限制。第一项规定否定了任何人在"以造成死亡或严重身体伤害为目的，挑衅（provoke）他人对自己使用武力"的场合中使用致命武力的权利。[91] 值得注意的是，虽然《模范刑法典》重申了普通法中的传统观点，即对发起侵略者在自卫中使用致命武力的限制；但是，与紧急避险的情形一样，《模范刑法典》也反对这样的观点，即任何人在创造正当化事由的条件时存在过错，他就丧失了这种正当化事由的抗辩。[92] 因此，如果我在一起交通事故中与一名司机产生摩擦并先挑起争端，在同一场合中，我不会自动失去使用致命武力而主张自卫的权利。例如，如果跟我打架的那

165

---

[89]　§ 211.1（2）.
[90]　§ 3.11（2）. 此处应是严重的伤害，而非一般的伤害。因为潜在的一般身体上的伤害或以严重的身体伤害为威胁是不够的。
[91]　§ 3.04（3）（b）（i）.
[92]　参见上文第 8 章。Cf. William Blackstone, *Commentaries on the Laws of England* 186 (1769).

名司机在中途从裤兜里掏出一把枪朝我射击，那么我甚至有正当的理由使用致命武力（从汽车储物箱中拿出我的枪）来保护自己。当然，除非我是"以造成死亡或严重身体伤害为目的"而挑起争斗（而不是，比如说，朝患有路怒症的被害人鼻子上打一拳）。

如果我是最初的攻击者（initial aggression），但被攻击者将争斗升级到致命武力的程度，那么根据《模范刑法典》，我使用致命武力进行回应的行为可以被正当化。因为，现在是他作为攻击者过度地使用致命武力来回应我的非致命武力，这是非法的。他不仅对我使用了非法的武力，而且是非法的致命武力。这完全改变了正当性判断的局面，使我置于被授权使用的不仅是武力，而且是致命武力进行回应的位置。[93]

初始攻击者（权利丧失）规则是对自卫中使用致命武力的正当性的另一例外情况的补充，这一例外情况被称为"撤退规则"（retreat rule）。[94] 如果我知道可以通过撤退的方式来完全安全地避免使用致命武力的必要，那么我就不能主张使用致命武力的行为是正当的。[95] 在我们的例子中，如果我可以通过迅速驾驶汽车离开的方式来避免致命反击的必要，那么即使在被射击后，我也不能开枪并主张我的行为具有正当性，前提是我

---

〔93〕 参见经典案例 Rowe v. United States, 164 U. S. 546 (1896). 在该案中，被杀的受害者是一个名叫弗兰克·波兹曼（Frank Bozeman）的白人，他因用种族歧视的言语激怒了一个名叫大卫·卡尔·罗（David Cul Rowe）的切罗基人（Cherokee），引发了一场轻微的攻击（尽管可以理解，但这无疑是非法和错误的）。波兹曼使用致命武力作为回应，促使罗也使用致命武力，最终导致波兹曼死亡。法院认为，罗虽然是最初的攻击者，但并不妨碍他使用致命武力进行正当防卫。

〔94〕 See generally Joseph H. Beale, "Retreat from a Murderous Assault", 16 *Harv. L. Rev.* 567 (1903).

〔95〕 §3.04 (2) (b) (ii).

第9章 人身（自己或他人）防卫与财产防卫

能够完全安全地逃离，并且我知道我可以做到。"撤退规则"的另一面是，一旦我已经尽可能地撤退，根据《模范刑法典》，我就有正当理由使用致命武力。[96]

然而，作为一项一般规则，这也意味着撤退的要求适用于任何在自卫中使用致命武力并希望主张正当性抗辩的人，而不仅仅是初始攻击者。这是一项我们所熟悉的普通法中的规则，它再次涉及"相互斗殴"的经典案件，要求任何主张自卫的人"必须证明，在发动致命武力之前，他已拒绝继续斗殴，并已尽可能安全地撤退"[97]。"撤退规则"是否对自卫的必要性条件提出额外的要求？这在《模范刑法典》关于自卫的规定中并不明确。如果一个人可以通过撤退来"保护自己免受他人的非法侵害"，那么"对他人使用武力"就不是"立即必要的"。而且，如果任何形式的武力都不具有必要性，那么致命武力当然也就不具有必要性。然而，《模范刑法典》的起草者们更倾向于将安全撤退的可能性与自卫的必要性区分开来，部分原因是"所有人都同意"即使安全撤退是可能的，使用非致命武力也可能是"必要的"，这允许行为人"立足于自己的情境对必要性进行评估"。[98]但是，使用致命武力进行自卫的情况就不一样了。在这里，必要性在"逻辑上"仍然不要求缺乏撤退的选择；相反，撤退的要求源于《模范刑法典》对"保护生命"的高度重视。[99] 1903年，约瑟夫·比尔（Joseph Beale）强有力地，甚至略带一丝感伤地表达了撤退义务背后的基本情绪：

---

[96] Cf. Stoffer v. State, 15 Ohio St. 47 (1864).

[97] "General Summary of Crimes, and Their Punishments", in 2 *Laws of the Commonwealth of Pennsylvania*, 558, 571 (1810).

[98] Commentaries § 3.04, at 53.

[99] Id. at 55.

一个真正光荣的人,一个真正高尚的人,或许总是会为撤退的表面上的懦弱而感到遗憾,但在相互对抗的激情过后,他会更加遗憾地想到自己手上沾满同胞的鲜血。毫无疑问,撤退是令人不快的,但杀人的不快比之更甚十倍。[100]

然而,即使在使用致命武力的案件中,"撤退规则"也并非没有例外。对于为防卫"死亡、严重身体伤害、绑架或以武力或威胁以武力进行性行为"而使用致命武力的防卫,"撤退规则"的第一个例外是住所或工作场所。如果我在家中,[101] 或者在工作场所中受到攻击,则无需撤退。然而,这个例外本身也有一系列例外规定:①如果我是"初始攻击者",即使我在家中或者工作场所,我也必须撤退;[102] ②如果我在工作场所中受到同事的攻击,我也必须撤退(但与某些司法管辖区不同,如果我在家中受到同居者的攻击,则无需撤退)。[103]

除了住所或工作场所及其它们的附属例外之外,"撤退规则"的另一个例外是警察(或公职人员)。因此,例如,警察可以杀死拒捕者,而不需要放弃努力而等到下一次再实施逮捕,

---

[100] Joseph H. Beale, "Retreat from a Murderous Assault", 16 *Harv. L. Rev.* 567, 581 (1903). 比尔继续将这些有教养的绅士(像他自己一样)的情感与边境流氓("那些一只手插在臀部口袋里在地球上四处游荡的人")所发表的"关于耻辱和懦弱的言论"进行了有利的比较。Id. at 582.

[101] 更确切地说,在我的"住所"中,它被宽泛地定义为"任何建筑物或结构,尽管是可移动的或临时的,或者其中的一部分,只要是行为人当时的家或住宿地"。§ 3.11 (3). 关于解释《纽约州刑法典》中住所例外情况的案例,see People v. Jones, 3 N. Y. 3d 491, 821 N. E. 2d 955 (2004) (确认即使对共同居住者的攻击也适用家庭例外情况,因为这在"家庭暴力案件中很重要,而家庭暴力最常见于针对妇女的案件")。

[102] 应与初始侵犯者相区别,初始侵犯者在一开始就无权使用致命武力,因为他以"造成死亡或严重身体伤害的目的"挑起争斗。§ 3.04 (2) (b) (i).

[103] See, e. g., N. D. Crim. Code § 12.1-05-07 (2)(b)[discussed in State v. Leidholm, 334 N. W. 2d 811 (N. D. 1983)].

即使安全撤退对其而言是可能的。[104] 然而，值得注意的是，即使是警察，对其使用致命武力的其他限制仍然存在；警察在职务中使用致命武力仅仅是在某些特定、有限的情况下，这是对正当使用致命性武力一般规则的撤退例外的再一次例外。因此，即使是警察或其私人助手，也只有在"认为这种武力对于保护自己免受死亡、严重身体伤害、绑架或性行为侵害是必要"的情况下，才能对拒捕者使用致命武力。[105]

尚不清楚《模范刑法典》起草者在自卫部分（或更确切地说，在关于自卫和密切相关主题的一系列规定中）是否在清晰性和复杂性之间取得了适当的平衡。很难想象，他们希望提前告诉潜在的犯罪者他们的预期行为可能产生的后果。[事实上，自卫的规定似乎反映了梅尔·丹-科恩（Meir Dan-Cohen）和保罗·罗宾逊（Paul Robinson）所倡导的那种"声音分离"，即区分受众群体及相关的交流方式。[106]] 但即使作为"裁决准则"（而非"行为准则"），这些规定似乎也犯了微观管理决策过程的错误，不能做到由合格的国家工作人员来指导自由裁量的实践。

---

[104] 而且即使她是非法逮捕。Commentaries § 3.04, at 57.

[105] 为了更好地说明关于使用武力的规则（包括致命武力和中等武力）在保护个人财产和人身方面的相互作用，包括初始攻击者规则和撤退义务，see United States v. Peterson, 483 F. 2d 1222 (D. C. Cir. 1973).

[106] Meir Dan-Cohen, "Decision Rules and Conduct Rules: On Acoustic Separation in Criminal Law", 97 *Harv. L. Rev.* 625 (1984); Paul H. Robinson, "Rules of Conduct and Principles of Adjudication", 57 *U. Chi. L. Rev.* 729 (1990).

第10章
法律执行

逮捕过程中使用武力的正当性规定在《模范刑法典》第3.07条。毕竟，逮捕通常意味着武力的使用，即便在被捕者未表现出积极反抗的情况下亦是如此。至于逮捕者使用武力进行自卫的权限，这已超出了单纯逮捕的范畴，并在《模范刑法典》的第3.04条中得到了专门的处理与规定。[107] 从这个角度看，《模范刑法典》中关于法律执行（law enforcement）之抗辩事由的规定与其他正当化事由的规定类似，处理"执行公务"[108]和"负有照顾、管教或保障他人安全特别责任的人使用武力"这些常见的表面上符合犯罪构成要件的行为。[109]

法律执行的条款首先确认逮捕的正当性，并阐明其背后的

---

[107] 即使逮捕行为本身没有使用武力，也在表面上符合了犯罪的构成要件［例如，绑架（第212.1条）、非法拘禁（第212.3条）］，根据《模范刑法典》第3.03条中"执行公务"的规定，该逮捕行为是正当的。

[108] Commentaries § 3.03, at 23, 列举了"在追捕逃犯时超速行驶的警察、为执行逮捕令而擅闯他人住宅的执法官、为执行法院判决而查封财产的治安官"，并引用了普通法资料中常见的典型案例，即刽子手"在**执行**公共正义时……处死了罪犯，该罪犯已依法被其国家判处死刑"。William Blackstone, *Commentaries on the Laws of England* 178 (1769)（重点系另行添加）。关于《模范刑法典》对死刑的模糊态度，参见上文第2章第2节，注43。

[109] 此外，父母管教子女、狱警管理囚犯，以及外科医生为病人开刀等行为，无论是简单的人身攻击还是严重的身体伤害，都是正当的。§ 3.08。

依据，因此，即使逮捕在形式上可能表现为一种人身伤害行为，[110] 根据法律规定，它并不具备可惩罚性。这里应该再次强调的是，即使事实上是非法逮捕，这种逮捕也是正当的，因此不是违法的。[111] 即使某一次逮捕在事后被证明是非法的（例如，我在无证逮捕的情况下缺乏可能的理由，或者逮捕令有缺陷），只要我相信逮捕是合法的，那么我在逮捕过程中使用武力仍然是正当的。

基于这一相信——当然，前提是不存在轻率和疏忽的认识错误，且与对法律的认识错误无关[112]——我可以使用我认为"立即必要"的武力来实施逮捕。当逮捕者对使用武力的紧迫必要性以及逮捕合法性的确定，与被捕者实际知道或推定知道的"逮捕目的"相结合——即我出于正当理由而使其遭受人身伤害这种本应属于犯罪的行为时，使用武力的正当性便得以确立。这种明知的要求在表述上很笼统，要求逮捕者告知嫌疑人逮捕的目的，除非逮捕者认为该目的"已被她所知"或"无法合理地向她传达"。[113]

在深入细节之前，有两点关于《模范刑法典》中法令执行条款的特性值得我们注意。首先，它讨论的是"实施法律"的行为本身，而非实施法律的官员，或者说，它关注的是法律执行的活动而非法律执行的机构。该条款适用于任何人，任何"行为主体"，无论其是否为警察。逮捕中使用武力的正当性并

---

[110] 如果将伤害的定义广义地理解为任何形式的触碰，那么每一次逮捕都构成伤害。然而，《模范刑法典》采用狭义的定义。See § 211.1.
[111] Commentaries § 3.07, at 107–09.
[112] § 3.09 (1); but see § 2.04 (3).
[113] § 3.09 (2) (a) (i).

非源自职业、特殊身份或使用武力的人,而是源自使用武力的目的——即实施法律。这一点至关重要,却容易被忽视。

其次,关于法律执行的规定几乎只关注逮捕问题。[114] 因此,它主要聚焦于对逮捕中使用武力的正当性及其边界的界定,它是法律执行中一个特定且尤为重要的方面。逮捕行为在本质上就涉及武力的使用,而由于许多嫌疑人倾向于抗拒被捕,进而触发需要制服他们的需求,这导致在实践中常常会出现使用额外武力的情形。

与自卫的规定类似,《模范刑法典》以"立即必要性"来定义逮捕中使用武力的正当性,同时,对"在法律执行中使用武力"的规定也采用了双轨制结构,一条轨道处理武力问题,另一条轨道理致命武力问题。同样,就像自卫问题一样,直到探讨第二条轨道——即使用致命武力的问题时,情况才变得真正有趣。

与自卫情况类似,法律执行之抗辩也对使用致命武力施加了额外的限制,这些限制是对使用武力的一般限制——即行为者认为武力是"立即必要的以实现合法逮捕",以及实际通知或推定通知——的补充。这些补充性的限制简明扼要,可直接引用:

---

[114] 州政府官员的其他符合构成要件的行为——包括与逮捕无关的武力使用,或不涉及使用武力的行为(如搜查和扣押财产)——可以被正当化,其依据分别是犯罪预防中的武力使用[第 3.07 (5) 条]以及执行公务(第 3.03 条)的规定。当然,州政府官员也有权享有适用于所有人的正当化理由,其中最重要的是自卫(以及为他人防卫)。此外,《模范刑法典》关于自卫的部分还包括适用于州政府官员的某些特殊且更宽松的规定。See, e.g., § 3.04 (2) (a) (ii) (1) & (2) (b) (ii) (2).

(ⅰ) 该逮捕是针对一项重罪*；

(ⅱ) 实施逮捕的人有权作为治安官员行事，或者正在协助其认为有权作为治安官员行事的人；

(ⅲ) 行为者认为所使用的武力不会对无辜人员造成重大伤害风险；

(ⅳ) 行为者认为：

(1) 实施逮捕所涉及的犯罪的客观行为包括使用或威胁使用致命武力；

(2) 如果被逮捕人逃脱会造成死亡或严重身体伤害的重大风险。[115]

在**田纳西州诉加纳案**（Tennessee v. Garner）中，这些对使用致命武力进行逮捕的限制得到了宪法上的确认。[116]《模范刑法典》和**加纳案**都摒弃了旧的普通法规则，该规则允许使用致命武力逮捕任何重罪犯，而重罪又常常根据其规定的刑罚——死刑——来定义。[117] 因此，使用死刑逮捕重罪犯是正当的，因为这只不过加速了刑事程序。[118] 无论这一规则在所有（或者大多数）重罪都是死刑的时代有多少道理，当所有（或者大多数）

---

* 重罪（felony），是指被告可能被判处一年以上有期徒刑的严重犯罪。——译者注

[115] § 3.07（2）（b）.《模范刑法典法典评》强调，逮捕者使用致命武力的行为可能基于其他正当事由，包括自卫或为他人防卫。本条规定仅涉及除法律执行（特别是通过逮捕实施法律）外没有其他正当事由使用致命武力的情形。问题在于警察何时可以使用致命武力实施逮捕。

[116] 471 U.S. 1 (1985).

[117] 布莱克斯通对此持不同意见，他根据另一种刑罚——没收财产——来定义"重罪"，从而为非死刑重罪留下了空间。William Blackstone, *Commentaries on the Laws of England* 94-97 (1769).

[118] 当然，前提是该重罪犯确实是一名重罪犯。在普通法中，杀死逃跑罪犯的权力越大，往往伴随着杀死一名非罪犯的责任越大。See, e.g., Petrie v. Cartwright, 70 S.W. 297 (Ky. App. 1902)（警官使用致命武力逮捕涉嫌重罪犯"必须自担风险"并"必须非常谨慎地行事"）.

重罪不再判处死刑时，这一规则就更加站不住脚了。

然而，《模范刑法典》仍保留了对使用致命武力仅限于重罪的限制。实施或涉嫌实施重罪不再是使用致命武力逮捕的充分条件，但仍是必要条件。在《模范刑法典》中，仅实施重罪这一事实本身并不足以表明犯罪者的犯罪倾向或人身危险性，而后者是正当使用致命武力的核心因素：

> 决定是否使用致命武力，应当根据犯罪者的特征，以现有信息进行判断，而非根据他涉嫌犯下的罪行的抽象分类。具体来说，只有在犯罪者被认为对他人的生命或身体构成如此大的危险，以至于立即逮捕的重要性超过其他考虑因素时，才应允许使用致命武力。[119]

因此，《模范刑法典》将使用致命武力的正当性限制在某些重罪上，即"涉及使用或威胁使用致命武力的行为"的重罪。这样，《模范刑法典》就维持了一定的比例性，但现在——就像自卫的情况一样——这种比例性是建立在需要正当化的行为与犯罪之间，而不是需要正当化的行为与对犯罪的**惩罚**之间。另外，即使没有发生致命或可能致命的重罪，如果——在没有证据证明涉嫌的犯罪已经被实施的情况下——"被逮捕者逃脱，将有重大风险会造成死亡或严重身体伤害"，那么《模范刑法典》也允许使用致命武力作为使其丧失行动能力的措施。

值得注意的是，在使用致命武力时，警察（"执法者"）与其他人之间的区别变得至关重要。只有"治安官员"[120]或协

---

[119] Commentaries § 3.07, at 119-20.

[120] 《模范刑法典》并没有定义"治安官员"（peace officer）。治安官员的范围并非一个简单的问题。See People v. Marrero, 69 N.Y.2d 382 (1987).

助治安官员的人（认为自己是这样的人）才可以使用致命武力进行逮捕。

最后，《模范刑法典》还规定，即使是治安官员，如果没有认为这样做不会对无辜旁观者造成"伤害"的重大风险，也无权使用致命武力进行逮捕。这意味着，如果行为者认为使用致命武力实际上会造成前述的风险（即，她的行为是基于轻率的），[121] 或者如果她没有意识使用致命武力实际上会造成前述风险（即，她的行为基于疏忽），那么她将没有抗辩事由。这一规定旨在"强调并阐明执法人员在使用致命武力对付逃跑的被逮捕者时，应当优先保护无辜人员免受这种致命武力的伤害"[122]。

---

[121] Cf. N. Y. Penal Law § 35.30 (2); see People v. Pena, 169 Misc. 2d 75 (N. Y. Sup. Ct. 1996).

[122] Commentaries § 3.07, at 118.

第 11 章
同　意

　　在我们转向下一个，也是最后一个犯罪分析阶层——免责性事由之前，值得仔细审视的最后一个正当化事由是**同意**（consent）。与我们迄今为止讨论的其他正当化事由不同，同意并没有在《模范刑法典》第 3 条中被明确规定，该法条讨论的是"正当化事由的一般原则"。同意出现在《模范刑法典》的第 2 条中，这条法条专门讨论的是"刑事责任的一般原则"，其中不仅包含了关于犯罪分析第一阶层（罪行定义）的规定——如客观罪行要件、主观罪行要件、因果关系、共同犯罪，等等——而且，正如我们稍后将提到的，它还规定了几个犯罪分析第三阶层的抗辩事由（免责事由）——如胁迫、军事命令和诱捕——以及跨越两个阶层的抗辩理由——如认识错误和醉酒，正如我们之前所述，这些既是第一阶层［证明失败（failure-of-proof）］的抗辩事由，也是第三阶层的抗辩事由。

　　同意被规定在《模范刑法典》第 2 条中，是因为它与认识错误和醉酒相同，一只脚站在第一阶层，这是第 2 条规定的主要内容。但与认识错误和醉酒不同的是，同意的另一只脚站在第二阶层，而不是第三阶层。用《模范刑法典》的其他话来说，同意要么"阻却罪行的某个构成要件要素"，要么"排除了由法律定义的罪行所寻求避免的法益侵害"。鉴于同意同时作为证明失败之抗辩和正当化抗辩事由的双重地位，它最初被规定在关于正当化事由的条款中（例如，《模范刑法典》第3.11条），但最终被写进责任原则的条款中（例如，《模范刑法典》第2.11条）也就不足为奇了。[123]

将同意作为犯罪分析的第一阶层的抗辩事由的规定是直接的，也是多余的，就像关于认识错误和醉酒的类似规定一样。不言而喻，如果同意否定了罪行（犯罪构成要件）的某个要素，那么它将阻却行为具有构成要件的符合性。如果罪行定义中包括未经同意，那么同意的存在就意味着该罪行没有被实施。例如，《模范刑法典》将擅自驾驶（joyriding）定义为"**未经车主同意**而驾驶他人汽车、飞机、摩托车、摩托艇或其他机动推进式车辆"；[124]将虐待动物定义为"**未经主人同意**而杀害或伤害属于他人的动物"；[125]将侵犯隐私定义为"**未经隐私权人同意**，在任何私人场所安装任何用于观察、拍照、录音、放大或广播该场所内声音或事件的设备，或使用任何此类未经授权的装置"。[126]类似的，强奸的传统定义是"违背他人意志，**未经其同意**，以暴力或以暴力威胁进行性交"。[127]

---

[123] See Tentative Draft No. 8, § 3.11, at 81 (May 9, 1958).
[124] § 223.9（重点系另行添加）。
[125] § 250.11（3）（重点系另行添加）。
[126] § 250.12（1）（b）（重点系另行添加）。
[127] Md. Crim. Code § 463（a）（1）（重点系另行添加）。该刑法典将"强奸"定义为："男性与'非其妻子的女性'发生性关系，若他通过暴力或以造成死亡、严重身体伤害、极度痛苦或绑架相威胁来迫使该女性屈服。"[的确，该刑法典保留了"婚姻豁免"条款，尽管这一规定早已被弃用。See, e.g., People v. Liberta, 64 N.Y.2d 152 (1984).] 美国法律协会目前正在考虑对该刑法典中过时的性犯罪条款进行修订。See Model Penal Code: Sexual Assault and Related Offenses, Tentative Draft No. 1 (Apr. 30, 2014).

更有趣的是那些将同意作为正当化抗辩事由，而非证明失败之抗辩的案例。[128] 同意的正当性在提及"法律定义的罪行所寻求避免的法益侵害"时得到了充分体现，这与《模范刑法典》中将紧急避险抗辩作为表面上符合犯罪构成要件行为的正当性事由的表述相呼应，即"如果此类行为所寻求避免的法益侵害大于法律定义的罪行所寻求防止的法益侵害"[129]。

《模范刑法典》将同意作为正当化事由的其他痕迹遍布整部法典。[130] 其中，最重要的是，同意在《模范刑法典》关于医务行为之正当性抗辩的规定中所扮演的核心角色。该条款要求，除其他事项外，医生的治疗行为必须得到——

> 患者的同意，如果患者是未成年人或无法自主决策的人，则必须得到其父母、监护人或其他合法代理人的同意，或者在紧急情况下，行为者认为无法咨询到任何具有同意能力的人，并且一名理性人为了保障患者的利益会表示同意时，也可以进行治疗。[131]

被害人的同意是否可以"阻却法律定义的罪行所寻求避免的法益侵害"？这取决于人们对刑法目的的看法。如果刑法的目的是防止对个人造成的伤害，那么同意将证明任何表面上符合

---

[128] 根据《模范刑法典》中的定义，强奸似乎是一个例子。虽然"未经同意"并没有出现在《模范刑法典》对强奸的定义中，但《模范刑法典注评》解释道："该犯罪的客观行为实施的核心在于存在一个不同意行为人之行为的被害人。" Commentaries § 2.11, at 394.

[129] § 3.02 (1) (a).

[130] 因此，同意排除了不法的认定，这不仅是因为《模范刑法典》中"非法武力"的定义如此规定，还因为同意是一项关键的"特权"，是刑法中的正当化事由在侵权行为法中的类似概念。参见上文第9章第1节第四部分。

[131] § 3.08 (4) (b).

第11章 同 意

罪行构成要件的行为都是正当的。因为如果个人的法益需要受到保护，那么个人也应该有权利放弃这种保护。

然而，美国刑法并不仅仅或者主要关注保护个人免受不法侵害，也关注在其保护失败时用刑罚来惩罚实施侵害的人。回想一下，《模范刑法典》将犯罪定义为"不正当地且不免责地给个人的或**公共的利益**造成或可能造成（威胁）重大损害的行为"，其中特别强调"公共"利益。[132] 在《模范刑法典》起草者所认可的利益中，只有"个人"这一利益明确属于个人利益。甚至"财产"这一利益在《模范刑法典》中都被视为公共利益或一个"体系"。[133] 刑法所保护的其他免受伤害的利益显然是公共的（或机构的、家庭的）："国家的存在或稳定"[134] "家庭" "公共行政"和"公共秩序和礼仪"，以及由各种"杂项罪名"所保障的利益，[135] 如涉及"麻醉品""酒精饮料""赌博"和 "违反税收和贸易法"的罪行。

因此，在美国刑法和《模范刑法典》中，同意的抗辩事由并非真正的一般性抗辩。在宣布同意作为正当化抗辩事由的一般原则后，《模范刑法典》继而排除了涉及造成严重身体伤害的

---

[132] 这种强调并非新鲜事。布莱克斯通在实体刑法领域，即"公共不法行为"的法律中，进行了大量讨论，这些讨论主要围绕侵犯公共利益的犯罪的客观行为。以下是布莱克斯通列举的公共不法行为，按顺序排列是：冒犯上帝和宗教的罪行；违反国际法的罪行；叛国罪；侵害国王特权的重罪；维护教皇权力罪（Praemunire）；影响国王和政府的失察和不敬罪；侵犯公共正义的罪行；侵犯公共和平的罪行；侵犯公共贸易的罪行；侵犯公共健康、公共治安或公共经济的罪行；杀人罪；侵犯个人人身的罪行；侵犯私人财产的罪行。See William Blackstone, *Commentaries on the Laws of England* (1769).

[133] Commentaries § 223.1, at 157（"仅取走自己认为有权占有的财产的人，**不会对财产体系构成重大威胁**"）（重点系另行添加）。

[134] Model Penal Code 123 (Proposed Official Draft 1962).

[135] Id. at 241.

情形。[136] 美国主要的刑法论著甚至走得更远，宣称"被害人的同意在刑事诉讼中不构成抗辩事由"[137]。限制甚至拒绝将同意作为一般的正当化抗辩事由的原因在于，与侵权行为不同，刑法关乎"违法行为的公共性"，而非"违法行为的私人性"，这一区别至少自布莱克斯通时代以来就为人们所熟知。[138] 我们被告知，"刑法上的罪行至少间接影响一般公众的违法行为，因此不能由直接受到侵害的个人授权该违法行为的实施。"[139] 同样地，我们还知道，"国家的利益是至高无上的，并控制着刑事诉讼……因为犯罪侵犯的是公众的利益，而不是控告者的利益。"[140]

在具体的案件中，假设同意作为第一阶层或第三阶层的抗辩事由，刑法理论关注更多的是另一个问题，即同意是否真的存在。对于这一核心事实问题——是否**真正地**得到了同意，还是只是"默许"，或者，如果是同意，这种同意是否"**有效**"？——的**法律**是相当复杂的（如果不是曲折的），而《模范刑法典》则很好地对此进行了总结。不出所料，未经授权的人所表达的同意并不算数；第三方的同意在极少数情况下才有效——例如，上面提到的医疗紧急情况。出于某种原因不具有同意能力的人的同意也同样无效。有趣的是，《模范刑法典》将

---

[136] 这一例外的主要例外是拳击/曲棍球规则——"共同参与合法的体育竞赛或竞技运动"。《模范刑法典》第 2.11 (2) (b) 条。一些州还增加了一个可能范围更广的例外，涵盖了"被害人职业或专业中合理可预见的风险"，Rev. Stat. Mo. § 565.080 (1986)；see State v. George, 937 S. W. 2d 251 (Mo. App. 1996) (医院保安)。

[137] Wayne R. LaFave & Austin W. Scott, Jr., *Criminal Law* 477 (2d ed. 1986).

[138] See William Blackstone, *Commentaries on the Laws of England* 5 (1769) ("公共不法行为，或重罪和轻罪，是对作为社会整体的全社会所应享有的公共权利与义务的违反和侵害")。

[139] Wayne R. LaFave & Austin W. Scott, Jr., *Criminal Law* 477 (2d ed. 1986).

[140] Id. at 481 [quoting People v. Brim, 199 N. Y. S. 2d 744 (1960)].

"年幼、精神疾病或缺陷"——即符合精神错乱、年幼这些缺乏刑事责任能力的免责事由[141]——以及醉酒都列为不具有同意能力的原因。[142] 值得注意的是,除非醉酒不是自我诱导的,否则它并不构成免责的抗辩事由。[143] 换句话说,自愿醉酒可能使我不具有同意他人之犯罪的客观行为的能力,但不能成为我自己无能力犯罪的抗辩事由。

在美国刑法中,同意必须是自愿和不被强迫的。通过武力或胁迫(另一种免责事由)获得的同意也是无效的。另外,通过欺骗诱导的同意也是不被接受的,特别是通过"法律定义的罪行所欲防止的欺诈"。这是《模范刑法典》试图为普通法中的"事实欺诈"(fraud in the factum)和"诱导欺诈"(fraud in the inducement)之间的区别留出空间。简言之,在普通法中,事实欺诈会使同意无效,而诱导欺诈则不会。举例来说,如果我让你同意在你的公寓安装一个你以为是烟雾报警器,但实际上是监控摄像头的装置,那么你的同意是无效的,我仍然成立侵犯隐私罪。根据《模范刑法典》的定义,这个罪行是指,"在未经享有隐私权的人同意的情况下,在任何私人场所安装任何用于观察、拍照、录音、放大或广播该场所内的声音或事件的装置。"[144]

这是因为我实施了事实欺诈——我主张某个符合罪行的侵害行为是经过你的同意,但我欺骗了你关于这个罪行的某个构成要素的相关事实。你同意安装的不是"用于观察、拍照、录

---

[141] 参见下文第17章。
[142] "不合时宜的"同意也是无效的。在这里,起草者考虑的是法定强奸的情况。Commentaries § 2.11, at 398.
[143] 参见上文第4章第3节第一部分。
[144] § 250.12 (1) (b).

音、放大或广播该场所内的声音或事件的装置",而是一个烟雾报警器。另一种情况,假设我坦白地告诉你,我要安装一个监控摄像头,但我欺骗你这是学校某个科学实验的一部分。在这种情形下,我欺骗你让你同意了我的行为,而不是欺骗你我正在做什么。我欺骗的不是关于罪行构成要件的某个要素,而是仅仅是"附带事项",即实施犯罪的客观行为的原因。在这种情况下,你的同意是有效的;而在前一种情况下,你的同意是无效的。

《模范刑法典》并没有单独排除因事实欺诈(而非诱导欺诈)而获得的同意,而是忽略了排除了任何"法律定义的罪行所欲防止的欺诈"。然而,这一规定并不是特别有帮助。当然,有许多罪行旨在防止各种形式的欺骗,但起草者在起草关于同意的规定时,可能并没有仅仅考虑这些罪行。[145] 看起来,基于事实欺诈的同意仍然不会被视为同意,但这并不是因为它属于"法律定义的罪行所欲防止的欺诈",而是因为被害人根本没有真正同意这种罪行的实施。被害人并不知道自己正在同意的是符合某个罪行的行为,事实上,她以为自己同意的是完全不同的事情。

---

〔145〕 See, e. g., §§ 210.5 (1)(导致自杀), 212.1(绑架), 220.3 (1) (c)(刑事破坏), 223.3(诈骗), & 223.7 (1)(盗窃服务), art. 224(伪造和欺诈行为), § 241.6 (1)(证人篡改)。

第三篇
免责事由

现在,我们已经来到了刑事责任分析的第三步,也是最后一步。要走到这一步,一个案件(无论是假设的还是真实的)必须已经跨越前两个障碍——表面上的犯罪性*和违法性。按照《模范刑法典》的术语,所讨论的行为必须属于"对个人的或公共的利益造成或可能造成重大损害的行为"(第一阶层)。换句话说,该行为必须符合某项刑事法规的规定,符合罪行定义所包含的每一个构成要素。此外,我们还必须在犯罪定义之外进一步判断,这个表面上符合犯罪构成要件的行为,是否也属于广义上的非法行为(第二阶层)。

---

* 表面上的犯罪性,是指行为符合了刑事法规规定的罪行概念(offense definition),对应大陆刑法中的构成要件该当性。——译者注

第12章
《模范刑法典》中的免责事由

然而，在我们能够对实施这种毫无疑问是犯罪的且违法的行为的人追究刑事责任之前，我们还需要检查另一项内容。我们需要看看她是否能对她的行为负责，这需要考虑到她的相关个人特征，以及她在本案中行为的相关情况。

《模范刑法典》致力于将刑法转变成一个专门用于评价、诊断并治疗那些具有不同种类和程度犯罪倾向者的体系，因此，在这里，与处理正当化事由的方式一样，《模范刑法典》对正义、道德的讨论远远多于人们的想象。例如，《模范刑法典注评》中关于胁迫的下列段落，它毫不含糊地表明，正义的考虑优先于威慑的考虑，或优先于剥夺罪犯的行动能力的考虑：

> 法律在最深的意义上来说是无效的，实际上……如果法律强加给不幸面对两难选择的行为人一个标准，而法官们却不愿意声明他们如果遇到同样的问题也会并且能够遵守这个标准，那么法律就是虚伪的。在这种情况下，谴责注定是一种无效的威胁；**然而，更重要的是，它与任何道**

第12章 《模范刑法典》中的免责事由

德基础相脱离,因而是不公正的。[1]

这样的规定是非常正确的,但是,仅仅提及道德基础和正义,并不能构成一个关于免责事由的理论。无论是《模范刑法典》还是《模范刑法典注评》,都没有关于免责事由的理论,正如没有正当事由的理论一样。也许最多可以说的是,《模范刑法典》对于免责事由的一般看法是,它们与正当事由有所区别。因此,《模范刑法典注评》批判了《西澳大利亚刑法典》(Criminal Code of Western Australia)中关于紧急避险的条款,该条款承认,在"突然或非常紧急的情况下,无法合理地期待一名拥有正常自控能力的一般人会做出其他的行为"。《模范刑法典注评》认为,"这个条款更多地将该问题视为免责事由,而非正当事由。"[2]

正如《模范刑法典注评》所解释的那样,"说某人的行为是'正当的',通常意味着该行为被认为是正确的,或者至少不是不可取的。"相比之下,"说某人的行为是'免责的',通常意味着该行为被认为是不好的,**但由于某种原因,行为人不应为此受到谴责**。"[3]《模范刑法典》的免责条款逐一列出了这些原因,却没有试图将它们归结为某种共同的原则,除了可能存在的"可谴责性"这一笼统且尚未充分发展的概念。偶尔被提及还有公平和责任;而一个很有前景的候选概念——"可避免性"(avoidability),却仍未被探讨。

《模范刑法典》的起草者在处理正当与免责事由的问题时,

---

[1] Commentaries § 2.09, at 374-75(重点系另行添加)。
[2] Commentaries § 3.02, at 11 n.2.
[3] Commentaries art.3, introduction, at 3(重点系另行添加)。

其精明老练和野心出现了惊人的下降。除了偶尔的评论外，[4] 他们并没有认真尝试将这些概念融入《模范刑法典》整体的治疗主义的方案中，这种方案在韦克斯勒的《杀人罪的法律原理》和《模范刑法典之挑战》中被充满热情地、谨慎地阐述。同样，他们并未积极探讨正义、谴责和公平等模糊概念，更别提将这些不同的正当事由与免责事由融入一个替代性或补充性的理论框架中，以匹配韦克斯勒精心构建的治疗主义计划。该计划围绕犯罪的一般原则（特别是犯罪的主观心态问题）展开，并与其以治疗科学为驱动力的意识形态相一致，非常强调《模范刑法与矫正法典》关于矫正的方面。

与正当事由一样，免责事由也有其独立的条款，即《模范刑法典》第4条，标题为"责任"。然而，与包含除同意以外的所有正当事由的第3条相比，第4条的内容显得不够全面。第4条仅仅涉及两种免责事由：精神错乱和刑事责任年龄。其他免责事由则出现在第2条中，包括法律认识错误和醉酒（我们之前已经讨论过），以及胁迫、军事命令和诱捕。[5] 在《模范刑法典》中，挑衅或极度情绪干扰（extreme emotional disturbance，EED）的免责事由并未在总则部分出现。它仅限于杀人罪，被

---

〔4〕 例如，参见关于逮捕中使用致命武力的规定，该规定用灵活的标准取代了普通法的分类规则，这种灵活标准取决于对嫌疑人危险性的评估。参见上文第10章。

〔5〕 在这三种情况中，只有胁迫明确符合免责事由的条件。军事命令可能是正当事由或免责事由，这取决于人们是将这种抗辩事由视为以推动军事顺利运作的公共利益（在这种情况下，它表现为正当事由），还是将其视为军事命令对其接受者施加的独特强制力（在这种情况下，它更像免责事由）。Compare § 2.10 with Rules for Courts-Martial 916 (d)（正当事由）；United States v. Calley, 22 U. S. C. M. A. 534 (1973)。诱捕，正如我们将看到的，它不会被误认为是正当事由。一些司法管辖区似乎将其视为与犯罪的主观心态有关的第一阶层的抗辩，类似于认识错误，see, e. g., Jacobson v. United States, 503 U. S. 540 (1992)（国家承担证明不存在诱捕的举证责任，且必须达到排除合理怀疑的程度）。然而，《模范刑法典》则完全用客观术语表述诱捕，使之完全与行为人的责任或可谴责性无关。

编入分则部分中处理该犯罪的章节。最后,《模范刑法典注评》承认,关于假想防卫——或者一般所说的,关于正当化条件的错误相信——的案件,尽管在正当化事由的条款中有所涉及,但在某种程度上,它们"可能更准确地被标记为免责事由",因为"至少在某些情况下,可以说行为人实际上是在为自己的行为提出免责事由,而非一个充分的正当化事由"[6]。

因此,免责事由在《模范刑法典》中是被分开来讨论的,正如它们在刑法中通常的做法那样,最好是每个规定一次只处理一个免责事由。

---

[6] Commentaries art. 3, introduction, at 2-3.

第13章
胁　迫

关于《模范刑法典》中胁迫（duress）的抗辩事由，一种思考方式是将其视为正当化事由中的紧急避险在免责事由中的对应物。[7] 如果紧急避险的正当化事由抗辩不成立，那就可以尝试胁迫的免责事由抗辩。从某种意义上说，胁迫比紧急避险抗辩更像紧迫避险。胁迫是在没有选择自由的情况下选择了罪恶。胁迫中只有紧急避免，没有任何权利或合法性的主张。在紧急避险的正当事由抗辩下，行动的人做的是正确的事，或者至少不是错误的事。在胁迫下行动的人做的是错误的事，但却不应该为其所做的事情承担责任（或受到责备）。基于紧急避险而被正当化的行为人做出了正确的选择；而基于胁迫而被免责的行为人是被迫做出了错误的选择，从这个意义上说，他根本没有选择。也就是说，前者因其选择而得到正当化，后者则因没有选择而得到免责。前者做出了正确的选择；而后者则别无选择。

然而，胁迫免责事由与自卫及为他人防卫存在诸多相似之

---

[7] 将胁迫归类为一种免责事由存在一定争议。See, e. g., Peter Westen & James Mangiafico, "The Criminal Defense of Duress: A Justification, Not an Excuse—And Why It Matters", 6 *Buff. Crim. L. Rev.* 833, 937-39 (2003); R. v. Perka, [1984] 2 S. C. R. 232 (Can.).

处，尽管它与为财产防卫有所不同。[8] 例如，在胁迫情境下所使用的武力，同样是一种自我防卫的手段，但其针对的并非威胁的源头——如自卫时的情形——而是无辜的第三人。在这种情况下，为了保护自身，我所伤害的并非那个威胁我的人，而是与威胁源完全无关的另一个人。[9] 胁迫免责事由与自卫的相似之处还在于，它们都既存在直接形式，也存在间接形式。我基于胁迫而被免责，这既可能是我为了防止自己免受伤害，也可能是我为了防止"他人"免受伤害。正如我为了保护我自己或"他人"免受攻击者的侵害而使用武力，从而得到正当化一样。在此，与自卫情境类似，传统上对于"他人"的理解仅限制于家庭成员，然而这一限制如今已被更为广泛的定义所取代，即，"他人"的概念可以普遍适用于任何个人。[10]

同时，值得注意的是，胁迫之免责事由与自卫相似，但与紧急避险不同，它要求"使用或威胁使用非法武力"。这种"非法"的提法令人困惑，因为胁迫免责事由并不像自卫（或紧急避险）的正当事由那样，能使表面上符合犯罪构成要件的行为正当化。自卫中面临的武力必须是非法的，这样我使用自卫的

---

[8] Commentaries § 2.09, at 375（"对财产的威胁"不足以构成胁迫）。

[9] 当然，没有任何要求让我伤害任何人。《模范刑法典》明确认可了胁迫抗辩在逃脱等情形中的适用性。逃狱案件往往被视为美国刑法中适用胁迫抗辩事由的典型，但这类案件也存在问题，因为没有人胁迫被告犯下他被指控的罪行：逃狱。相反，被告声称他是为了避免其他伤害，通常是同伴或狱警对其的身体或性虐待，才选择逃狱。《模范刑法典》明确规定，即使利益衡量后被告不占优势，从而无法主张紧急避险的抗辩，也不能仅因"受胁迫者所犯的罪行并非胁迫者所要求的罪行"就排除其提出胁迫抗辩的可能性。Commentaries § 2.09, at 377 [citing People v. Lovercamp, 43 Cal. App. 3d 823（1974）]。

[10] 相比之下，德国刑法在胁迫抗辩中保留了这一限制，但在自卫（或紧急避险）中并未设置此类限制。对比《德国刑法典》第35条（胁迫；"亲属或与他关系相近的其他人"）与第32条（自卫抗辩；"他人"）和第34条（紧急避险；"他人"）。如需更详细的比较分析，see Markus D. Dubber & Tatjana Hörnle, *Criminal Law: A Comparative Approach* ch. 14. B (2014).

武力对抗这种非法的侵害就是合法的。我不能合法地使用武力来对抗那些对我使用的合法的武力。作为免责事由，胁迫并没有这样的主张。胁迫免责事由的法理依据并非在于我有权去反抗不法侵害，而在于我不可避免地去反抗任何武力——无论其是否非法，只要这种武力的强度足以迫使我去实施某一行为（更确切地说，是迫使我做出某个决定）。

"非法武力"的提法似乎是为了强调胁迫仅限于由人所造成的胁迫（个人胁迫），而不包括由自然原因或环境所造成的胁迫（环境胁迫）。然而，这一点完全不需要由"非法性"的提法来表述，例如，可以通过明确要求人身威胁来表述。[11] 排除自然胁迫或环境胁迫的原因似乎在于，在人身威胁的情况下，"法律的基本利益可以通过起诉非法武力的实施者来满足。"然而，自然的力量无法受到惩罚或刑事制裁，因此，"如果行为者得到免责，那么就没有人受到法律的制裁。"[12] 在这种情况下，"法律的基本利益"具体指什么，除了法律似乎需要尽可能广泛地被"适用"之外，仍然不够明确。

既然《模范刑法典》拒绝了来自环境的胁迫，那么它必须在紧急避险的范畴里解决诸如**海上食人案**此类的案件。[13] 即使面临极端的自然紧急情况，几乎确定死亡的必然性，《模范刑法典》也仅允许两害相权取其轻的抗辩，这种抗辩要求行为人权衡了实施行为或不实施行为对自己和对他人造成的潜在损害之后，选择损害较小的行为（或不行为）。这意味着，在更为极端

---

[11] 参见《注评》中所列的替代性法条表述（"他人的威胁""他人发出的威胁""他人的强迫"）。See, e. g., Commentaries § 2.09, at 383 n.59.

[12] Commentaries § 2.09, at 379.

[13] 参见上文第 8 章。

的浮板案中,即一块原本只能承载一个人的木板被两个人同时抓住,在这种生死攸关的时刻,即使我必须剥夺你的生命来保全自己,《模范刑法典》也不会支持这样的辩护理由。因为,无论我们面临的处境多么危急,你的生命与我的生命一样神圣且不可侵犯。危险处境的严重程度并不是问题的关键,只有当所选择的行为能造成较小的损害时,才可能被视为一种抗辩。然而,如果这种危险的处境是由人为因素造成,而非自然原因,那么胁迫的免责事由便可作为有效的辩护理由。

当《模范刑法典》的起草者谈到起诉威胁的来源时,他们考虑到了两个方面。首先,胁迫者需要对被胁迫者的行为负责。回想一下,《模范刑法典》在"共同犯罪"(complicity)一节中明确规定:"当行为人以实施某一犯罪所需的主观罪责类型,导致一名无辜的或不需要负刑事责任的人实施此种行为时,该行为人应对另一人的行为承担刑事责任。"[14]

在这里,胁迫之抗辩事由的功能并非与第二阶层的抗辩——如自卫或紧急避险——相对比,而是与第一阶层的否定构成要件中犯罪的客观行为(actus reus)的抗辩相对比。在《模范刑法典》的起草者看来,胁迫与非自愿(involuntariness)之间的关系,就如同"心理上的无能力"与"身体上的无能力"之间的关系。[15] 正如认识错误和醉酒(以及同意)通过否定构成要件中的犯罪的主观心态(mens rea)来主张抗辩,某些类型的胁迫也会否定构成要件的行为要素要求。例如,假设我把你扔过邻居的围栏进入她的后院,在这种情况下,你似乎实施了刑法上的侵入行为(其概念是"进入……任何标有禁止侵入告示的地

---

[14] § 2.06 (2) (a).
[15] Commentaries § 2.09, at 373-74.

方,如……围栏"[16]),但除非你的行为是自愿的,否则不构成该罪。但事实上,你的侵入行为完全是非自愿的,因为"身体运动……并非行为人努力或决定的产物"[17]。

在没有自愿行为的情况下,甚至不会构成表面上的犯罪*——也就是说,你甚至无法通过第一阶层的分析检验。相反,是我实施了自愿行为,你只是我实施犯罪的一个工具,这就好像是我自己跳过围栏一样。

相比之下,假设我仅仅用铁叉把你追赶过围栏,那么你的行为就是自愿的。为了免除刑事责任,你将需要提出胁迫的抗辩。由于你是实施行为的人,我不能直接被视为"真正"的行为实施者而承担刑事责任。相反,我必须通过**你**的行为进行归责;换言之,我只能通过《模范刑法典》中关于派生责任的相关规定,为你的行为承担刑事责任。[18]

更有趣的是,如果试图胁迫的行为未能成功,那么**未遂的**胁迫者将符合名为"刑事胁迫"的罪名,这一罪名不仅命名贴切,而且定义宽泛。[19] 事实上,刑事胁迫可以被视为胁迫这枚硬币的攻击面,而胁迫则是其防守面。胁迫是指被他人"胁迫"实施犯罪;而刑事胁迫则是实施胁迫行为。这种对应并非完全贴切,因为刑事胁迫涵盖了"实施任何犯罪"的威胁,而胁迫仅限于"使用或者威胁使用非法的**武力**"。然而,这比起普通法中的规定要更为接近;《模范刑法典》的起草者拒绝将胁迫行为

---

[16] § 221.2.
[17] § 2.01 (2) (d).
* 表面上的犯罪(facial criminality),是指行为符合了刑法规定的罪行定义,即行为符合了犯罪的构成要件。——译者注
[18] § 2.06 (2) (a) ("导致无辜或无需承担责任的人从事"犯罪的客观行为)。
[19] § 212.5.

中威胁的性质仅仅局限于可能导致死亡、严重身体伤害或其他暴力犯罪的威胁。[20]

胁迫抗辩条款对威胁的严重程度或紧迫性没有设置任何的限制,即使被告提出该抗辩是为了开脱使用致命武力的责任。[21] 此外,起草者还拒绝将谋杀罪完全排除在可提出胁迫抗辩的犯罪类型之外。[22]

换言之,《模范刑法典》中的胁迫抗辩条款并未在胁迫的抗辩中对使用致命武力设定特定的额外限制。与自卫抗辩的情况不同,胁迫抗辩并没有要求,例如,威胁使用的武力必须与防御性武力相匹配,因而只有致命武力的威胁才能为针对他人所使用的致命武力提供抗辩。此外,胁迫抗辩条款也没有明确的撤退要求,以及与之相关的各种例外及例外的例外。*

在缺乏具体规则指引的情况下,胁迫抗辩条款转而依赖一个统一的标准,或者更准确地说,是一个思想实验:设想一个"具备合理的坚定性的人"在被告所面临的"具体情境中"会如何行动,或不行动。这一做法的核心目的是在胁迫抗辩中引入一定程度的客观性,而不要求任何类型的比例性——或其他——原则。事实上,仅仅因为某个特定个体在威胁面前屈服,并不足以作为抗辩的依据。相反,法律要求我们采用一个更高标准的坚定性,即,不是实际的坚定性,而是合理的坚定性。至于何为合理的

---

[20] Commentaries § 2.09, at 369.

[21] 起草者强调"长期的折磨和消耗比立即消失的威胁更能瓦解抵抗",他们特别想到的是朝鲜战争期间美国战俘所遭受的"洗脑"。Commentaries § 2.09, at 376.

[22] Commentaries § 2.09, at 371; but see State v. Toscano, 74 N.J. 421 (1977) (N.J. Code Crim. Just. § 2C: 2-9).

* 正当防卫条款规定了撤退要求,同时规定了撤退要求的例外及例外的例外。详见上文第9章第3节。——译者注

坚定性，以及我是否在实际情境中展现出了这种坚定性，最终将由陪审团来裁决。陪审团是美国刑法学中的合理性判断典范的（尽管极为罕见）收容器——也是仲裁者。

在构想出"具有合理的坚定性的人"之后，陪审团需要将这一构想——而非他们自身——置于被告所处的"情境"中，以观察她（或他[23]）可能会如何应对。正如《模范刑法典注评》所述（但《模范刑法典》本身对此并未提及），这里的"情境"包括某些特定情形，但不包括其他情形：

> 在作出无罪性判断时，陪审团会考虑一些明显的且具体的因素，这些因素将行为人与其他人区分开来，比如行为人的体型、力量、年龄或健康状况。而性格特征则不会被考虑在内。[24]

在《模范刑法典注评》中，我们还了解到，某些威胁被明确排除在"合理的坚定性"的考量范畴之外。具体而言，当胁迫抗辩的理由是基于胁迫的不可抗拒性时，对财产乃至名誉的威胁均不足以对"具备合理的坚定性的人"构成充分的影响，因此不能作为胁迫抗辩的考量因素。[25] 这一点与针对非法攻击的自卫抗辩存在显著的差异，后者在《模范刑法典》第3.04条至第3.06条中有明确规定。在胁迫抗辩中，必须涉及针对个人（无论是自身还是他人）的威胁，而不包括针对财产的威胁。[26]

---

[23] 请注意，性别并未列在相关特征之中。

[24] Commentaries § 2.09, at 375.

[25] Id.《模范刑法典注评》认为，"针对被告本人或他人的人身"的威胁，隐含了针对财产或名誉的威胁属于无关的类型。

[26] 对个人名誉的攻击从来不是自卫的前提条件。

第13章 胁　迫

　　《模范刑法典》的起草者进一步限制了胁迫的适用范围，他们宣布，如果我轻率地将自己置于"可能会受到胁迫的情境中"，则完全不能主张胁迫的抗辩事由，而非将刑事责任降低为由轻率构成的罪名。回想一下，在紧急避险的正当化抗辩中，这种轻率并不会使抗辩失效，而是将被告的刑事责任减轻为由轻率构成的罪行的刑事责任，就像疏忽将刑事责任减轻为由疏忽构成的罪行一样。在胁迫的情形中，这种与罪责模式相匹配的减轻刑罚的一般原则仅适用于疏忽。如果我在制造胁迫的可能性方面表现出轻率，例如"将自己与犯罪活动联系起来"，我就不能用这种胁迫来为任何犯罪抗辩，包括那些主观上需要具有蓄意或者明知的犯罪类型。[27]

　　《模范刑法典注评》通过指出"抗辩的特殊性"，为这一对"刑事责任与罪责相适应"原则*的"故意的偏离"提供了依据或解释。[28] 在这种动机不足、解释不清的逻辑不一致时刻，记住《模范刑法典》的本质是至关重要的，它只是一份**模范的**法典，其起草者的最终任务是制定一份模范的立法，这份立法不仅要赢得美国法律协会这一由全国律师、法官和法学教授组成的团体的批准，还要在全国范围内对地方立法机构和利益相关者产生影响。

---

　　[27]　Commentaries § 2.09, at 379 & n.48.

　　*　"The principle that liability match culpability"，这是英美刑法对责任主义的表述，其中，"liability"是指刑事责任，它与刑罚后果相联系，culpability是指第三个阶层中的罪责，它与道德非难相联系，常常是以主观心态为素材，这也是《模范刑法典》的处理方式。——译者注

　　[28]　Id.

第14章
诱　捕

你可能会将诱捕（entrapment）视为官方的胁迫，或者视为胁迫中的一个分支。[29] 在胁迫中，私人通过"使用或威胁使用非法武力"来"强迫"我犯罪。而在诱捕中，"公共执法官员……诱导或鼓励"我通过其他不正当手段（尽管不一定是"非法的"）实施同样的行为：

(a) 故意做出虚假陈述，目的是诱导他人相信该行为并未被禁止；或

(b) 采用劝说或诱导的方法，为本来不想犯罪的人制造了实施该犯罪的客观行为的重大风险。[30]

需要注意的是，这个关于诱捕的定义主要描述了诱捕者的情况，而对被诱捕者几乎没有提及。这是因为《模范刑法典》在诱捕的定义上选择了客观诱捕，而非主观诱捕。[31] 客观诱捕

---

[29] Cf. People v. Calvano, 30 N. Y. 2d 199, 205 (1972)（诱捕与胁迫"仅在施加的压力有所不同"）。

[30] § 2.13 (1).

[31] Contrast People v. Missrie, 300 A. D. 2d 35, 751 N. Y. S. 2d 16 (2002)（讨论了《纽约州刑法典》中的"主观"诱捕条款）。

主要是关注警察，而不是被告。其设计目的是"制止政府一方的不当行为"[32]。被告人的无辜性与此完全无关："无论是否存在诱捕，被告人都同样有罪。"[33]

相比之下，在主观诱捕的情况下，被告人的无辜性才是最重要的考量因素。在主观诱捕的概念中，诱捕只适用于无辜的被告人，或者更确切地说，是指那些在没有政府诱导的情况下，就不会"预先倾向"实施犯罪的被告人。[34] 事实上，正是由于这种仅限于无辜者的限制，《模范刑法典》的起草者才选择了客观诱捕，并且只选择了客观诱捕。在此，起草者引用了菲利克斯·法兰克福特法官的话，他也不是一位主观诱捕的支持者：

> 合法的警方活动不应当因为所涉及的具体被告人而有所不同；显然，如果两名嫌疑人同时以相同的方式被引诱犯罪，那么其中一人就不应仅仅因为他之前已犯过同样的罪行，就被认为有犯罪倾向而被关进监狱。[35]

《模范刑法典》的起草者选择客观诱捕，也解释了为什么诱捕条款的（b）项只规制那些"制造重大风险"的策略的使用，这些策略使得那些尚未"准备实施犯罪的人"进行犯罪的实施。

---

[32] Commentaries § 2.13, at 406.
[33] Id. at 412.
[34] See, e.g., Jacobson v. United States, 503 U.S. 540 (1992)（详细调查被告人的预先倾向）。
[35] Commentaries § 2.13, at 412 [quoting Sherman v. United States, 356 U.S. 369, 383 (1958)(Frankfurter, J., concurring)]. 尽管有法兰克福特法官的附议，客观诱捕作为"政府极端不当行为"的正当程序抗辩，在联邦刑法中仅依靠最微弱的宪法线索维系。Compare United States v. Mosley, 965 F.2d 906 (10th Cir. 1992)（存在抗辩事由）；United States v. Boyd, 55 F.3d 239, 241 (7th Cir. 1995)（不存在抗辩事由）。

190　诱捕旨在遏制那些"不道德的警察策略",[36]而这些策略无论是成功的还是失败的,都是不道德的。当然,要使诱捕抗辩在特定案件中发挥作用,被诱捕者必须成功地实施了某一项罪行;但诱捕抗辩的关键在于打击警方的不当行为,而对被告人的刑事责任的影响则是附带的。

因此,《模范刑法典》的诱捕标准摒弃了传统的关于被告人"预先倾向"实施犯罪的考查。诱捕抗辩对所有的被告人都适用,无论其是否预先有犯罪倾向。[37] 值得注意的是,从治疗主义的角度来看,主观诱捕可以被视为对被诱捕者的犯罪危险性的细致调查;而"预先有犯罪倾向"的被告人无权获得该抗辩,因为她的犯罪危险性独立于且先于警方的诱导努力。[38]

关于《模范刑法典》中的客观诱捕,其在何种意义上构成一种免责事由(或任何其他类型的抗辩事由),这一点尚不明朗。相比之下,主观诱捕的情况可能有所不同,例如,诱捕的证据或许能反驳因犯罪的实施而通常被认定的危险性。[39] 然而,若要阐明诱捕为何能构成免责事由,就需要对免责事由的一般性原理进行说明,遗憾的是,《模范刑法典》的起草者并未对此提供明确的阐释。[40]

---

[36] Commentaries § 2.13, at 412.

[37] 只要他们没有被指控以"造成或威胁人身伤害"为要素的罪行,根据《模范刑法典注评》,惩罚被引诱去实施攻击的人"似乎不会显得不公平"。Commentaries § 2.12, at 420.

[38] 感谢德拉加娜·拉基奇(Dragana Rakic)向我提出这一点。

[39] 毕竟,《模范刑法典注评》只是顺便提到,"起诉一个**被国家**劝说或欺骗而犯罪的人是不公平的。" Id. (重点系另行添加。)这暗示了《模范刑法典》对法律错误的处理采取了一种类似于行政禁止反言的方式,从而体现出了两者之间的类比关系。参见下文第15章。

[40] 关于诱捕问题的不同处理方法,包括诱捕者的潜在刑事责任、量刑减轻以及程序性机制等内容的讨论,see Markus D. Dubber & Tatjana Hörnle, *Criminal Law: A Comparative Approach* ch. 14. B (2014).

第15章
不知法

根据《模范刑法典》,成功的"禁止反言诱捕"(亦称"行政禁止反言")实为不知法(ignorance of law)的问题,而非诱捕问题本身。我们在讨论第一阶层抗辩事由中的认识错误时,已指出尽管有**"不知法不免责"**[41]这一历史悠久的普通法格言的存在,《模范刑法典》仍为不知法这一有限的免责事由留下了余地。这种免责事由存在两种类型:一种是对"后来被确定为无效或错误的法律官方声明的合理依赖";[42] 另一种是法律未公布,后者远没有那么重要。[43]

然而,值得注意的是,《模范刑法典》中关于不知法的免责事由的规定,并不要求一个**明知的**(knowing)错误陈述,更不用说特意"设计诱导他人相信某种行为并非禁止"的诱捕行为。《模范刑法典》将这种抗辩限定为"官方的"对法律的误述,

---

[41] 参见上文第4章第3节第二部分。

[42] "无效"声明包括后来被认定为违宪的法规。See State v. Godwin, 123 N.C. 697 (1898) (cited in Commentaries § 2.04, at 278 n.28). 关于解释基于《模范刑法典》的不知法条款的案例,see People v. Studifin, 132 Misc. 2d 326 (N.Y. Sup. Ct. 1986).

[43] 关于公布的问题,并非总是没有实际意义的。See, e.g., The Cotton Planter, 6 F. Cas. 620 (Cir. Ct. D. N. Y. 1810). Lambert v. California, 355 U.S. 225 (1957),对于重振这个问题所做的贡献并不大。

从而排除了对律师或其他非官方人士的建议的信赖,无论这种信赖多么合理,如果随后的官方声明证明这些建议是错误的,或者至少是误导性的,那么这种信赖就不被接受。[44] 也许并不令人意外,行为人对法律的个人解读,即使"后来被认定为……错误",也不会被接受。[45] "官方的"法律声明包括政府任何部门成员发布的声明,也包括立法部门("法规或其他法令")、司法部门("司法决定、意见或判决")和行政部门("行政命令或许可");以及"负责解释、管理或执行定义犯罪的法律的公职人员或机构的官方解释"。

在《模范刑法典》中,不知法被清晰地界定为一项免责事由,而非第一阶层的抗辩事由。[46] 然而,这一规定的背后逻辑却并非显而易见。与胁迫、挑衅、能力减弱、年幼以及精神错乱等情形不同——甚至与诱捕的主观形式也存在差异——不知法并未涉及行为人自我控制能力的丧失,无论这种丧失是部分的,还是全部的。在涉及不知法的情境下,行为人之所以"不应受到责备",[47] 可能源于其行为的**不可避免性**。若行为人未知或无法合理地知晓其被指控违反的刑事法规,那么她自然无法避免违反该法规。

同样地,如果她已经竭尽所能(或者可能被期待去做的)去确定一项她所熟悉的法规的含义,以避免违反它,那么如果在事后发现她未能成功时,无论她的行为最终变得多么"不可取",对她进行谴责似乎也是不公平的。根据《模范刑法典》治

---

[44] Commentaries § 2.04, at 279–80.
[45] See People v. Marrero, 69 N.Y. 2d 382 (1987)(善意误读含义模糊的法规是不够的)。
[46] Cf. § 2.02 (9)(对违法性的明知不是犯罪的构成要件要素)。
[47] Commentaries art. 3, introduction, at 3(重点系另行添加)。

疗主义的方案，不可避免地不知法的人，在这个意义上可以反驳任何因其从事被禁止的行为，而可能产生的犯罪危险性的推定。[48]

或许，不可避免性的概念可以被视为支撑诸如胁迫、精神错乱等无能力的免责事由的基础。在胁迫的情况下，屈服于胁迫的行为在特定情境下与屈服于诱捕的诱惑一样不可避免。挑衅和能力减弱也同样可以看作是不可避免的抗辩事由，尽管其中不可避免的——或至少是很难避免的——是由挑衅引发的暴力反应。

---

[48] 尽管《模范刑法典》不知法条款的范围很局限，但对于包括纽约在内的美国许多司法管辖区来说，这一条款仍然显得过于宽泛。See People v. Marrero, 69 N. Y. 2d 382, 382 (1987). 其他（大陆法系）司法管辖区则提供了更为宽松的抗辩，see Markus D. Dubber & Tatjana Hörnle, *Criminal Law: A Comparative Approach* ch. 8. C (2014).

第16章
挑衅与能力减弱[*]

"挑衅"（provocation）或《模范刑法典》中的"极度精神或情绪干扰"，与胁迫和其他免责事由不同，因为它不是一种普遍的抗辩事由。它只是针对谋杀罪的一项抗辩事由。这就是为什么它不出现在《模范刑法典》的总则部分（第一篇），而是出现在其分则部分，更具体地说，是出现在关于杀人罪的条文中，更确切地说，是出现在定义误杀罪的条文中。

然而，它显然是一种免责事由，至少在《模范刑法典》的体系中是这样的。挑衅的免责事由的属性是显而易见的；它涵盖了"在极度精神或情绪干扰的影响下"实施的行为，"对于该影响存在合理解释**或免责事由**"。但在我们深入了解挑衅这种小型的免责事由之前，我们需要简要地了解一下分则部分关于杀人罪的规定。

普通法所称的"自愿误杀罪"（voluntary manslaughter）就是在谋杀罪的基础上加上挑衅元素，或者更准确地说，挑衅使得

---

[*] 这里的"能力"（capacity），相当于我国刑法话语中的"责任能力"，在德国刑法中，相对应的概念为"罪责能力"（Schuldfähigkeit）或"归责能力"（Zurechnungsfähigkeit），归责能力多用于心理责任论，与主观归责相关；而罪责能力多用于规范责任论，着重于非难谴责的前提。——译者注

谋杀罪不再具备预谋的恶意。尽管如此，自愿误杀罪在本质上仍属于谋杀罪范畴，因为它是故意的，而且，它被冠以具有误导性含义的"自愿"之名。挑衅，无论多么令人发指，都没有改变这样一个事实：被告用棍棒击打受害者的头部，具有杀死他的明确目的（conscious object）（用《模范刑法典》的术语来说）。相反，它解释了为什么被告可能会有这样的明确目的。相比之下，**非自愿**误杀罪（Involuntary manslaughter）就是纯粹的误杀罪，同时，也是非故意的杀人行为，即这个杀人行为在实施时并不具有杀人欲望，或没有意识到死亡结果将会发生。

《模范刑法典》可能是明智地摒弃了自愿误杀罪与非自愿误杀罪的提法（正如它不喜欢提及自愿醉酒和非自愿醉酒一样，因为"自愿性"的使用应当有所保留，它仅可用于犯罪的客观行为本身的问题，而非犯罪的主观心态的问题[49]）。相反，它规定了两种误杀罪，但没有给它们命名：轻率的杀人（reckless homicide）（轻率地导致他人的死亡）——即《模范刑法典》中的非自愿误杀罪，这与我们当前关心的主题无关——以及自愿误杀罪，这与我们当前关心的主题有关：

> 当满足以下条件时，刑事上的杀人行为将构成误杀罪：……一个本来应构成谋杀罪的杀人行为，它是在极度精神或情绪干扰的影响下实施的，对此有合理的解释或免责理由。对于解释或免责事由的合理性，应根据一个处于行为人处境中的人的视角，基于他所认为的情况和环境来进行判断。[50]

---

[49] 关于醉酒，见上文第4章第3节第一部分。
[50] § 210.3 (1) (b).

挑衅出现在一种罪行的定义中，而且是出现一种严重罪行（误杀罪在《模范刑法典》中属于二级重罪）的定义中，它也在其他方面不同于胁迫及其他的免责事由，这不只体现在它仅仅适用于一单一的罪行，也在于它并不能构成对该罪行的完全的抗辩事由。[51] 挑衅的作用在于将谋杀罪降格为误杀罪，其作用也仅限于此。

然而，理解为何极度精神或情绪干扰可以作为一种免责事由仍然很重要。显然，它并不是正当化事由。在极度精神或情绪干扰影响下实施杀人行为的人，不能主张她具有杀人的权利。如果她可以，那么她可能符合自卫的条件。"紊乱"也不是第一阶层（或举证不能）的抗辩事由，其目的在于为有蓄意或明知的行为——谋杀罪——提供"合理解释或免责事由"，而不是否认该行为是有蓄意或明知的。这再次说明了为何挑衅导致的误杀罪是自愿的；它是故意的，但可以得到原谅。*

挑衅只是一项部分的而不完全的抗辩事由，因为它只是减轻了行为人的责任，而非完全排除其责任。挑衅相当于一种"情绪干扰"，无论这种情绪干扰多么"极端"，它都不同于"无能力"（inability）（如在胁迫的情形下），也不同于"无行为能力"（incapacity）（如在精神错乱的情形下）。情绪干扰并未否定从表面上的犯罪的客观行为推断出的"道德败坏"[52]（或异常

---

[51] 事实上，甚至无法确定它是不是一种抗辩事由，它更像是误杀罪的一个构成要素。Patterson v. New York, 432 U. S. 197 (1977) 就涉及了这个问题。该案中，最高法院裁定，联邦宪法并不禁止立法机构将挑衅行为不仅归类为一项抗辩事由，还归类为一项由被告承担举证责任的积极抗辩事由。

* 美国刑法中的误杀罪（manslaughter），并不等同于我国的过失致人死亡罪，该罪名的主观心态包括轻率与疏忽，因此，它大致包摄了我国的间接故意杀人罪与过失致人死亡罪。——译者注

[52] Commentaries § 210.3, at 61.

的危险性）；相反，它降低了推定出的"败坏"（或危险性）的程度，将其从通常的与蓄意或明知的杀人行为（谋杀罪）相关联的程度降低到通常的与轻率的杀人行为（误杀罪）相关联的程度。简而言之，情绪干扰要求对行为人犯罪倾向的诊断进行下调，从而相应地调整其接受刑罚性矫正治疗的需要。

在教义学上，挑衅位于自卫、胁迫和精神错乱之间。你可以将胁迫视为紧急避险这一正当化事由的免责性替代方案，同样地，挑衅也可以被视为自卫的正当化事由的免责性替代方案。与自卫不同，挑衅并不局限于针对非法的攻击而武力使用，也不要求证明我使用武力是（甚至不要求我认为它是）紧迫且必要的，更不用受到自卫中对初始攻击者的限制，或者撤退原则的限制。与自卫相似，挑衅也有一个类似的派生情形；正如自卫可以包括为他人防卫一样，挑衅也不仅仅局限于我是挑衅目标的情况："《模范刑法典》不要求行为人的情绪干扰必须来自死者对其造成的伤害、侮辱或其他挑衅行为。"[53]这也意味着，与自卫（或为他人防卫）不同，但与胁迫相似，我可以将挑衅作为对除挑衅者之外的其他人造成伤害（甚至是致命伤害）的抗辩事由，比如"当我因愤怒而失去理智，杀害了一个无辜的旁观者"[54]。

与胁迫的抗辩事由相似，挑衅也是根据合理性来定义的。仅仅因为我无法抵挡威胁，并不足以构成胁迫；同样地，仅仅因为我受到挑衅后情绪是如此激动，以至于无法控制自己，也并不足以构成挑衅。为了增加调查的客观性，《模范刑法典》将

---

[53] Id. at 60-61.

[54] Id. 因此，被害人无需从事非法行为，甚至无需从事挑衅行为。这也是《模范刑法典》提及非挑衅的情绪干扰的一个原因。See id. at 61.

这两种抗辩事由（自卫和挑衅）都限定在我如此行为是"合理的"情形之下。同样地，这种看似客观的、对"拟制的理性人"[55]可能会如何行为的调查，最终还是要根据我的"具体情况"来调整。就像在胁迫中一样，这意味着事实认定者需要考虑我的某些特性或者"个人的局限"，包括"失明、创伤性伤害造成的震惊以及极度的悲伤"，但不包括"怪癖的道德价值观"，例如，类似于"对于杀戮的正当性信念"，这种价值观"构成道德败坏的不可分割的一部分"[56]。

《模范刑法典》灵活的合理性标准摒弃了大量或多或少有些僵硬刻板的普通法规则，这些规则定义了挑衅抗辩的范围。普通法规定，在受到挑衅后有足够的机会"冷静下来"并恢复自我控制的情况下，不得使用挑衅抗辩事由，并宣布单纯的言语永远不能构成挑衅。相反，《模范刑法典》将这些考虑因素，以及其他可能与行为人的"情境"相关的任何其他因素，都纳入合理性的考量范围。因此，挑衅的原因与结果之间不需要特定的时间联系，同时也不存在任何类型（无论其来源或目标）的挑衅被排除在外，即便是针对"财产或……名誉"[57]的攻击也不例外，这些在胁迫案件中已被明确排除在合理性的调查范围之外。

正如我们所见到的，《模范刑法典》中挑衅的抗辩事由实际上并不是真正的——或纯粹的——挑衅，而是"极度的精神或情绪干扰"。提及**情绪的**干扰，它涵盖了所有挑衅案件，还包括

---

[55] Id. at 62.

[56] Id.

[57] Commentaries § 2.09, at 375.《模范刑法典》中提及的"针对（被告本人或他人的）人身"的威胁，意味着在胁迫中，针对财产或名誉的威胁并不构成胁迫的相关威胁。

了其他情形，它强调了挑衅与精神错乱之间的联系，这种联系催生了另一种多面性的抗辩事由，即"能力减弱"（diminished capacity），或者按照《模范刑法典》的说法，称为"责任减轻"（diminished responsibility）。

责任减轻，如同众多的其他抗辩事由一样，具有双重属性。首先，它属于第一阶层的抗辩事由。精神能力不足或异常（但未达到完全的精神错乱的程度）的证据与犯罪的主观心态相关。这种责任减弱的直接的、证据方面的特点——从其他举证不能的抗辩事由（如错误或醉酒）中为人所熟知——在《模范刑法典》第4.02条中得到了规定，紧随精神错乱的定义之后，尽管该规定显得有些冗余。[58]

另一方面，责任减轻也可以被解读为第三阶层的抗辩事由，即一种免责事由。在《模范刑法典》中，并没有专门的条款将责任减轻单独列为免责事由。然而，这种抗辩事由的内涵在《模范刑法典》的挑衅条款中，通过"精神干扰"的表述得以体现。因此，作为免责事由的责任减轻，在功能上就像作为免责事由的挑衅——实际上，它**就是**作为免责事由的挑衅。它将导致行为人的刑事责任从谋杀罪降格为误杀罪，而不会导致行为人的一项无罪释放（如第一阶层抗辩事由成功可能导致的那样），并且，它仅仅适用于谋杀罪，而不能用于其他罪行。[59]

---

[58] See State v. Breakiron, 108 N. J. 591 (1987).
[59] 然而，请注意，刑事责任减轻并非一种独立的抗辩。它只在导致责任减轻的"精神异常"与陪审团（或事实认定者）对一般合理性的调查相关时，尤其是与合理性中"行为人的情境"相关时，才具有意义。Commentaries § 210. 3, at 72.

第17章
精神错乱与年幼

《模范刑法典》起草者花费了大量时间和精力来处理精神错乱（insanity）的抗辩事由。在他们看来，"在刑法典的起草过程中，确定何时应基于精神疾病或缺陷免除那些原本因其行为应被判定为犯罪者的刑事责任，无疑是一个极具内在难度的问题。"[60]《模范刑法典》中精神错乱抗辩的重要性并没有反映出其实际意义；众所周知，精神错乱抗辩很少被引用，而且几乎从未成功过。问题反而是一个系统性的，或者说是"内在的"问题。在将刑法从一种落后的惩罚模式改革为科学的治疗体系的过程中，《模范刑法典》起草者努力为精神错乱的抗辩事由腾出空间。如果整部刑法都是关于识别、诊断和治疗那些患有某种刑罚学上的异常状况的人，那么基于某种精神异常而免除某些人的刑罚，转而让他们接受治疗，又有什么意义呢？如果所有的犯罪人都存在精神异常，那么精神错乱的犯罪人又有何特别之处呢？

在将刑法视为惩罚手段——而非"刑罚矫正治疗"（peno-correctional treatment）手段——的体系中，精神错乱问题有一个

---

[60] Commentaries § 4.01, at 164.

直截了当的答案。刑事上精神错乱的人，是那些不适用于一般推定的人，该推定的内容为：人都是精神健全——正常——的人。由于他们缺乏进行选择以及进而实施非法行为所必需的智力或情感能力，因此无法成为谴责的适格对象。既然不能谴责，那么他们就不应当受到惩罚。他们需要的不是惩罚，而是治疗。

鉴于《模范刑法典》起草者对于刑法的治疗主义的观点，即将"惩罚"从刑法的词汇中剔除，他们不得不以另一种更为迂回的方式重新构建精神错乱的问题。正常人与精神病人、正常与异常之间的差异，并非惩罚与治疗之间的差异，而是通过治疗所采取的不同"处置方式"之间的差异，更具体地说，是负责治疗的不同管理者之间的差异。在起草者看来，"问题在于，在公共卫生当局与负责罪犯矫正的机构之间划出一条清晰可行的工作界限。"[61]

《模范刑法典》的起草者历经长时间的努力，试图在其治疗主义的惩罚观念中制定一项治疗的例外条款，最终成果是一条冗长且内容详尽的条款，标题为"责任"（第4条）。尽管标题宽泛，但这一条款却完全致力于精神错乱的抗辩的阐述，仅在最后有一小段内容中涉及传统的年幼（infancy）这一免责事由[在《模范刑法典》中称为"未成熟"（immaturity）]。

在普通法中，年幼在很大程度上与精神错乱类似；它是刑事诉讼中的一种实体性抗辩。年幼与"白痴"或"疯子"一样，因不属于"能够实施犯罪的人"而免于承担刑事责任。[62] 至《模范刑法典》颁布之时，年幼至少已有半个世纪是程序性

---

[61] Commentaries § 4.01, at 165.
[62] William Blackstone, *Commentaries on the Laws of England* ch. 2 (1769).

问题，更具体地说，是管辖权问题，而非实体性问题。因此，《模范刑法典》并未讨论未成熟在何种条件下，以及基于哪些普遍原因可以作为犯罪的客观行为的免责事由，而是制定了一些关于"将案件转交少年法庭审理"的一般性管辖权规则。[63]

然而，未成熟与精神错乱一样，都是免责事由。一个儿童对其行为不负有责任，或者至少不足以为此承担责任，以至于需要受到谴责。与精神错乱的人一样，该儿童"缺乏足够的能力去认识其行为的犯罪性（违法性），或使其行为符合法律的要求"[64]。未成熟与精神错乱之间的区别在于，导致这种无能力的原因是年龄，因此这种无责任能力可推测为暂时的，也是正常的，而不是"精神疾病或缺陷"。此外，现代刑法将特定年龄——或未达到该年龄——视为不可反驳的不负刑事责任的推定。

因此，举例来说，《模范刑法典》就明确宣布，"如果一个人在被指控构成犯罪的行为发生时未满16岁，那么他不应因犯罪而受到审判或定罪"，而不是在审判后被宣告无罪。[65] 在其他情况下，不负刑事责任的推定是可以反驳的，甚至可能转变为应负刑事责任的推定，尤其是在行为人处于明显未成年与明显成年之间的模糊地带时（例如，《模范刑法典》规定的16岁至17岁期间）[66]，或者当被指控的罪行性质极为严重时。自1962年《模范刑法典》颁布以来，青少年法律领域的改革多数

---

[63] § 4.10.
[64] § 4.01 (1).
[65] § 4.10 (1) (a).
[66] § 4.10 (1) (b).

致力于将这一模糊地带的年龄下限进一步降低。[67]

相比之下,精神正常的推定是普遍适用的,需要每个被告人自己提出反驳。在《模范刑法典》中,精神错乱被视为一种肯定性抗辩事由,但值得注意的是,这种抗辩事由仅要求被告人承担提出证据的责任,而说服责任则仍由国家承担。[68]

在某种程度上,如果说第4条关于责任的条款完全或几乎完全致力于精神错乱的抗辩事由,这是不准确的。实际上,精神错乱抗辩事由的阐述主要集中在该条款的起始部分,即第4.01条。而该条款的其余部分,即从第4.02条至第4.09条,详尽地规定了与精神错乱的抗辩事由紧密相关的各种程序性问题。这些问题涵盖了——大致按出现顺序——精神错乱证据的关联性、精神错乱归类为肯定性抗辩事由、被告人通知州政府自己打算提出精神错乱抗辩的要求、抗辩成功时的裁决形式、无能力接受审判、控方和辩方专家对被告进行精神检查、在这些检查中提出的犯罪供词的不可采纳性,以及最后的但同样重要的是,由于精神错乱而作出的无罪判决的效力["被移交给精神卫生(公共卫生)专员看管,并安置在适当的机构进行看管、护理和治疗"]。[69] 换言之,《模范刑法典》中关于精神错乱的条款,其主体内容并非旨在定义精神错乱的抗辩事由本身,而是旨在通过细致入微的规定来规范其具体实施过程,其中主要依赖专家证言作为重要辅助手段。

---

[67] 关于普通法对于提出年幼之抗辩事由的特定被告人责任问题的探讨,see William Blackstone, *Commentaries on the Laws of England* 22-24 (1769).

[68] 值得注意的是,美国最高法院认为,将说服责任也置于被告人身上,甚至要求被告人以排除合理怀疑的程度证明其患有精神病,并不违反宪法规定。Leland v. Oregon, 343 U. S. 790 (1952); see Clark v. Arizona, 548 U. S. 735 (2006).

[69] § 4.08 (1).

幸运的是，精神错乱之抗辩事由的表述既简洁又明确：

> 如果一个人由于精神疾病或缺陷，在犯罪的客观行为发生时缺乏对其行为犯罪性（违法性）的实质认识能力，或者缺乏使自己的行为符合法律要求的能力，那么该人对该犯罪的客观行为不负刑事责任。[70]

其主要特征迅速显现。关键在于犯罪"发生时"的无能力，而非之前或之后（尤为重要的是审判时的无能力）。审判时存在的精神疾病或缺陷——即无法胜任审判——是由另一套程序性标准来评定的（"理解针对自己的诉讼程序，或协助自己辩护的能力"）。这并不会影响我对犯罪的客观行为的责任认定，而仅关乎我的"受审能力"。这一能力的重要性仅在于"无能力状态持续存在"的情形之下。[71]

精神错乱要求一种不同的无能力状态，更准确地说，是两种无能力状态：一种是**认知上的**无能力，"无法认识到（我）行为的犯罪性（违法性）"；另一种是**意志上的**无能力，"无法使（我）的行为符合法律的要求"。《模范刑法典》起草者在此回应了他们认为当时主导的精神错乱的测试，最初在1843年英国的一份咨询意见书中提出，即**麦克纳顿案**（M'Naghten's Case）存在的缺陷。[72] 因此，最好将《模范刑法典》的精神错乱抗辩

---

[70] § 4.01 (1).

[71] § 4.03.

[72] 1 C. & K. 130, 4 St. Tr. N. S. 847 (1843). 该案中，麦克纳顿坚信自己遭到间谍的日夜跟踪，因此企图刺杀首相罗伯特·皮尔爵士（Sir Robert Peel）。然而，他误将皮尔爵士的私人秘书当作皮尔爵士并将其杀害。麦克纳顿因被认定为精神错乱而被判无罪后，上议院要求澄清有关精神错乱的法律。麦克纳顿案就是法官们对此的回应。See generally Richard Moran, *Knowing Right from Wrong: The Insanity Defense of Daniel McNaughtan* (1981).

第 17 章　精神错乱与年幼

事由与**麦克纳顿案**进行对比。[73] 以下是麦克纳顿测试的原始表述：

> 要提出一种基于精神错乱的抗辩事由，必须明确证明，在行为发生时，被指控的一方由于精神疾病导致的理智缺陷，以至于无法认识到其行为的性质和质量；或者，即使他认识到了，也不知道自己正在做的行为是错误的。

改进麦克纳顿案，实际上意味着对这个检测进行扩展。与麦克纳顿案有所不同的是，至少从它融入美国刑法体系的角度来看，《模范刑法典》中的检测并不要求个体完全丧失能力——只要缺乏"实质性"的能力即可。同样地，《模范刑法典》中关于精神错乱的抗辩事由的标准，并非仅限于无法"**认识**对与错"，如**麦克纳顿案**所述。[74] 根据《模范刑法典》的规定，即使我能够技术性地"认识"对与错之间的区别，但如果不能说我真正"理解"这种区别，我也可能被判定为刑法意义上的精神错乱。《模范刑法典》的起草者特别关注那些存在"情感异常"的个体，他们的意识可能过于脱离实际，或过于抽象，无法将违法性的认识"渗透到情感层面"。[75] 因此，即使我认识到正在实施的是错误的行为，但如果我未认识到这一错误意味着什么，我仍可能被认定为精神错乱的人，从而无需承担刑事

---

[73]《模范刑法典》的起草者认为，另一种当时试图取代麦克纳顿规则的尝试——在 Durham v. United States, 214 F. 2d 862, 874-75（D. C. Cir. 1954）中提出的"产物"检测——因过于模糊而被驳回。该检测标准指出："如果被告人的非法行为是精神疾病或精神缺陷的产物，则他不应承担刑事责任。" Commentaries § 4.01, at 173.

[74] Id.（重点系另行添加。）

[75] Commentaries § 4.01, at 166.

责任。也就是说，我可能知道对与错之区别，但并未理解这种对与错之区别。[76]

更有趣的是，在**麦克纳顿案**之后，我究竟应该理解（或不理解）**什么**，一直未得到明确。如果我不理解我所做的是非法的（或更具体地说，是犯罪的），我是否就是精神错乱的人？或者，只要我不理解我所做的是错误的，就足够（或符合要求）了吗？[77]《模范刑法典》并没有解决这种模糊性，而是含糊地提到了行为的"犯罪性（违法性）"。现在，对犯罪性和违法性的认识往往是一样的，因为犯罪性和违法性往往是重合的——符合犯罪概念的行为往往是违法的行为，反之亦然（尽管不那么频繁）。*然而，这种表述在行为符合**犯罪性**但不具备违法性的情形下会有所不同。如果，只要我理解到我的行为的犯罪性，我就不能被认定为精神错乱，那么，精神错乱，认识错误，对于公认的具有犯罪性的行为具有正确性的信念，这种信念可能是由"上帝的声音呼唤我去杀掉那个女人作为献祭和赎罪"[78]所引发的，就不会被纳入考量。[79]

说我未能理解自己行为的犯罪性或违法性，实际上就是我对行为的犯罪性或违法性存在**认识错误**的另一种说法。换句话

---

[76] Id. at 169（"比单纯认知更宽泛的理解"）。

[77] See, e. g., People v. Schmidt, 216 N. Y. 324 (1915).

* 作者用"wrongfulness"表示违法性，是指法所否定的行为，是正当性（justification）的反面。构成犯罪的行为是符合犯罪定义的（the definition of the offense），非正当的（wrongful），且需要被谴责的（blameworthiness）的行为，基本与大陆法系的三阶层犯罪分析体系相对应。因此，符合犯罪定义或符合犯罪构成要件的行为往往具有违法性。——译者注

[78] Id. at 324.

[79] 命令性幻听也可以被视为阻碍行为人控制自己行为的意志能力，而不仅仅是行为人误认为其行为具有正当性（或至少不具有违法性）。在这种情况下，它们将不再是对正当化事由的一种疯狂的误解，而有关一种免责事由——上级命令，或者可能是胁迫。Cf. §§2.09（胁迫）& 2.10（军事命令）。

说，在我认为我根本没有犯罪时，我就犯了第一阶层的认识错误（关于犯罪性），或者，在我认为我实施的犯罪的客观行为可以正当化时，我就犯了第二阶层的认识错误（关于违法性）。实际上，精神错乱的免责事由——在认识因素的维度上——和不知法的免责事由是密切相关的。正如我们之前所见，根据《模范刑法典》，仅仅是不知法并不能成为免责事由，除非存在法律未能普及，或者人们合理依赖官方对法律的错误陈述的情况。[80] 然而，如果不知法是因为某种精神疾病或缺陷，一个人无法将法律应用到特定情境中，从而无法理解法律，那么，这种不知法就可以成为免责事由。[81] 此时，这种不知法的状态被称为精神错乱。

值得注意的是，再强调一遍，无论是无能力，还是精神疾病或缺陷本身，都不足以构成精神错乱。无法区分对与错——或无法阻止自己不做错事——可能是不幸的，但这并不是免责事由。同样地，或许更重要的是，精神疾病或缺陷可能作为否定犯罪的主观心态的证据，正如在第 4.02 条中所解释的，但它并不构成免责理由。精神错乱本身并非抗辩事由；真正构成抗辩事由的是由精神错乱导致的无责任能力（irresponsibility）。

然而，《模范刑法典》中精神错乱，与**麦克纳顿案**中精神错乱之间最大的差异，并不在于其认知层面，而在于其意志层面。麦克纳顿案中没有涉及意志层面——精神错乱的问题完全是关于认知（或知识）的。然而，在**麦克纳顿案**之后的几十年里，法院在其认知的检测中附加了"无法抗拒的冲动"这一补充内

---

[80] 参见前文第 15 章。
[81] 《模范刑法典》并未对精神疾病或缺陷进行定义，而是将这些术语"留空，以适应不断发展的医学理解"。Commentaries § 4.01, at 164.

容，从而将精神错乱的抗辩事由扩展到那些明知行为错误（或犯罪）的，却无法阻止自己去做的人。[82]

《模范刑法典》将"无法抗拒的冲动"这一补充内容提升为基于精神错乱的另一种免责事由。[83]在意志层面，行为人之所以不应因其公认的"不受欢迎的"[84]行为受到责难，是因为其行为由于精神疾病或缺陷而无法避免——换言之，是她的精神错乱迫使她这样做。而在认知层面，她的行为是无法避免的，因而也是可以原谅的，因为她的精神错乱一开始就没有意识到自己在从事犯罪的或不受欢迎行为——换句话说，她的精神错乱使她无法**不去做这件事**。

---

[82] See, e.g., Commonwealth v. Rogers, 7 Met. (Mass.) 500 (1844).

[83] 值得注意的是，《模范刑法典》严格地从法律角度阐述了意志层面的内容，指的是行为人无法使自己的行为符合"法律的要求"，而不是无法克制违法的行为（或更具体地说，是犯罪的行为）。

[84] Commentaries art. 3, introduction, at 3（重点系另行添加）。

结 论

结 论

本书的最后一部分重述并总结了本书以及《模范刑法典》的精髓，并引用《模范刑法典》中相关章节的引文，为刑事责任的分析提供了便捷的概览。这份概念性的流程图不仅对于依据《模范刑法典》分析虚拟的或真实的刑事案件具有指导意义，同时也能在解析普遍意义上的美国刑法时提供有力的分析工具——在美国这样一个拥有众多刑事司法管辖区的国家，关于"美国刑法"的解读同样是丰富且多样化的，这种普遍意义上的美国刑法学无疑是存在的。

以下是一份分析指南，旨在回答美国刑法教学和实践中的核心问题：**谁对什么负责**？刑事责任的基本问题被细分为三个子问题，这些问题与本书各章节内容以及《模范刑法典》总则（第一篇）的相关条款紧密相连。尽管在每个具体案件中，这三个问题都需得到详尽的回答，但并非每个案件在所有问题上都具备显而易见的答案。这份分析指南不会帮助你挑选出那些没有明显答案的问题，也不会告诉你如何回答这些问题（为此，你需要参考书中的讨论）。然而，它的作用在于降低你可能遗漏某些重要问题，或在"错误"的教义学框架中处理问题的风险——当然，除非你有充分的理由来支持你对其他教义学框架的选择。

第18章
刑事责任分析架构

一、犯罪性（criminality）（第1~2、5条）：该行为是否构成犯罪行为？

（一）被定义的罪行要素（构成要件要素）是什么？［第1.13（9）条］

1. 行为（conduct）［第1.13（5）条］

2. 附随情状（circumstances）

3. 结果（result）

4. （针对每一个要素）的罪责形式（mode of culpability）

——蓄意、明知、轻率、疏忽（第2.02条）

——无罪责要求（严格责任）（第2.05条）

——解释规则［第2.02（3）至（4）条、第2.05条］

（二）行为是否满足罪行的每一个要素？

1. 行为（conduct）

——作为（act）（第2.01条）

——有意性（voluntariness）（第2.01条）

——不作为（omission）（第2.01条）

——共同犯罪（complicity）（第2.06条）

2. 附随情状（circumstances）

—同意（consent）（第 2.11 条）

3. 结果（result）

—因果关系（causation）（第 2.03 条）

—条件关系（but‐for）/事实因果关系［第 2.03(1)(a) 条］

—相当性（proximate）/法律因果关系［第 2.03(1)(b) 至 (4) 条］

4. 罪责形式（mode of culpability）（针对每个构成要素）

—错误（mistake）［第 2.04(1) 条］

—醉酒（intoxication）（第 2.08 条）

—能力减弱（diminished capacity）［第 4.02(1) 条］

5. 未完成罪（inchoate crimes）（第 5 条）

—未遂（attempt）（第 5.01 条）

—教唆（solicitation）（第 5.02 条）

—共谋（conspiracy）（第 5.03 条）

二、违法性（正当事由）[illegality（justification）](第 3 条)：该犯罪的客观行为是否具有一般意义上的违法性？

（一）紧急避险［necessity（choice of evils）］（第 3.02 条）

（二）自卫（self-defense）（第 3.04 条）；为他人防卫（defense of another）（第 3.05 条）和财产防卫（defense of property）（第 3.06 条）

（三）法律执行（law enforcement）（第 3.07 条）

（四）公务职责（public duty）（第 3.03 条）

（五）特殊责任（special responsibility）（第 3.08 条）

（六）同意（consent）（第2.11条）

三、罪责性（免责事由）[guilt（excuse）]（第2、4条）：被告是否对其符合构成要件且违法的行为承担刑事责任？

（一）胁迫（duress）（第2.09条）

（二）军事命令（military orders）（第2.10条）

（三）诱捕（entrapment）（第2.13条）

（四）不知法（ignorance of law）（第2.04（3）条）

（五）挑衅与能力减弱（provocation and diminished capacity）[第210.3（1）（b）条]

（六）精神错乱与年幼（insanity and infancy）（第4.01条、第4.10条）

——非自愿醉酒（involuntary intoxication）[第2.08（4）条]

案例检索目录

(页码为本书边码)

Adams, People v., 94
Ayers v. State, 163

Backun v. United States, 92
Baker, People v., 53
Berkowitz, People v., 125
Booth v. State, 118
Bowens, State v., 145
Boyd, United States v., 189
Brawner, United States v., 201
Breakiron, State v., 196
Brim, People v., 177
Bryan v. United States, 84
BVerfGE (Fed. Const. Ct.) 33, 1 (Ger.), 13
Buzzanga, R. v., 47

Callanan v. United States, 112, 124
Calley, United States v., 181

Calvano, People v., 188

Cameron, State v., 58, 72

Campbell, People v., 123

Carr, People v., 7

Ceballos, People v., 163

Chicago, City of v. Morales, 37

Chisler v. State, 110

City of (see name of city)

Clark v. Arizona, 199

Coe, People v., 84

Commonwealth v. _____ (see opposing party)

Cornell, United States v., 72

Craig, People v., 150

Dlugash, People v., 113, 114, 118

Donahue, Commonwealth v., 154

Donton, Commonwealth v., 116

Dotterweich, United States v., 100, 136

Dudley & Stephens, Regina v., 150, 155, 184

Dugdale, Regina v., 34

Duffy, People v., 88

Durham v. United States, 201

Faulkner, Regina v., 53

Flayhart, People v., 96

George, State v., 176

Godwin, State v., 191

Goetz, People v., 145
Griffin, People v., 109
Gudz, People v., 74

Haines, Commonwealth v., 133
Hamilton, United States v., 108
Harmelin v. Michigan, 50
Haupt v. United States, 55
Henley, Commonwealth v., 118, 119
Hibbert, R. v., 92
Hoagland v. State, 142

In re (see name of party)

Jacobson v. United States, 181, 189
Jaffe, People v., 118
Jenson, State v., 131
Johnson v. State, 87
Jones, People v., 167

Kaczynski, United States v., 41
Kelly, State v., 154
Kemp, State v., 128
Kibbe, People v., 109
Koczwara, Commonwealth v., 100
Krulewitch v. United States, 130

Lambert v. California, 191
Lauria, People v., 93

Leidholm, State v., 154, 167

Leland v. Oregon, 142, 199

Liberta, People v., 174

Liparota v. United States, 83

Lopez, United States v., 99

Lovercamp, People v., 183

Lozier, State v., 47

Lubow, People v., 132

Lyerla, State v., 122

Maiorino v. Scully, 96

Manini, People v., 96

Marrero, People v., 172, 191, 192

Martin v. Ohio, 78, 143

McGee, People v., 91, 127

McMillan v. Pennsylvania, 143

M&H Used Auto Parts & Cars, Inc., People v., 47

Missrie, People v., 189

M'Naghten's Case, 201

Montana v. Egelhoff, 72

Montanez, State v., 99

Morissette v. United States, 47

Mosley, United States v., 189

Mullaney v. Wilbur, 143

M. W., United States v., 7

N. Y. Central & Hudson River R. R. Co. v. United States, 100

Papachristou v. City of Jacksonville, 37

Parker, State v., 128

Patterson v. New York, 78, 143, 194

Peacock, People v., 158

Pena, People v., 173

Penn Valley Resorts, Commonwealth v., 100

Peoni, United States v., 92

People v. _____ (see opposing party)

Perka, R. v., 182

Pestinikas, Commonwealth v., 31

Peterson, United States v., 168

Petrie v. Cartwright, 172

Petronio, People v., 162

Pinkerton v. United States, 90, 112, 128, 129

Powell v. Texas, 29, 71

Prince, Regina v., 75-76, 79-80

R. v. _____ (see opposing party)

Ratzlaf v. United States, 84

Reagan, People v., 62

Regina v. _____ (see opposing party)

Register, People v., 62, 92

Rementer, Commonwealth v., 109

Rex v. _____ (see opposing party)

Riley v. State, 94

Robinson v. California, 29

Rogers, Commonwealth v., 203

Rogers v. Tennessee, 108

Rowe v. United States, 165

Ryan, People v. , 116

Sandstrom v. Montana, 143

Schmidt, People v. , 202

Schwimmer, People v. , 125

Scofield, Rex v. , 112

Sette, State v. , 74

Sherman v. United States, 189

Skilling v. United States, 37

Stamp, People v. , 109

Standefer v. United States, 88, 96, 98

State v. _____ (see opposing party)

Stein, State v. , 91

Steinberg, People v. , 31, 32, 61

Steven S. , In re, 7

Stewart v. State, 134

Stoffer v. State, 166

Strong, People v. , 64

Studifin, People v. , 191

Tally, State v. , 90, 103

Tavares, Commonwealth v. , 87

Taylor, People v. , 98

Tennessee v. Garner, 171

The Cotton Planter, 191

Thompson, Commonwealth v., 93 Mass. 23 (1865), 49

Thompson, Commonwealth v., 88 Mass. 591 (1863), 49

Tippetts, State v., 29

Tolson, R. v., 43, 49

Toscano, State v., 186

United States v. _____ (see opposing party)

U. S. Gypsum Co., United States v., 7, 61

Warner-Lambert Co., People v., 100, 109

Washington, People v., 125

Weston v. State, 145, 159

Winship, In re, 77-78, 143

Wood v. State, 160

Zunie, United States v., 59

《模范刑法典》条款及相关法规检索目录

(页码为本书边码)

一、《模范刑法典》

法律条文	本书页码
1.01	2
1.02	9, 10, 12, 17, 21-23, 27, 36, 85, 92, 100, 139
1.03	17
1.04	18, 49
1.05	8, 18, 21, 31
1.06	17
1.07	17
1.09	40, 149
1.10	40, 149
1.12	17, 73, 78, 134, 142, 143

续表

法律条文	本书页码
1.13	18, 25, 28, 37, 39-41, 76, 99, 143-145, 149, 206
2.01	18, 28-31, 34-35, 46, 56, 185, 206
2.02	3, 18, 35-69, 106, 206
2.02（1）	39, 41, 57, 77-78
2.02（2）	51-66
2.02（2）(a)	53-54
2.02（2）(b)	55-56
2.02（2）(c)	56-63
2.02（2）(d)	63-66
2.02（3）	46-47, 206
2.02（4）	47, 206
2.02（5）	55
2.02（6）	40, 149
2.02（8）	84
2.02（9）	76, 192
2.03	56, 101-102, 105, 108-110, 206
2.04	18, 78-79, 81-82, 84, 90, 93, 143, 169, 191, 206-207
2.05	18, 21, 39, 48-49, 57, 77, 206
2.06	18, 85, 87, 89, 91-98, 125, 129-130, 133, 135, 184-185, 206

续表

法律条文	本书页码
2.07	78,99,143
2.08	18,69-70,72-73,149,206-207
2.09	18,87,149,180,182-188,196,202,207
2.10	18,149,181,202,207
2.11	18,40,69,149,156,174,176-177,206-207
2.12	18,40,136-137,149,151,190
2.13	78,143,188-190,207
3.01	142,146
3.02	6,18,40,144,146-151,153-154,175,180,206
3.03	18,144,169-170,207
3.04	18,144,149,152,158-159,162,165-170,187,207
3.05	18,159,163,207
3.06	6,18,144,149,154,160,162-163,207
3.07	18,144,149,158,168-173,207
3.08	18,169,175,207
3.09	151,154,158,169-170
3.10	149,153
3.11	76,156-157,163-164,167,174
4.01	19,105,149,157,197-203,207
4.02	196,200,203,206

续表

法律条文	本书页码
4.03	199, 201
4.08	200
4.10	19, 157, 169, 199, 207
5.01	19, 38, 99, 112, 114-116, 118-121, 123, 133-135, 149, 206
5.02	19, 90, 112, 131-133, 135, 206
5.03	19, 95, 124-128, 130, 133, 135, 206
3.09	151, 154, 158, 169-170
3.10	149, 153
3.11	76, 156-157, 163-164, 167, 174
4.01	19, 105, 149, 157, 197-203, 207
4.02	196, 200, 203, 206
4.03	199, 201
4.08	200
4.10	19, 157, 169, 199, 207
5.01	19, 38, 99, 112, 114-116, 118-121, 123, 133-135, 149, 206
5.02	19, 90, 112, 131-133, 135, 206
5.03	19, 95, 124-128, 130, 133, 135, 206
5.04	112
5.05	81, 112, 119, 130, 132
5.06	19, 34, 47, 116-117, 131
5.07	19, 34, 78, 116-117, 134, 143

续表

法律条文	本书页码
7.08	14
210.1	31, 52, 55, 101
210.2	57, 62, 91
210.3	6, 19, 57, 194, 197, 207
210.4	63
210.5	52, 85, 88, 111, 178
210.6	14, 105
211.1	62-63, 107, 111, 138, 164, 169
211.2	122
212.1	76, 169, 178
212.3	169
212.5	185
213.1	77
213.6	77, 143
220.1	11, 114
220.3	63, 153, 178
223.1	19, 176
223.3	31, 178
223.9	174
224.3	76
224.7	111
224.8	111
224.9	111

续表

法律条文	本书页码
230.3	20
240.1	111, 113
240.3	111
240.5	111
240.6	111
240.7	111
241.6	111, 178
242.2	158
250.11	174
250.12	174, 178
251.2	111
251.3	111
251.4	111
303.1	14
303.2	15
303.3	15
303.4	15
303.5	15
303.6	15
303.7	15
303.8	15
303.9	15
303.10	15

二、联邦法律

法律条文	本书页码
《美国法典》第 18 篇（18 U.S.C.）	16
《美国法典》第 18 篇第 81 条	7
《美国法典》第 18 篇第 844 条	41
《美国法典》第 18 篇第 922 条	41
《美国法典》第 18 篇第 1716 条	41
《美国法典》第 26 篇第 7201 条	31
《新联邦刑法典草案》第 10 章（Prop. New Fed. Crim. Code ch. 10）	111

三、纽约州法律

法律条文	本书页码
《纽约州家庭法院法》（Family Court Act）第 1012（f）（i）（A）条	32
《纽约州刑法典》(Penal Law) 第 15.00 条	35, 50
《纽约州刑法典》第 15.05 条	52, 53, 54, 64
《纽约州刑法典》第 15.15 条	50
《纽约州刑法典》第 15.20 条	82
《纽约州刑法典》第 25.00 条	142
《纽约州刑法典》第 35.05 条	147, 150, 151
《纽约州刑法典》第 35.20 条	163
《纽约州刑法典》第 35.25 条	163

续表

法律条文	本书页码
《纽约州刑法典》第35.30条	173
《纽约州刑法典》第70.15条	49
《纽约州刑法典》第115.00条	93,110
《纽约州刑法典》第120.00条	63
《纽约州刑法典》第120.03条	63
《纽约州刑法典》第125.05条	20
《纽约州刑法典》第125.10条	63
《纽约州刑法典》第125.12条	63
《纽约州刑法典》第125.40-.60条	20
《纽约州刑法典》第145.00条	153
《纽约州刑法典》第255.17条	45,49
《纽约州刑法典》G编（Penal Law tit. G）	110
《车辆和交通法》（Veh. & Traf. Law）第1192（3）条	37

四、其他州法律

法律条文	本书页码
《路易斯安那州刑法典》（Louisiana Crim. Code）第10~12条	58
《马里兰州刑法典》（Maryland Md. Crim. Code）第463条	174
《蒙大拿州注释法典》（Montana Code Ann.）第45-2-203条	72

续表

法律条文	本书页码
《新泽西州刑事司法法典》（New Jersey Code Crim. Just.）第2~9条	186
《德克萨斯州刑法典》（Texas Penal Code）第15章	110
《北达科他州刑法典》（North Dakota Crim. Code）第12.1-05-07条	186

五、《侵权法第二次重述》

法律条文	本书页码
第2条	29-30
第9条	102
第22条	114
第65条	158
第67条	158
第76条	160
第261条	153
第431（a）条	103
第435条	104

六、德国刑事法律

法律条文	本书页码
《德国刑法典》（StGB）第 20 条	73
《德国刑法典》第 21 条	73
《德国刑法典》第 23 条	111
《德国刑法典》第 32 条	183
《德国刑法典》第 323a 条	73
《德国刑法典》第 34 条	148，183
《德国刑法典》第 35 条	183
《德国刑事诉讼法》（StPo）第 153 条	136
《德国监狱法》（StVollzG）第 2 条	13

索 引

(页码为本书边码)

- ACT，行为
  - Act requirement. Criminal Conduct, this index，行为要件，犯罪行为，本索引
  - Defined，定义 28-29
  - Voluntary，自愿性 29-30
- ACCESSORIES，从犯
  - Complicity, this index，共同犯罪，本索引
- ACCOMPLICE LIABILITY，共犯责任
  - Complicity, this index，共同犯罪，本索引
- ACTUS REUS，犯罪客观样态
  - Criminal Conduct, this index，犯罪行为，本索引
- AGE，年龄
  - Mistake as to, generally，对年龄的认识错误，一般情况 74-81, 83
- AGREEMENT，合意
  - Criminal conduct, agreement as core of conspiracy，犯罪行为，共谋的核心"合意"，124-125
- AIDING ANOTHER'S CONDUCT，帮助他人的行为
  - Complicity，共同犯罪，88-99
- AMBIGUOUS MENTAL STATE REQUIREMENTS，模糊的心理状态要求
  - Rules of interpretation，解释规则 45-51
- AMERICAN LAW INSTITUTE (ALI)，美国法律协会
  - Model Penal Code,《模范刑法典》7-10, 188
  - Revisions to the Model Penal Code, ix-x,《模范刑法典》第六至十修正案 1n, 10n, 13n, 14n, 17n, 174n
- ANALYSIS OF CRIMINAL LIABILITY，刑事责任分析架构

索 引

○Model Penal Code, 《模范刑法典》 5, 17, 23-25, 205, 206-207

- ANTICIPATORY OFFENSES, 预期犯罪
  ○Inchoate Offenses, this index, 未完成罪, 本索引
- ARREST, 逮捕
  ○Justification, this index, 正当事由, 本索引
- ATTEMPT, 未遂
  ○Impossibility, 不能犯 118-119
  ○Inchoate offenses, 未完成罪 112-123
- ATTENDANT CIRCUMSTANCE ELEMENT, 附随情状要件
  ○Criminal Conduct, this index, 犯罪行为, 本索引
- ATTITUDINAL AXIS OF MENSREA, 犯罪心态的轴心
  ○Criminal conduct, 犯罪行为 59, 61-67
- AWARENESS, 认识
  ○Knowledge, this index, 明知, 本索引
- BLUEPRINT FOR MODEL PENAL CODE, 《模范刑法典》蓝图
  ○Wechsler, 韦克斯勒 8
- CAPITAL PUNISHMENT, 死刑
  ○Death Penalty, this index, 死刑, 本索引
- CAUSATION, 因果关系
  ○Criminal Conduct, this index, 犯罪行为, 本索引
- CHARTS, 图表
  ○Criminal Conduct, this index, 犯罪行为, 本索引
  ○Analysis of criminal liability, 刑事责任分析 206-207
- CHILDREN, 儿童
  ○Excuse, this index, 免责事由, 本索引
- COMMON LAW, 普通法
  ○Criminal Conduct, this index, 犯罪行为, 本索引
  ○Model Penal Code,《模范刑法典》25
- COMPLICITY, 共同犯罪
  ○Criminal Conduct, this index, 犯罪行为, 本索引
- CONDUCT 行为
  ○Criminal Conduct, this index, 犯罪行为, 本索引
- CONSENT 同意
  ○De minimis, 情节显著轻微 137-138
  ○Justification, 正当事由 137, 173-178
  ○Level one defense, 第一阶层的抗辩事由 69, 173-174, 177-178
  ○Unlawful force, 非法武力 155-156
- CONSPIRACY, 共谋
  ○Inchoate offenses, 未完成罪 123-131
- CONSTITUTIONAL LIMITS ON CRIMINAL LAW, 刑法的宪法限制
  ○Act requirement, 行为要件 29

○ Burden of proof，举证责任 77-78，194，199

○ Vagueness, prohibition on，禁止模糊性 37

● CONTRIBUTING CAUSE，促成原因

○ Criminal conduct，犯罪行为 90，97，103-104

● CORPORATIONS，法人

○ Liability for another's conduct，对他人行为的责任 99-100

● CORRECTIONAL CODE，《矫正法典》

○ Generally，一般情况 13-15

● CRIMINAL CONDUCT，犯罪行为

○ Abetting another's conduct, liability for，对他人行为的教唆责任 88-99

○ Act defined，行为定义 28-29

○ Actus reus，犯罪客观行为

■ Act defined，行为定义 28-29

■ Act requirement，行为要件

● Generally，一般情况 28-29，35

● Constitutionalization，宪法化 29

● Omission，不作为 30，33

● Possession，持有 33-35

● Status，身份 34-35

■ Common law duties，普通法义务 32

■ Complicity，共同犯罪 88-99

■ Conspiracy，共谋 85，90-91，123-131，135

■ Duties 义务

● Generally，一般情况 30-33

● Parental duties，父母义务 32-33

■ Indirect omission，间接不作为 30-33

■ Nonacts，非行为 33

■ Omission，不作为 30，33

■ Possession，持有 33-35

■ Voluntariness，自愿性 29-30

○ Age, mistake as to, generally，年龄，关于年龄的错误认知，一般情况 74-81，83

○ Agreement as core of conspiracy，作为共谋的核心"合意"124-125

○ Aiding another's conduct, liability for，帮助他人行为，责任归属 88-89

○ Ambiguous mental state requirements，模糊的心理状态要件 45-46

○ Another's conduct, liability for，他人行为，责任归属

■ Actus reus of complicity，共同犯罪的行为要件 88-92

■ Aiding and abetting，教唆和帮助 88-89

■ Complicity, generally，共同犯罪，一般情况 88-99

■ Conspiracy as implying complicity，共同犯罪中的共谋 90-91，129

■ Corporations，法人 99-100

■ Entrapment，诱捕 87

■ Ignorance of law，不知法 87

■ Imputation，归责 85，86，93，94，

98, 99-100, 129

■Instruments, 工具 86-87

■Jury verdicts, inconsistency of, 陪审团裁决的不一致性 98-99

■Knowledge, 明知 92-93

■Means to an end, 为达目的的手段 86

■Mens rea of complicity, 共同犯罪的犯罪心态 92-96

■Purpose, 蓄意 92-96

■Result element, 结果要素 94-95

■Termination of complicity, 共同犯罪的终止 97-98

○Attempt, generally, 未遂, 一般情况 112-123

○Attendant circumstance element, 附随情状要素 27, 36-38

○Attitudinal axis of mens rea, 犯罪心态的态度轴 59, 61-67

○Burden of proof. Presumptions and burden of proof, below, 证明责任, 推定与证明责任, 见下文

○CAR elements, generally, 犯罪客观构成要件, 一般情况 36-38

○Causation, 因果关系

　■Attempt, causation distinguished from, 未遂, 与因果关系的区别 113-114

　■But-for test, "没有前者就没有后者"测试 102-104

　■Complicity, 共同犯罪 90

■Contributing cause, 促成原因 90, 97, 103-104

■Factual cause, generally, 事实因果关系, 一般情况 102-104

■Foreseeability, 可预见性 108-109

■Intervening cause, 介入原因 104, 108, 113

■Knowledge test for causation, 因果关系的明知测试 106

■Legal cause, generally, 法律因果关系, 一般情况 102

■Modes of culpability, 责任模式 106

■Negligence test for causation, 因果关系的疏忽测试 106

■Proximate cause, 相当因果关系 102

■Purpose test for causation, 因果关系的蓄意测试 106

■Recklessness test for causation, 因果关系的轻率测试 106

■Result offenses, 结果犯 101

■Strict liability test for causation, 因果关系的严格责任测试 106, 109-110

■Tests for causation, 因果关系的测试 106

○Charts. Mens rea and offense elements, below, 图表。犯罪心态与罪行要素, 见下文

○Common law, 普通法

　■Actus reus, 犯罪客观行为 24, 32

　■Causation, 因果关系 104, 108

· 283 ·

- Complicity, 共同犯罪 88-91, 96n
- Conspiracy, 共谋 90-91, 124, 125, 131
- Defense of others, 为他人防卫 160
- Inchoate offenses 未完成罪 112, 115, 122, 124, 125, 131
- Infancy, 年幼 198-199
- Intoxication, 醉酒 58, 71
- Liability scheme, 责任制度 24-25
- Mens rea 犯罪的主观心态 39, 43-45, 47, 53n, 58-59, 63, 68, 71-72, 75
- Mistake, 认识错误 82-83
  ○ Complicity, 共同犯罪
    - Another's conduct, liability for, above, 对他人行为的责任, 见上文
    - Conspiracy distinguished from 85, 90-91, 129-130
    - Pinkerton rule, 平克顿规则 90-92, 128-130
  ○ Conduct element, generally, 行为要素, 一般情况 36-37
  ○ Conspiracy. Inchoate offenses, below, 共谋。未完成罪, 见下文
  ○ Contributing cause, 促成原因 90, 97, 103-104
  ○ Corporations, 法人 99-100
  ○ Culpability, modes of. Mens rea and offense elements, below, 责任, 犯罪心态与罪要素, 见下文

○ Dangerousness, generally, 危险性, 一般情况 34, 41n, 60, 63, 72, 90, 98, 114-117, 119-120, 122-123, 123-131, 131-133, 134-135
○ De minimis infractions, 轻微违法行为 136-138
○ Default rule (mens rea), 推定规则（犯罪的主观心态）46-47, 50n
○ Element types, 要素类型 36-38
○ Entrapment, 诱捕 87
○ Facial liability, generally, 表面责任, 一般情况 36-38
○ Fact and law mistakes, distinction between, 事实错误与法律错误的区别 82-84
○ Factual cause, generally, 事实因果关系, 一般情况 82-84
○ Ignorance of law, 不知法 87
○ Imputation, 归责 85, 86, 93, 94, 98, 99-100, 104, 129
○ Inchoate offenses, 未完成罪
  - Abandonment. Renunciation, below, 放弃。中止, 见下文
  - Actus reus of conspiracy, 共谋的行为要素 124-126
  - Agreement as core of conspiracy, 共谋的核心"合意" 124-125
  - Attempt, generally, 未遂, 一般情况 112-123
  - Causation distinguished from atte-

- mpt, 与未遂因果关系的区别 113-114
- Complicity distinguished from conspiracy, 共同犯罪与共谋的区别 85, 90-91, 129-130
- Conspiracy, 共谋
  - Pinkerton rule, 平克顿规则 90-92, 128-130
  - Dangerousness, generally, 危险性, 一般情况 114-117, 119-120, 122-135
  - Facilitation, 协助 89-90, 92-93
  - Impossibility, 不能犯 118-119
  - Mens rea of conspiracy, 共谋的主观心态 126-127
  - Overtact required for conspiracy, 共谋要求的表征行为 125-126
  - Preparation distinguished from attempt, 预备与未遂的区别 115-116
  - Renunciation, 中止 133-135
  - Solicitation, 教唆 131-133
  - Substantial step, 实质性步骤 114-116
  - Treatmentism, generally, 治疗主义, 一般情况 112, 116, 131, 132
- Indirect omission liability, 间接不作为责任 30-33
- Individual or public interests, generally, 个人或公共利益, 一般情况 138-139
- Instruments, liability for another's conduct, 工具（间接正犯），对他人行为的责任 86-87
- Intent v modes of culpability, 故意与归责模式 58-65
- Intent, general and specific, 故意, 一般与特定 57-59, 71-72
- Interpretation, rules of, 解释规则 45-51
- Intoxication, 醉酒
  - Excuse, intoxication as, 免责事由, 醉酒作为免责理由 73-74
  - Intent, general and specific, 故意, 一般与特定 57-59, 71-72
  - Involuntary intoxication, 非自愿醉酒 73-74
  - Knowledge orpurpose, 明知或蓄意 70, 71n, 72-73
  - Negligence, 疏忽 70-71, 72n
  - Pathological intoxication, 病理性醉酒 73, 74
  - Recklessness, 轻率 70-73
  - Self-induced intoxication, 自陷醉酒 70-73, 74
- Involuntary intoxication, 非自愿醉酒 73-74
- Knowledge, 明知
  - Another's conduct, liability for, 他人的行为, 对其的责任 92-93
  - Causation, knowledge test for, 因果关系, 明知的测试 106
  - Intoxication, 醉酒 70, 71n, 72-73

· 285 ·

■Mens rea，犯罪的主观心态 55-56

○Law and fact mistakes, distinction between，法律错误与事实错误的区分 82-84

○Legal or proximate cause, generally，法律因果关系或相当关系，一般情况 102

○Matching conduct to offense definition，罪行定义该当性 66-69

○Mens rea and offense elements，犯罪的主观心态与罪行要素

■Absence means absence (strict liability, for violations)，Rule 3 of interpretation，缺省即缺省（对于违规行为的严格责任），解释规则三，48-50

■Absence means presence I (default)，Rule 1 of interpretation，缺省即存在 I（默认情况），解释规则一，46-47

■Absence means presence II (one-for-all)，Rule 2 of interpretation，缺省即存在 II（一刀切），解释规则二，47-48

■Absicht，蓄意 61n

■Absolute liability. Strict liability, below，绝对责任。严格责任，见下文

■Acceptance，接受 61-63

■Actio libera incausa，原因自由行为 72n

■Ambiguous mental state requirements，模糊的主观心态要件 45-46

■Another's conduct, liability for，他人的行为，对其的责任 92-96

■Attendant circumstance element, generally，附随情状要素，一般情况 27，36-38

■Attitudinal axis，态度轴 59，61-67

■CAR elements, generally，犯罪的客观要素，一般情形 36-38

■Charts 图表

• Modes of culpability by offense element (Model Penal Code)，罪行要素的责任模式（模范刑法典）52

• Modes of culpability (including strict liability)，责任模式（包括严格责任）67

• Modes of culpability，罪责模式 65

• Modes of culpability (MPC) v intent (common law)，罪责模式（模范刑法典）与故意（普通法）的比较 58

• Modes of culpability (New York Penal Law)，责任模式（纽约州刑法典）54

• Rules of interpretation (ambiguous mental state requirements)，解释规则（模糊的心理状态要件）45-51

■Conduct element, generally，行为要素，一般情况 36-37

■Conspiracy, mens rea of，共谋，犯

罪的主观心态 126-127
- Culpability, modes of, 责任模式
  - attitudinal axis, 态度轴 59, 61-67
  - Causation, 因果关系 105-106
  - Charts, above 图表, 见上文
  - Intent v modes of culpability 故意与责任模式 58-65
  - Knowledge 明知 55-56
  - Model Penal Code, generally, 《模范刑法典》, 一般情况 51-53
  - Negligence, 疏忽 63-64
  - New York Penal Law, 《纽约州刑法典》53-55, 61, 63, 64, 84
  - Probabilistic axis, 概率轴 59-61
  - Purpose, 蓄意 53-54
  - Recklessness, 轻率 56-63
  - Strict liability, 严格责任 65-66
  - Varieties, generally, 种类, 一般情况 41
- Default rule (mens rea), 默认规则（犯罪的主观心态）46-47, 50n
- Element types, 要素类型 36-38
- Facial liability, generally, 表面责任, 一般情况 36-38
- Intent v modes ofculpability, 故意与责任模式 58-65
- Interpretation, rules of, 解释规则 45-51
- Knowledge, 明知 55-56
- Matching conduct to offense, 罪行要素该当性 66-69
- Mistake, 认识错误 74-84
- Model Penal Code modes, 《模范刑法典》模式 51-53
- Modes of culpability. Culpability, modes of, above, 责任模式。责任的模式, 见上文
- Negligence, 疏忽 63-64
- New York Penal Law, 《纽约州刑法典》53-54
- One-for-all rule, 一刀切规则 47-48, 51
- Prima facie liability, generally, 初步责任, 一般情况 35-36
- Recklessness default rule, 轻率默认规则 46-47, 50n
- Result element, generally, 结果要素, 一般情况 38
- Rules of interpretation, 解释规则 45-51
- Strict liability, 严格责任 41-42, 48-50, 65-66
- Types of elements, 要素类型 36-38
  - Mistake, 认识错误
- Age, mistake as to, generally, 年龄, 对年龄的错误认识, 一般情况 74-81, 83
- Aggravating factor, mistake as, 加重情节, 对加重情节的认识错误 81-82

- Burden of proof,证明责任 77-78
- Excuse, mistake as, generally,免责事由,因认识错误而免责,一般情况 70
- Fact and law mistakes, distinction between,事实错误与法律错误的区别 82-84
- Level one defense, generally,第一阶层的抗辩事由,一般情况 74-75
- Mens rea requirement,犯罪的主观心态要件 76-77
- Mitigating factor, mistake as 减轻情节,对减轻情节的认识错误 81-82
- Reasonableness,合理性 76-77
- Recklessness,轻率 75-77,79
- Scienter requirement,故意的要件 75-76
- Strict liability,严格责任 76-77

○ Model Penal Code modes of culpability, generally,《模范刑法典》的责任模式,一般情况 51-53

○ Modes of culpability. Mens rea and offense elements, above,责任模式。犯罪的主观心态与罪行要素,见上文

○ Negligence,疏忽
- Causation, test for,因果关系测试 106
- Intoxication,醉酒 70-71,72n
- Mens rea,犯罪的主观心态 63-64

○ Nonacts, generally,非行为,一般情况 33

○ New York Penal Law, mens rea and offense elements,《纽约州刑法典》,犯罪的主观心态和罪行要素 53-54

○ Omission,不作为 30-33

○ One-for-all rule(mens rea),一刀切规则(犯罪的主观心态)47-48,51

○ Overt act required for conspiracy,共谋所要求的表征行为 125-126

○ Pathological intoxication,病理性醉酒 73,74

○ Possession, actus reus,持有,犯罪的客观行为 33-35,116-117

○ Preparation distinguished from attempt,预备与未遂的区别 115-116

○ Presumptions and burden of proof,推定与举证责任
- Affirmative defenses,积极抗辩事由 73n,78,84,133n,134n,142,143n,194n,199
- Entrapment,诱捕 181n
- Insanity,精神错乱 199
- Mistake, burden of proof of,认识错误,举证责任 77-78
- Possession,持有 117
- Provocation,挑衅 194n
- Varieties, generally,种类,一般情况 142-143

○ Prima facie liability, generally,表面责任,一般情况 35-36

○Purpose，蓄意
　■Causation, test for，因果关系，测试方法 106
　■Mens rea，犯罪的主观心态 53-54
○Reasonableness of mistake，认识错误的合理性 76-77
○Recklessness，轻率
　■Causation, test for，因果关系，测试方法 106
　■Default rule and offense element，默认规则和罪行要素 46-47
　■Intoxication，醉酒 70-73
　■Mens rea，犯罪的主观心态 56-63
　■Mistake，认识错误 75-77, 79
○Renunciation, inchoate offenses，中止，未完成罪 133-135
○Result element，结果要素
　■Complicity，共同犯罪 94-95
　■Causation，因果关系 101
　■Mens rea and offense elements，犯罪的主观心态和罪行要素 36-38
○Rules of interpretation, mens rea，解释规则，犯罪的主观心态 45-51
○Scienter. Knowledge, above，故意。明知，见上文
○Self-induced intoxication，自陷醉酒 70-73, 74
○Solicitation, inchoate offenses，教唆，未完成罪 131-133
○Strict liability，严格责任

　■Causation, test for，因果关系，测试 106, 109-110
　■Mens rea，犯罪的主观心态 48-50, 65-66
　■Mistake，认识错误 76-77
○Substantial harm，实质性损害
　■De minimis infractions，轻微违法行为 136-138
　■Individual or public interests, generally，个人利益或公共利益，一般情况 138-139
○Termination of complicity，共犯关系的终止 97-98
○Third persons. Another's conduct, liability for, above，第三人。对他人的行为的责任，见上文
○Treatmentism, generally，治疗主义，一般情况 112, 116, 131-132
○Voluntariness，自愿性 29-30
● CULPABILITY，责任
○Criminal Conduct, this index，犯罪行为，本索引

● DANGEROUSNESS，危险性
○Attempt，未遂 114-117, 119-120, 122-123
○Complicity，共同犯罪 90, 98
○Conspiracy，共谋 123-131
○Intoxication，醉酒 72
○Possession，持有 34, 116-117
○Renunciation，中止 134-135

○Solicitation，教唆 131-133

○Treatmentism，治疗主义 10-12

- DE MINIMIS INFRACTIONS，轻微违法行为

  ○Criminal conduct，犯罪行为 136-138

- DEATH FORCE，致命武力

  ○Duress，胁迫 186

  ○Justification，this index，正当事由，本索引

- DEATH PENALTY，死刑

  ○Model Penal Code，《模范刑法典》14n

- DEFAULT RULE（MENS REA），默认规则（犯罪的主观心态）

  ○Rules ofinterpretation，解释规则 46-47

- DEFENSES，抗辩事由

  ○Affirmative，积极抗辩事由 73，78，84，133，141-144

  ○Excuse and justification，免责事由与正当事由 141-146

  ○Level one，第一阶层 69，74-75，79，83-84，173-174，181n，191，196-197

  ○Level three（excuse），第三阶层（免责事由）70，73，78n，83-84，173，177，197

  ○Level two（justification），第二阶层（正当事由）141-178

- DEFINITIONS，定义

  ○Crimes and criminals，犯罪与罪犯 21-23

  ○Unlawful force，违法武力 156-156

- DIMINISHED CAPACITY，减轻刑事责任能力

  ○Extreme mental disturbance，极度精神干扰 193-197

  ○Insanity，精神错乱 194-196

  ○Intoxication，醉酒 73

- DISCRETION，自由裁量权

  ○Guiding discretion of process participants，过程参与者的指导自由裁量权 8-9，38，60n，89，91-92，104，136，168

- DURESS，胁迫

  ○免责事由 180，182-188

- ELEMENTS，要素

  ○犯罪行为，本索引

- EMERGENCY，紧急情况

  ○Necessity，紧急避险 147

- EMOTIONAL DISTURBANCE，情绪干扰

  ○Provocation，挑衅 193-197

- ENTRAPMENT，诱捕

  ○By estoppel，禁止反言 191

  ○Excuse，免责事由 188-190

- ESTOPPEL，禁止反言

  ○Entrapment by，诱捕中的禁止反言 191

- EXCUSE，免责事由

  ○Children. Infancy，below，儿童。年幼，见下文

○Diminished capacity, 减轻刑事责任能力 192, 196-197

○Duress, generally, 胁迫, 一般情况 182-188

○Emotional disturbance, 情绪干扰 193-197

○Entrapment, 诱捕 188-190

○Estoppel, entrapment by, 诱捕, 禁止反言 191

○Executive estoppel, 行政禁止反言 191

○Extreme mental or emotional disturbance, 极度精神或情绪干扰 193-197

○Ignorance of law, 不知法 84, 87, 191-192

○Infancy, 年幼 198-199

○Insanity, 精神错乱

　■Cognitive incapacity, 认知无能 201, 203-204

　■Common law, 普通法 201-203

　■Durham test, 达勒姆测试 201n

　■Irresistible impulse, 不可抗拒的冲动 203-204

　■M'Naghten rule, 麦克纳顿规则 201-203

　■Presumption of sanity, 精神健全推定 198-199

　■Treatmentism, 治疗主义 199

○Mistake of law, entrapment as attempt to induce, 法律错误, 试图引诱的诱捕 188

○Model Penal Code, generally,《模范刑法典》, 一般情况 179-182

○Provocation, 挑衅 193-197

• EXECUTIVE ESTOPPEl, 行政禁止反言

　○Ignorance of law, 不知法 191

• FACIAL LIABILITY, 表面责任

　○Criminal conduct, 犯罪行为 36-38

• FACILITATION, 协助

　○Complicity, 共同犯罪 89-90, 92-93

• FAILURE-OF-PROOF DEFENSE, 举证不能的抗辩事由

　○Level One Defense, this index, 第一阶层的抗辩, 本索引

• FEDERAL CRIMINAL LAW, 联邦刑法

　○Efforts to recodify, 重新编纂的努力 6, 16

• FRAUD, 欺诈

　○In the factum and in the inducement, 在事实上和在诱因上 177-178

• GENERAL PART, 总论

　○Criminal law, 刑法 1, 20, 27, 164

　○Model Penal Code,《模范刑法典》1n, 12-13, 17-19, 68, 144, 193, 205

• HOMICIDE, 杀人罪

　○Attempt, 未遂 121-122

　○Causation, 因果关系 101

○Complicity, 共同犯罪 94-95

○Duress, 胁迫 87, 186

○Felony murder, 重罪谋杀 57n, 91, 109

○Manslaughter, 误杀罪, 31, 57, 60, 68, 71, 95, 106, 126, 145, 150

○Murder, 谋杀 31, 43, 55, 57, 57n, 60, 68, 71-72, 87, 91n, 95, 106, 107, 113, 193

○Necessity defense, 紧急避险 155

○Negligent homicide, 疏忽杀人 63, 106, 121, 145, 150

○Omission liability, 不作为责任 31

○Self-defense, 自卫 164

○Voluntary manslaughter, 自愿性误杀 193-197

● HOUSE OR WORK EXCEPTION, 住所或工作场所例外

○Self-defense, 自卫 167

● IGNORANCE OF LAW, 不知法

○Excuse, 免责事由 84, 87, 191-192

● IMMEDIACY OF THREAT, 威胁的紧迫性

○Duress, 胁迫 186

○Self-defense, 自卫 158-159

● INCHOATE OFFENSES, 未完成罪

○Criminal Conduct, this index, 犯罪行为, 本索引

○Model Penal Code, 《模范刑法典》19

● INDIRECT OMISSION, 间接不作为

○Actus reus, 犯罪的客观行为 30-33

● INDIVIDUAL OR PUBLIC INTERESTS, 个人或公共利益

○Criminal conduct, 犯罪行为 138-139

● INFANCY, 年幼

○Excuse, this index, 免责事由, 本索引

● INITIAL AGGRESSOR, 最初挑衅者

○Self-defense, 自卫 165-166

● INSANITY, 精神错乱

○Excuse, this index, 免责事由, 本索引

● INTENT, 故意

○Criminal Conduct, this index, 犯罪行为, 本索引

● INTERPRETATION, RULES OF, 解释规则

○Mens rea, 犯罪的主观心态 45-51

● INTOXICATION, 醉酒

○Criminal Conduct, this index, 犯罪行为, 本索引

● INVOLUNTARY INTOXICATION, 非自愿醉酒

○Criminal conduct, 犯罪行为 73-74

● JUSTIFICATION, 正当事由

○Arrest, 逮捕

■Justification for, 正当事由 168-173

■Self-defense, unlawfulness of arrest, 自卫, 逮捕中的非法武力 158

○Belief, self-defense anddefense of oth-

ers, generally, 相信, 自卫与保护他人, 一般情况 153-154
- Claim of right, 权利主张 149, 162
- Consent, generally, 同意, 一般情况 173-178
- Deadly force, 致命武力
  - Arrest, 逮捕 167-168, 170-173
  - Escalation of force by initial victim, 初始受害者的武力升级 165-166
  - Forfeiture rule, 没收规则 165-166
  - House or work exception, 住所或工作场所例外 167
  - Initial aggressor rule, 最初挑衅者规则 165-166
  - Property, defense of, 财产防卫 160-163
  - Proportionality requirement, 比例性原则 164
  - Provocation, 挑衅 164-165
  - Resistance to arrest, 抗拒逮捕 167-168
  - Retreat requirement, 撤退要求 165-168
  - Self-defense and defense of others, 自卫与为他人防卫 152
- Defenses in general, 一般辩护事由 141-146
- Definition of unlawful force, 非法武力的定义 155-156
- Emergency situations, 紧急情况 147
- Escalation of force by initial victim, 初始受害者的武力升级 165-166
- Fear of future harm, 对未来伤害的恐惧 159
- Force, 武力
  - Deadly force, above, 致命武力, 见上文
  - Self-defense and defense of others, 自卫与保护他人 153
- Forfeiture rule, 没收规则 165-166
- Fraud, consent obtained by, 欺诈, 通过欺诈获得的同意 177-178
- House or work exception to deadly force, 住所或工作场所对致命武力的例外 167
- Immediacy, self-defense and defense of others, 紧迫性, 自卫与为他人防卫 158-159
- Law enforcement, generally, 执法, 一般情况 168-173
- Mens rea, attacker's, 攻击者的犯罪主观心态 157
- Mistake, 认识错误 144-145, 151, 153-154
- Necessity, 必要性
  - Self-defense and defense of others, 自卫与保护他人 152, 154-155
- Negligence, 过失 151
- Privilege to use force, 使用武力的特权 155-157, 175n

· 293 ·

○Property, defense of, generally, 财产防卫, 一般情况 160-163

○Proportionality requirement, 比例性原则 164

○Protection, self-defense and defense of others, 保护, 自卫与为他人防卫 158-159

○Provocation, use of deadly force after, 挑衅, 挑衅后的致命武力使用 164-165

○Reasonable belief, 合理信念 145

○Recklessness, 轻率 202

○Resistance to arrest, 抗拒逮捕 167-168

○Retaliation for past harm, 对过去伤害的报复 159

○Retreat requirement, 撤退要求 165-168

○Self-defense and defense of others, 自卫与保护他人

■Arrest, unlawfulness of, 逮捕的非法性 158

■Battered woman syndrome, 受虐妇女综合征 154n

■Belief, 相信 153-154

■Deadly force, 致命武力 152

■Definition of unlawful force, 非法武力的定义 155-156

■Fear of future harm, 对未来伤害的恐惧 159

■Force, use of, generally, 武力的使用, 一般 153

■Immediacy, 紧迫性 158-159

■Imperfect, 不完全自卫 145n

■Mens rea, attacker's, 攻击者的犯罪主观心态 157

■Mistake, 认识错误 153-154

■Necessity, generally, 必要性, 一般情况 152, 154-155

■Privilege to use force, 使用武力的特权 156-157

■Proportionality, 比例性原则 152, 155

■Protection, 保护 158-159

■Retaliation for past harm, 对过去伤害的报复 159

■Retreat requirement, 撤退要求 165-168

■Tortious force, self-defense against, 侵权性武力, 自卫对抗 155-156

■Unlawful force, 非法武力 154, 155-158

■Unlawfulness, generally, 非法性, 一般情况 155-158

○Tortious force, self-defense against, 侵权性武力, 自卫对抗 155-156

○Treatmentism, 治疗主义 148-149

○Unlawfulness, generally, 非法性, 一般情况 155-158

● KNOWLEDGE, 明知

○Criminal Conduct, this index, 犯罪行

为，本索引

- LAW AND FACT MISTAKES, 法律与事实错误
  - Ignorance of law, 不知法 84, 87, 191-192
  - Model Penal Code, 《模范刑法典》 82-84
- LAW ENFORCEMENT, 执法
  - Justification, 正当事由 168-173
- LEGAL PROCESS SCHOOL, 法律程序学派
  - Model Penal Code, 《模范刑法典》 7-10
- LEVEL ONE DEFENSE, 第一阶层的抗辩事由
  - Failure-of-proof, 举证不能 69, 74-75, 79, 83-84, 173-174, 181n, 191, 196-197
- LEVEL THREE DEFENSE, 第三阶层的抗辩事由
  - Excuse, 免责事由 70, 73, 78n, 83-84, 173, 177, 197
- LEVEL TWO DEFENSE, 第二阶层的抗辩事由
  - Justification, 正当化事由 141-178
- MANSLAUGHTER, 误杀罪
  - Homicide, this index, 杀人罪, 本索引
- MATCHING CONDUCT TO OFFENSE DEFINITION, 行为的罪行要素符合性
  - Criminal conduct, 犯罪行为 66-69
- MENS REA, 犯罪的主观心态
  - Attacker's in self-defense cases, 自卫案件中的攻击者 157
  - Criminal Conduct, this index, 犯罪行为, 本索引
- MILITARY ORDERS, 军事命令
  - Excuse, 免责事由 173, 181
  - Justification, 正当事由 181n
- MISTAKE, 认识错误
  - Criminal Conduct, this index, 犯罪行为, 本索引
  - Entrapment as attempt to induce mistake of law, 诱捕, 试图诱导法律错误 188
  - Justification, 正当事由 144-145, 151, 153-154
- MODEL CORRECTIONAL CODE, 《模范矫正法典》
  - Generally, 一般情况 13-15
- MODEL PENAL CODE, 《模范刑法典》
  - Actus reus, 犯罪的客观行为 17-18
  - American Law Institute (ALI), generally, 美国法律协会（ALI）, 一般情况 7-10
  - Analysis of criminal liability, 刑事责任分析 23-25, 205-207
  - Blueprint for code, 法典蓝图 8

- Casebooks，案例集 5
- Chart showing analysis of criminal liability，展示刑事责任分析的图表 206-207
- Coherence of code，《模范刑法典》的连贯性 4
- Common law and the Code，普通法与《模范刑法典》23-25
- Comprehensiveness of Code，《模范刑法典》的全面性 8-9
- Conduct. Criminal Conduct，this index，行为。犯罪行为，本索引
- Correctional Code，《矫正法典》13-15
- Criminal Conduct，this index，犯罪行为，本索引
- Criminal propensities，犯罪倾向 10-12
- Defenses，generally，抗辩事由，一般情况 141-146
- Definitions of crimes and criminals，犯罪与罪犯的定义 21-23
- Excuse，this index 免责事由，本索引
- Federal criminal law，efforts to recodify，联邦刑事法，重新编纂的努力 6, 16
- General part，总论 1n, 12-13, 17-19, 68, 144, 193, 205
- Inchoate crimes，未完成罪 110-135
- Introduction，引言 1-25
- Justification，this index，正当事由，本索引
- Legal Process School，法律程序学派 7-10
- Mens rea，犯罪的主观心态 17-18
- Model Correctional Code，《模范矫正法典》13-15
- New York Penal Law，importance of，《纽约州刑法典》的重要性 6
- Origins，起源 7-15
- Pragmatic nature of Code，《模范刑法典》的务实性 9
- Prerequisites of criminal liability，刑事责任的先决条件 21-23
- Prevention of crime，generally，犯罪的预防，一般情况 12
- Roadmap for analysis of criminal liability，Code as，《模范刑法典》，作为刑事责任分析的路线图 17
- Section 1.02 as key to Code，第 1.02 条作为《模范刑法典》的关键 21-23
- Sentencing，general purposes of provisions governing，量刑，一般目的条款 10n
- Special part，分论 1n, 13, 16, 19-21, 36, 66-68, 111n, 135, 138-139, 193
- Structure of Code，《模范刑法典》的结构 5, 15-21
- Treatmentism，generally，治疗主义，一般情况 7-15

- MURDER, 谋杀罪
  - Homicide, this index, 杀人罪, 本索引

- NECESSITY, 紧急避险
  - Justification, this index, 正当事由, 本索引

- NEGLIGENCY, 疏忽
  - Criminal Conduct, thisindex, 犯罪行为, 本索引
  - Criminal v civil, 刑事与民事 64n
  - Justification, mistake as to, 正当事由, 对事实的误解 151

- NEW YORK PENAL LAW,《纽约州刑法典》
  - Affirmative defenses, 积极抗辩事由 142
  - Attempt, 未遂 114
  - Causation, 因果关系 109
  - Model Penal Code,《模范刑法典》
  - Modes of culpability, 责任形式 54, 61, 63, 64, 84
  - Necessity defense, 紧急避险 149-150
  - Omission liability, 不作为责任 32

- NONACTS, 非行为
  - Actus reus, 犯罪的客观行为 33

- OMISSION, 不作为
  - Actus reus, 犯罪的客观行为 30-33

- ONE-FOR-ALL RULE (MENS REA), 一刀切规则（犯罪的主观心态）

  - Rules of interpretation, 解释规则 47-48, 51

- OVERT ACT, 表征行为
  - Conspiracy, 共谋 125-126

- PATHOLOGICAL INTOXICATION, 病理性醉酒
  - Criminal conduct, 犯罪行为 73, 74

- PINKERTON RULE, 平克顿规则
  - Complicity, 共同犯罪 90-92
  - Conspiracy, 共谋 128-130

- PLEA BARGAINING, 辩诉交易
  - Criminal process, 刑事程序 60n, 91, 136n

- POSSESSION OFFENSES, 持有型犯罪
  - Actus reus, 犯罪的客观行为 33-35, 116-117
  - Inchoateoffenses, 未完成罪 19, 110, 116-117
  - Presumptions, 推定 47, 117, 134n
  - Strict liability, 严格责任 49-50

- PREPARATION, 预备
  - Distinguished from attempt, 与未遂的区别 115-116

- PRESUMPTIONS AND BURDEN OF PROOF, 推定与证明责任
  - Criminal Conduct, this index, 犯罪行为, 本索引

- PRIMA FACIE CRIMINALITY, 初步刑事性
  - Criminal conduct, 犯罪行为 35-36

- PRIVILEGE TO USE FORCE, 使用武力的特权
  - Unlawful force, 非法使用武力 155-157, 175n
- PROPERTY, 财产
  - Defense of, 财产防卫 160-163
- PROTECTION, 保护
  - Self-defense and defense of others, 自卫与为他人防卫 158-159
- PROVOCATION, 挑衅
  - Excuse, 免责事由 193-197
  - Self-defense, 自卫中的挑衅 164-165
- PURPOSE, 蓄意
  - Criminal Conduct, this index, 犯罪行为, 本索引
- RECKLESSNESS, 合理性
  - Duress, 胁迫 186-187
  - Ignorance of law, 不知法 181
  - Mistake, 错误 75-77, 79, 144-145, 150, 153-155, 159-160
  - Provocation, 挑衅中的合理性 194-196
- RECKLESSNESS, 轻率
  - Criminal Conduct, this index, 犯罪行为, 本索引
  - Justification, mistake as to, 正当事由中的错误认识 151
- RENUNCIATION, 中止
  - Attempt, 未遂 133-135
  - Complicity, 共同犯罪 97-98
- Conspiracy, 共谋 133-135
- Solicitation, 教唆 133-135
- RESISTANCE TO ARREST, 抗拒逮捕
  - Justification, 正当事由 167-168
- RESULT ELEMENT, 犯罪结果要件
  - Criminal Conduct, this index, 犯罪行为, 本索引
- RETALIATION FOR PAST HARM, 对过去伤害的报复
  - Self-defense, 自卫 159
- RETREAT REQUIREMENT, 撤退要求
  - Self-defense, 自卫中的撤退要求 165-168
- SELF-DEFENSE, 自卫
  - Justification, this index, 正当事由, 本索引
- SELF-INDUCED INTOXICATION, 自陷醉酒
  - Criminal conduct, 犯罪行为 70-73, 74
- SENTENCING, 量刑
  - 《模范刑法典》10n, 12, 13n, 14, 17n
- SEVERITY OF THREAT, 威胁的严重性
  - Duress as affected by, 对胁迫的影响 186
- SOLICITATION, 教唆
  - Inchoate offenses, 未完成罪 131-133
- SPECIAL PART, 特别部分

○ Criminal law, 刑法 1, 66 – 68, 135, 164

○ Model Penal Code,《模范刑法典》1n, 13, 16, 19 – 21, 36, 66 – 68, 111n, 135, 138 – 139, 193

- STRICT LIABILITY, 严格责任

  ○ Criminal Conduct, this index, 犯罪行为, 本索引

- TERMINATION, 终止

  ○ Complicity, 共同犯罪 97 – 98

- TORTIOUS FORCE, 侵权行为中的暴力

  ○ Self – defense against, 针对此类暴力的自卫 155 – 156

- TRAVELLING RULE, 旅行规则

  ○ One – For – All Rule, (Mens Rea), this index, 一刀切规则（犯罪的主观要件）, 本索引

- TREATMENTISM, 治疗主义

  ○ Criminal conduct, 犯罪行为 112, 116, 131, 132

  ○ Insanity, 精神错乱 197 – 198

  ○ Justification 正当事由 149

  ○ Model Penal Code,《模范刑法典》7 – 15

- UNLAWFULNESS, 违法性

  ○ Justification, 正当事由 155 – 158

- VICARIOUS LIABILITY, 替代责任

  ○ Conspiracy, 共谋 127 – 128

  ○ Corporations, 法人 100

- VOLUNTARINESS OF ACT, 行为的自愿性

  ○ Actus reus, 犯罪的客观行为 29 – 30

- WILFULNESS, 任意性

  ○ Mens rea, 犯罪的主观心态 84